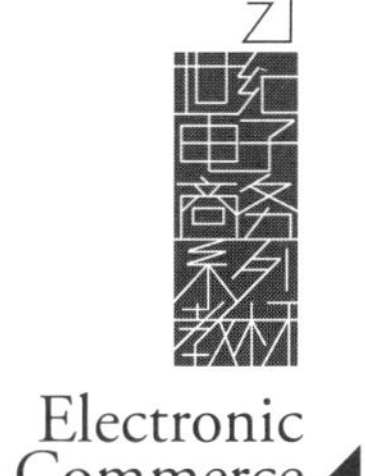

21世纪电子商务系列教材

E-Marketing

网络营销

姜旭平　著

中国人民大学出版社
· 北京 ·

前 言

2011年初，作为中国人民大学出版社MBA精品教材系列之一的《网络营销》一书面世后，获得了很好的社会反响。现应出版社和一些高校的要求，并针对本科和大专类学生的特点，在前者的基础上进行了缩编，并增加了一些网络营销方面最新发展的内容。

在电子商务的诸多发展分支中，网络营销无疑是影响最大、适用范围最广、产生的效果最好、最受企业欢迎的一支。特别是在当今这样一个技术转折的时代，人们获取信息的模式正在发生改变，企业靠传统媒体和手段开展营销的成本越来越高、过程越来越困难，效果也越来越差。于是，各种基于网络环境的营销整合和传播模式开始引起企业关注。网络营销以其较低的门槛、广泛的适用面、良好的经济效益而深受企业和社会的好评。目前，网络已经成为当代企业吸引并抓住客户、传播营销理念、展示产品特点、沟通市场信息、驱动市场和促进销售发展的主渠道。网络营销的前景无限。

在网络营销中，网络是工具，营销是目的。工具要围绕目的服务。

既然网络和技术是工具，而工具本身具有越高级、越成熟就越简单的特点，所以本书不会过多地去介绍网络和技术，而是将重点放在网络营销的观念、理论、模式、策略以及网络环境下的企业营销创新模式上，通过国内外典型企业的案例分析，揭示成功背后的秘诀。

全书采用案例教学方法，通过案例引出问题，启发思考，运用头脑风暴寻找规律，举一反三，加强对理论和学科体系的理解。在展开案例分析时，有三点要特别提请读者注意：(1) 不要太在意案例的背景企业，关键要看它当时的做法是否对我们有启发意义；(2) 不要脱离当时的历史背景，重点研究企业在特定的环境下如何分析问题并取得成功的规律；(3) 在讨论中，不要期望立刻就得到正确的结论，能提出问题、启发思考、引起讨论就好。真理往往是辩出来的，而且越辩越明！

本书可作为电子商务、工商管理、市场营销和计算机应用等各专业的本科或大专教材，可广泛适用于企业管理者、市场推广和营销策划人员、电子商务与网络营销从业人员等。

本研究属于国家自然科学基金项目：电子商务微观市场结构与商务模式研究（项目批准号：70890082），在此表示衷心感谢。

姜旭平

于清华园

目　录

第Ⅰ篇　网络营销概述

第Ⅱ篇　e 时代的营销传播

第Ⅲ篇 营销网站创建

第Ⅳ篇 网络环境下的营销传播与运作方法

M

第Ⅰ篇

网络营销概述

企业利用网络和各类电子媒体展开对外各种经营活动与市场营销，是现代信息技术发展和应用的必然结果，同时也是传统市场营销在网络时代的延伸和发展。为了使读者更好地了解网络营销的形成与发展过程，本篇作为全书的导论和技术铺垫，将概括介绍网络营销形成的原因，网络营销的技术基础，网络营销的学科定位、基本概念、理论框架、运作模式和未来的发展。

第 1 章

Chapter 1 网络营销的沿革与发展

学习要点

网络技术的形成和发展
人们信息获取模式的改变
网络经济和电子商务的发展趋势
网络营销及其发展

第 1 节　网络技术的形成和发展以及人们信息获取模式的改变

一、网络技术的形成和发展

20 世纪末，对人类社会发展进程最有影响的事件莫过于互联网①（internet）的出现。

互联网是 20 世纪 80 年代后期在美国产生并迅速发展起来的一种网络（网际）互联技术。它使世界各国的计算机设备和网络通信设备连为一体，拉近了人与人之间沟通的距离，实现了信息资源的高度共享。

（一）互联网的形成

互联网的前身源自 1969 年美国国防部所属的高级战略项目研究机构（Advanced Research Project Agency，ARPA）为应对冷战而建立的一套信息网络系统，最初定名为“ARPA Net”，其目的是在战时提供必要的信息资料。20 世纪 80 年代以来，随着世界政治格局的变化和冷战的结束，美国人希望将它民用化、商业化，更充分地利用资源，使其发挥更大的效益。1986 年，美国

① 互联网，也叫因特网，在我国台湾地区被称为网际网路。

政府责成美国国家科学基金委员会（National Science Funds，NSF）出资，组织美国学术界、工业界、军方等多方面的专家，在 ARPA Net 的基础上，利用当时已经出现的 TCP/IP（transmission control protocol /internet protocol）技术将分布于全美境内的五大超级网络系统连为一体（当时的项目被命名为“NSFNET”）。经过众多专家多年的努力，互联网终于在 80 年代末正式诞生。

互联网产生以后，先是在美国的一些学术机构和大学中推广，深受欢迎，然后迅速覆盖美国社会的方方面面。1989 年后开始在世界范围传播，在不到一年的时间内，互联网已经覆盖了全球的各个角落，用户达数亿人。但由于种种原因，我国直到 1994 年底才正式加入互联网。

互联网的兴起缩短了人与人之间相互联系的距离，通信变得方便、快捷，信息资源高度共享，信息的拥有量和信息处理能力大大提高。互联网利用 TCP/IP 独特的功能将分布于世界各地的信息网络、网络站点、数据资源和用户等有机地连为一个整体，将地球变成了一个小小的“虚拟村落”，成为人们工作、学习、休闲、娱乐、相互交流、从事商业活动的主要工具。

互联网导致了人们生活方式的改变和“地球村”的出现。人与人之间的交流和沟通不再有时间上的限制与空间上的距离。在网络时代，生活在地球上的每个人就像生活在同一个小村落的居民一样，彼此都是邻居，可以随意地相互沟通、交流、做生意等。

（二）从学术网络到大众媒体的演变

早年的互联网是高新技术的象征，主要在世界各国的工程技术领域和大学中传播。人们利用互联网从事的大多是一些学术或与技术相关的活动，所以我们称 1994 年以前的互联网是一个学术网络或技术网络。

随着时间的推移，特别是在 1995 年前后，随着 WWW（world wide web）技术的普及，互联网发生了根本性的变化，从一个学术网络迅速发展演变成一个简单的大众媒体。网络开始深入人类生活的方方面面，引起了整个社会的变化。这些变化主要体现在社会的网络化进程、经济的全球化进程、贸易的自由化进程三个方面，即通常所说的“当代人类社会发展的三大进程”。这三大进程在 20 世纪 90 年代初中期产生，直到 21 世纪前 20 年都将是驱动人类社会发展的主要力量。

这个变化过程从美国早年的一些统计数字即可清楚地反映出来。1993 年美国多家咨询机构和数据调查公司纷纷对互联网的用户情况进行了抽样调查。从发布的调查结果来看，1994 年以前互联网的用户绝大部分是大学生、教授、研究人员、大型公司的高级职员、工程师等。这部分人群的共同特点是具有比较强的技术背景。他们占到用户总数的 90%以上。可以认为，1994 年以前的互联网是一个学术网络，也是一个高新技术发展的产物。没有一定的技术背景的人很难驾驭和使用互联网。

但在 1995 年以后，随着基于 WWW 的应用系统、网络浏览器（browser）

等上网工具的不断发展，上述现象发生了根本变化。上网变得越来越简单，网络应用越来越普遍。互联网已经演变成一个名副其实的大众媒体，深入人们生活的各方面。

1997年初，美国国际数据集团（International Data Group，IDG）发布了关于互联网用户情况的调查和研究报告。根据报告公布的数字，截至1996年12月底，由于大量普通百姓、家庭用户、商业用户的涌入，原来具有较强技术背景的人群在用户总数中所占的比例已经迅速地从3年前的90%下降到1996年底的12%。值得注意的是，虽然这部分人群的相对比例在急速下降，但绝对数量还在增长。

据此，一些美国的主流媒体纷纷发表自己对互联网未来发展前景的看法，一致认为这一调查结果标志着互联网已经从一个学术网络、技术网络和高新技术发展的产物开始演变为一个大众媒体。

（三）网络应用的主流方向

网络应用未来发展的主流方向是信息传播、电子娱乐和电子商务三大领域。

1. 信息传播

信息传播是指人们通过互联网了解新闻、沟通信息、查阅资料、在线学习、收发电子邮件（e-mail）和传递文件等。例如，新浪、搜狐、网易等网络门户网站（internet portal site）和社区门户网站（community portal site）都是信息传播的典型代表。

2. 电子娱乐

电子娱乐是指人们通过互联网络和虚拟现实技术（virtual reality）玩游戏、休闲娱乐、聊天、沟通、联谊和交友等。例如，联众、盛大、巨人、任天堂等网络在线游戏企业和腾讯网、人人网、开心网、MSN、Facebook、Youtube等都是电子娱乐的典型代表。

3. 电子商务

电子商务是指企业通过互联网开展的外部商务活动。这些商务活动包括网上信息发布和市场信息获取、在线信息搜索和查询、电子采购、产品销售、网络营销、贸易磋商、售前/售后服务、技术咨询和技术服务、电子/在线支付等。例如，当时大量出现的一些“网络商城”（on-line shopping center）和企业“电子商务网站”（electronic commerce/business web site）等，以及早期国内的和讯网、中国粮食贸易网、中国国际电子商务网、环球商务网、AEON网上商城、巨潮资讯网等都是电子商务的代表。①

可见，互联网已从一个纯学术、技术研究和沟通的工具，发展为一个大众化的信息交流平台。它不但标志着技术发展的日益成熟，而且为企业利用这一

① 参见姜旭平：《电子商贸与网络营销》，北京，清华大学出版社，1998。

媒体开展网络营销活动提供了一个极好的舞台。

二、人们信息获取模式的改变

20世纪90年代中期以来，互联网的普及和大众化，使得普通百姓上网人数越来越多。人们日常生活和工作中获取信息的渠道开始从传统方式向网络空间转移，整个社会活动趋于网络化。从那时起，网络化已经不再是一个特定学术和技术范畴的概念，而是演变成了影响和改变整个人类社会发展的社会化进程。

（一）人们有需求时如何查找信息

为了说明当代消费者信息获取模式的变化，让我们一同设想以下两个场景。

● 场景一：当你收到一张名片，看到一个广告，听到一个消息，并对其中的内容感兴趣时，你会通过什么渠道和方式获取进一步的信息？

● 场景二：当你出于工作和生活的需要，想要了解某项业务/服务/产品/供货商时，你会通过什么渠道和方式获取进一步的信息？

你的答案是什么？绝大部分人的答案都是：上网去找。这充分说明，现在人们获取信息（如营销、商务、生活信息）的方式发生了根本的改变，因此企业的营销策略一定要随之跟进。

（二）客户信息获取模式的改变

为了解社会不同群体的信息获取模式，笔者等人于2006年初组织了一次大规模的调查。调查首先在清华大学校内的MBA、EMBA、研究生和各类企业高层管理人员短训班中展开，然后利用放寒假的机会，使用同样的问卷，请课题组成员带回各自的老家进行调查，结果如图1—1所示。①

调查统计的结果表明：有需求时上网搜索，已成为当代人们获取信息的首选方式，而其他几种方式（如打电话、问朋友、查广告）很少有人问津。这一研究给我们的启示是：在人们遇到问题和有需求时，会想起网络，并上网搜索。那么，企业客户在对产品（如业务、服务）有需求时，同样也会这样想和这样做。

一旦上网查询信息就会发现，网上的信息成千上万、铺天盖地，对那些能将信息最先展现给有需求的客户、能引发消费者注意并抓住他们的企业来说，营销实现非常重要。

由此可见，网络营销在当代企业经营和营销中的作用至关重要。

如果连我们自己的信息获取模式都改变了（不愿接受传统方式了），还希

① 参见姜旭平：《网络整合营销传播》，北京，清华大学出版社，2007。

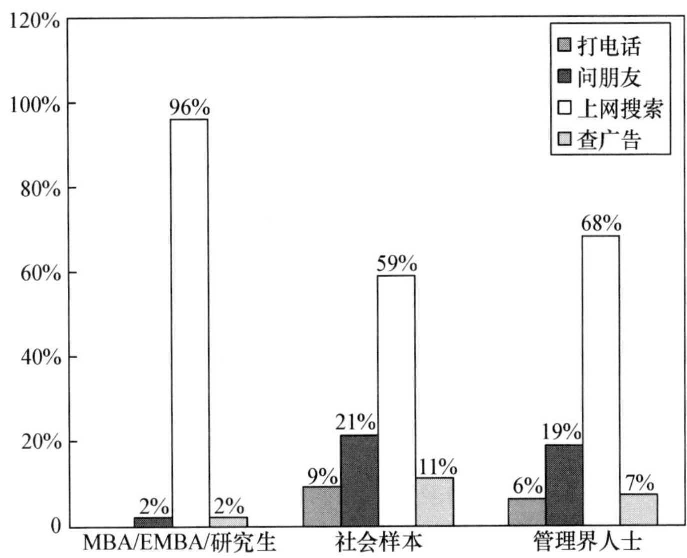

图 1—1　信息获取模式的调查（2006 年 1 月）

说明：样本数为 358 人，来自北京、香港、天津、湖南、上海等地。

望客户接受传统的媒体、广告等形式，那就是掩耳盗铃、自欺欺人。

传统媒体还会发挥作用吗？2007 年 1 月 15 日，中国互联网络信息中心（CNNIC）发布了《第 19 次中国互联网络发展状况统计报告》①，在报告中对非网民、网民获取信息的主要途径进行了对比（如图 1—2 所示）。

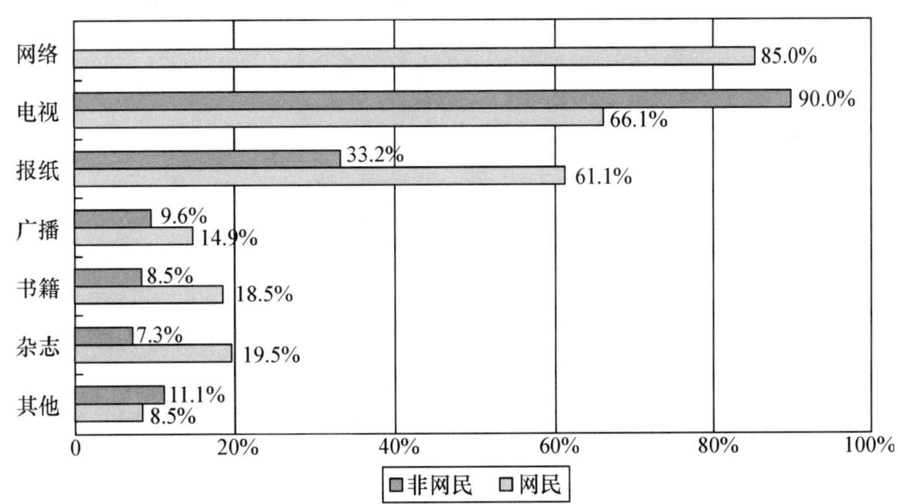

图 1—2　非网民和网民获取信息途径的对比

资料来源：中国互联网络信息中心：《中国互联网络发展状况统计调查》，2007。

图 1—2 显示，在非网民群体中，电视是人们获取信息的主要渠道；在网

① 参见中国互联网络信息中心：《中国互联网络发展状况统计调查》，见 http://www.cnnic.net.cn/index/0E/00/11，2007 年 1 月。

民群体中，网络已当之无愧地成为人们获取信息的首要渠道。

有人认为："目前中国人口有13亿，网民人数只是个零头"（截至2010年初，中国网民才3亿多人）（中国互联网络信息中心，2010），并由此推断：在现阶段，网络营销的作用是有限的。这是绝对错误的。因为，相对来说，网民普遍年轻，他们的购买力强、经济活跃度高、市场份额大，如果我们以经济活动的参与程度和购买能力来分析（而不是以人口总量来分析），那么这些网民已经成为经济活动的主体。

（三）人们的生活已经离不开网络

现在人们的生活已经离不开网络了。例如：

● 人们回家或到办公室的第一件事就是上网收取电子邮件。

● 在出门或出差前，人们会先上网查询本地和目的地的天气情况。

● 人们在繁忙的工作之余，若有短暂的休息时间，则会上网看新闻或娱乐信息。

● 人们通过电子邮件、电话、即时通信或上网聊天等方式进行人际沟通和交流。

● 人们通过网上银行和电子商务系统进行购物，缴纳水费、电费、电话费，理财和进行个人账户的管理等。

● 人们学习、查询资料、搜索市场或商务信息资源的首选途径不是图书馆和传统媒体，而是网络门户、搜索引擎、网络图书馆和在线信息资源。

● 办公文件、商务单证的处理和传递都是通过网络来完成的。

● 学生选课、查成绩和学分、交作业、与教师交流等均是通过网络来进行的。

第2节 网络经济和电子商务的发展趋势

网络经济和电子商务的形成与发展，大体上可分为以下四个阶段。

● 非统一标准的电报报文（或自然语言）处理阶段；

● 联合国/用于行政管理、商业和运输的电子数据互换（United Nations/electronic data interchange for administration，commerce，transportation，UN/EDIFACT）标准报文应用阶段；

● 网络购物和理想电子商务（也称全程电子商务）概念炒作阶段；

● 网络营销（也称技术与实体业务相结合、网上营销与网下交易相结合）阶段。

一、电子数据交换的产生与发展

现行电子商务系统的前身是电子数据交换（electronic data interchange，

EDI）。

（一）EDI 技术的起源

早在 20 世纪五六十年代，美国军方和运输部门就开始使用电报方式传递商务文件。当时既没有传真机，也没有电子邮件，各种商务文件如果通过人工传送或邮寄则耗时太长，严重影响了贸易效率和企业运营。于是，人们很自然地想到了电报，用电报报文的方式传递订货单、收货单、发货单、支票、本票、汇票、意向书、合同、批文、配额、产地证和许可证等。

用电报报文方式传递商务文件的做法在当时很受欢迎。订货方/需求方将产品、原材料、零配件的需求订单直接拍电报告诉供货方/服务商，供货方/服务商收到电报后，立刻按订单组织生产、发货等一系列服务，大大缩短了商务文件的传递时间，给贸易双方带来了很大的便利（虽然现在几乎没有人再使用电报，但“报文”一词一直沿用至今，在国际贸易和 EDI 文件中经常出现）。

这就是最早的 EDI 应用。

（二）X. 12 标准的产生

在提高贸易效率的同时，用电报报文方式传递商务文件的行为产生了许多问题。由于人们早年是用自然语言来书写电报报文的，而自然语言在书写表达和阅读理解方面都不是很严格，因此，电报报文的收发双方常常因字面意思理解的不同而产生歧义，从而导致纠纷不断。

从 20 世纪 60 年代后期开始，美国人意识到了这个问题的严重性。1968 年，美国运输数据协调委员会（TDCC）首先在铁路系统使用了 EDI 技术，并提出了用于运输业的报文和通信结构方面的标准。

70 年代，美国国家标准学会（American National Standard Institute，ANSI）下属的美国国家标准化委员会（American Standardization Committee，ASC）展开了用于规范人们通过电报报文方式来传递商务文件行为的研究。经过几年的努力，终于在 70 年代后期正式推出了 X. 12 标准。

1980 年，美国国家标准化委员会成立了 X. 12 标准委员会（ASCX. 12），下设 10 个分委员会，负责开发和制定美国 EDI 通用标准，以及该标准的推广普及和应用工作。

X. 12 标准的推出，极大地促进了北美大陆（特别是美国国内）电子贸易活动的开展。

（三）贸易数据交换指导原则标准的产生

在美国积极研究并推广电子贸易及 X. 12 标准应用的同时，欧洲也在加紧电子贸易标准的研究，并于 1981 年推出了一套名为“贸易数据交换指导原则”（guidelines of trade data interchange，GTDI）的标准。GTDI 标准的推出，对 EDI 发展起到了很好的促进作用。

众所周知，20 世纪 70 年代是欧洲经济开始融合、经济一体化开始酝酿和形成的时期。欧洲国家（当时主要是西欧国家）要搞经济共同体，应充分利用各国的资源和优势来协调发展。

当时欧洲搞经济一体化，有其得天独厚的有利条件。如果将前苏联和东欧国家排除在外，欧洲的版图并不是很大。欧洲大陆内既没有高山，也没有沙漠，道路四通八达，货物在欧洲各国之间运输不会有任何问题。麻烦的是国家太多，各国语言、贸易管理制度和法律规定不同，关卡太多，贸易单证、手续过于复杂，这些严重影响了欧洲经济一体化的发展进程。

为了解决这类问题，欧洲曾成立国际贸易程序简化工作组，试图从简化贸易单证的角度来解决问题，但是结果并不理想。因为随着各国商务、外贸管理越来越严格，管理领域越来越广泛，这些单证从总量上不但没有减少，反而有增加的趋势。很明显，此路不通。

于是，人们开始尝试用 EDI 技术来解决这一问题，即通过 EDI 应用系统完成所有的贸易单证和手续，然后确保货物、产品、原材料等在各国和各企业之间顺利流通。

1975 年 4 月，国际贸易程序简化工作组在瑞典斯德哥尔摩召开了特别会议，专门研究制定数据交换标准问题。会议通过了由英国代表提出的《参与国际贸易各方报文信息的表示方法标准》，并确定了关于网络商贸数据交换的几项原则，内容如下。

- 所交换的数据结构和相应的各种规则应与系统、机器和介质约束无关；
- 交换用的字符集应以国际字母表 2 的子集和国际字母表 5（ISO① 646）为标准；
- 数据元的定义、规格和格式应以现行单证为基准；
- 标准报文中的数据元或数据组不应相关，各部分的数据交换不能对其他数据产生影响；
- 规定应满足各部分业务处理的特殊需求。

1981 年，联合国欧洲经济委员会第四工作组推出了《贸易数据元目录》（TDED）和 GTDI。GTDI 极大地促进了欧洲各国（特别是当时的西欧国家）之间电子贸易的开展。

(四) UN/EDIFACT 标准的产生

美国的 X. 12 标准和欧洲的 GTDI 标准出台后，在整个 20 世纪 80 年代中，世界电子贸易形成了这样一种格局，即北美和西欧两大贸易集团各自使用自己的标准，且都用得不错。但是，许多问题随之产生，例如，两大集团的标准不统一，彼此之间不能沟通，其他国家也不能自由加入。令人头疼的是：在标准问题上，两大贸易集团谁也不愿意做出让步。很显然，由两大贸易集团自己解

① ISO：起源于希腊语 ISOS，是 International Organization for Standardization（国际标准化组织）的缩写。

决这一问题是根本不可能的。

1. 世界统一的 EDI 标准的产生

当时，人类已经意识到了问题的严重性。为了解决上述问题，从 1986 年起，由联合国出面组织欧美地区的 20 多个国家的专家在纽约开会，讨论将两大标准统一和建立世界统一的 EDI 标准问题。美国国家标准学会与欧洲标准协会、英国 EDI 标准组织等机构合作，共同协调全球 EDI 标准的研发。

随后，联合国下属专门从事 EDI 标准研制的组织——贸易简化工作组（UN/ECE/WP4）成立了。1986 年，UN/ECE/WP4 正式提出了《用于行政管理、商业和运输的电子数据互换》标准文件草案。同年，EXO/TCI54 分别通过了 UN/TDED 及 UN/EDIFACT 为 7372—86《贸易数据元目录》标准。

同时，为了确保这套标准的权威性，研制者将它上报给国际标准化组织，该标准被正式纳入 ISO 9000 系列国际标准（即 UN/EDIFACT 语法规则）。1987 年，ISO 正式通过了《用于行政管理、商业和运输的 EDI 应用语法规则》（即 ISO 9735—87）。

1990 年 3 月，联合国正式推出了 UN/EDIFACT 标准，并于 1990 年下半年开始，在联合国所有成员国中推广使用这套标准。

ISO 9735—87 将此标准定义为："将商业或行政事务按一个公认标准，形成结构化事务处理或数据格式，从电脑到电脑传输信息。"

UN/EDIFACT 标准是迄今为止唯一的国际通用的 EDI 标准。UN/EDIFACT 标准的推出，受到世界各国的普遍欢迎，UN/EDIFACT 标准统一了世界贸易中的电子数据交换标准，使得利用电子和网络技术在全球范围内开展商务活动成为可能。从 1990 年起，这套标准在世界各国推行，在全球范围内掀起了一股以 EDI 应用为基础的电子商务应用热潮，特别是在国际贸易及其相关领域。随后，各类基于 UN/EDIFACT 标准应用的电子商务系统不断涌现。

2. UN/EDIFACT 的应用发展

1995 年以前，EDI 主要应用于国际贸易及其相关领域，一些国际贸易组织对 UN/EDIFACT 标准的推广和应用给予很大的支持。

1992 年，联合国贸易与发展大会（United Nations Conference on Trade and Development，UNCTAD）组织全球 171 个国家的代表聚集在哥伦比亚的港口城市卡塔赫纳开会，研究 EDI 应用和如何提高贸易效率的问题。会议通过了《卡塔赫纳宣言》，鼓励各国应用电子贸易手段来促进世界贸易效率的提高。

随着电子商贸和网络技术的不断发展，联合国贸易与发展大会又于 1994 年在美国的俄勒冈召开"世界贸易效率大会"。会议从技术上提出了"开放 EDI"（open EDI）的概念，将原来以报文交换为基础的数据交换模式进一步开放为以"段"和"数据元"为基础的数据交换模式，使得 EDI 应用技术环境逐步摆脱了专门报文协议交换平台的限制，向互联网平台方向发展。

2000 年前后，UN/EDIFACT 标准的传输媒体逐步发展到互联网的 XML（extensible markup language）扩展平台上。

所以说，1995年以前的电子商务主要是对EDI（UN/EDIFACT标准）的应用，特别是在国际贸易及其相关领域中的应用。

二、以商务网站为基础的电子商务

1995年以后，随着互联网技术及其应用的日益普及，基于互联网商务网站的电子商务在世界范围内迅速崛起，并掀起了网络经济发展的大潮。同时，前面所说的EDI应用，在这个大潮中开始从专用的报文管理技术平台发展到互联网平台（主要是将UN/EDIFACT标准发展到基于XML的技术平台运行）。

所以说，今天的电子商务是基于企业商务网站展开的。

基于企业商务网站展开的电子商务之所以能够蓬勃发展，有如下几方面的原因。

（一）大量企业商务网站的出现是电子商务发展的基础

1995年前后，互联网发生了重大的变化，从一个学术网络、技术网络迅速发展演变为一个大众媒体。普通老百姓上网的人数越来越多，网上蕴涵的商机也越来越多。精明的西方企业家发现互联网上存在着巨大的商业机会，于是，各大企业纷纷在互联网上建立自己的商务网站（business web site，BWS），并将企业日常经营和营销活动的重心从传统的经营活动平台（如电话、传真、上门推销、订货会、展销会、新闻发布会、博览会、产品展示等）向商务网站平台转移。

大量企业商务网站的出现和企业日常经营与营销活动平台的转移，导致了今天电子商务的出现和蓬勃发展。

（二）以在线购物为标志的电子商务发展

随着互联网应用的日益普及和上网人数的日益增多，加之在网络安全动态认证技术和安全电子支付技术上的突破，1996—1997年，美国掀起了网络购物的高潮（特别是在每年圣诞节到元旦之间的美国传统购物高峰时期）。一时间，电子商务与网上购物成为一种新时尚和全新的生活方式。

1997年以后，电子商务的概念开始被社会普遍接受。各种各样以网上购物为中心的电子商务系统（包括对公业务和商业零售业系统）在美国各地不断涌现，并且以极快的速度从美国辐射到世界各国。

以我国为例，大部分人都是从1997年开始了解和接触电子商务概念的。1997年4月，IBM公司在世界范围内用多种文字同时发布了“电子商务”的广告，由此电子商务的概念深入世界各国，拉开了网络经济大潮的序幕。

1997—2001年，网络经济概念的炒作达到顶峰，各种各样的电子商务系统和概念在各国迅速发展。

（三）网络营销模式的发展

在 1997—2001 年的几年中，人们对以购物为主体的理想电子商务寄予了极高的期望。随着时间的推移，人们开始意识到这种理想电子商务模式的发展会受到诸多外界环境因素的影响，其作用远不像原来预想的那样神奇。特别是在 2000 年夏天，纳斯达克（NASDAQ）市场剧烈震荡，纳斯达克指数从 5 000 多点暴跌到 1 600 多点，于是人们开始思索：除购物外，网络和电子商务还有哪些更重要的用途？研究和思索的结果导致了网络营销模式的发展。

网络营销是一种网上和网下相结合的电子商务模式（有人称为“鼠标＋水泥”模式），即利用网络来开展各种沟通、营销和促销活动，而具体的交易过程是依托传统的商业环境进行的。

这种网络营销模式既可弥补传统市场营销媒体的不足，又可避免环境和基础设施不完备对电子商务交易过程的制约，是一种应用广泛、极具潜力的商务发展模式。

三、网络经济的发展趋势

纳斯达克市场的震荡对电子商务的发展产生了很大的影响，主要表现在以下几个方面。

（一）从技术、概念和实体产业看

1997—2000 年是电子商务发展的第一个高峰期。在这一时期，由于电子商务技术的发展和概念的炒作，加之资本市场的推动，电子商务得到了飞速发展，其发展速度之快令人难以想象。

这一时期的电子商务发展主要是由技术（如网络应用技术、在线支付及安全数据交换技术等）和资本市场驱动的，其特点是技术、概念满天飞，但没有什么实际应用效果。

随着 2000 年纳斯达克股票市场的剧烈震荡，网络经济进入了空前的大调整。在这场大调整中，许多“纯”网络（pure dot com）和电子商务企业失去了资本市场的支持，纷纷倒闭。电子商务进入了调整期。

随后，电子商务逐渐吹破了以往以技术、概念和资本市场为主体的诸多泡沫，人们开始意识到与实体产业结合的重要性，逐步将网络营销提升到核心环节，大力开展以网络和电子新媒体为基础的营销活动。至此，电子商务步入了一个健康、良性的发展轨道，在世界范围内真正掀起了一场电子商务应用和网络经济发展的热潮。

（二）从发展趋势看

纵观2003年以来的网络经济发展，与以往有很大的不同，具有以下几个明显的特点。

（1）在发展方向上，摆脱了以前以技术研发与IT公司为主的虚拟和有泡沫的发展进程，开始以实体产业为主，网络技术与企业的主营业务紧密结合。因此，需求和市场明确，动力强劲，效果明显，发展速度非常快。

（2）在商务模式上，摆脱了以前以交易过程及其相关环节为主来考虑问题的做法，开始以营销和经营为主。多数业务都是网上和网下相结合展开的，既充分发挥了网络在信息沟通、信息传播和信息透明（或不对称）方面的优势，又很好地避免了客观现实环境在线支付、诚信/信用、市场行为的规范化程度、物流配送等方面存在的问题。因此，所取得的实际效果比以往要好得多。

（3）在交易形式上，以往宣传较多的是以销售方或销售目的为主来组织的电子商务活动。但从2002年以后世界各国的电子商务发展实践来看，这种以销售方或销售目的为主的电子商务活动的实际效果并不如预期的那样好，反而为采购方降低采购成本而组织的电子商务活动非常成功，并取得了极好的经济效益。其中主要的原因是：由于近年来经济全球化竞争和买方市场的发展，只有拥有采购权的企业才可以命令和指挥市场，迫使市场和供货商接受这种于己有利的业务形式，因此，容易产生预期的经济效益。

（4）在技术上，从以往单一的依靠互联网发展到以互联网、移动通信、移动互联和移动商务为基础的综合网络环境，其应用领域和适用范围都大大地扩展了。现在较为成功的电子商务或网络营销系统几乎都是依托综合网络环境展开的，形式更灵活，操作更方便，效果更明显。

（三）近年来我国电子商务的发展

在2003年电子商务市场逐渐恢复后，2004—2006年中国电子商务市场继续其不俗的表现。在此期间，我国先后颁布了《中华人民共和国电子签名法》、《电子支付指引》等法律、法规，为电子商务宏观环境的完善提供了法律基础和政策依据；第三方支付平台和物流配送体系日趋成熟；社会信用体系逐步建立；2005年我国互联网用户人数突破1亿大关，等等。这些都为电子商务业务发展奠定了坚实的基础。

电子商务继2004年以73.7%的速度猛增之后，2005年逐渐步入稳定增长期，市场规模达到6 800亿元，同比增长41.7%。2001—2005年电子商务在我国的增长情况如图1—3所示。

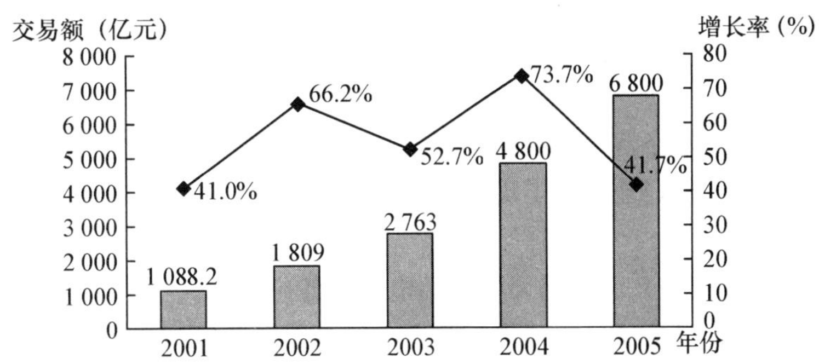

图 1—3　2001—2005 年中国电子商务市场的发展

资料来源：赛迪顾问：《赛迪顾问研究报告》，2005 年 12 月。

在图 1—3 的统计中，B2B 业务占了绝大部分份额。根据赛迪顾问公司的统计，2005 年中国 B2B 电子商务市场规模较 2004 年增长了 37.1%，达到 6 446 亿元，B2B 交易额在电子商务市场交易总额中占据近 95%。

电子商务近年来的发展更是惊人。根据中国电子商务研究中心发布的《2010 年中国电子商务市场数据监测报告》，2010 年上半年，仅中国大陆市场：个人网店已达 1 200 万家；C2C、B2C 两类网购交易额达到 2 000 亿元；网上支付交易额已达 4 500 亿元，同比增长 71.1%；中国网购用户达 1.3 亿人；基于网络购物的民营快递企业已经有 6 500 家，半年收入高达 140 亿元；移动商务实物交易额已达 13 亿元（预计全年将超过 25 亿元，是 2009 年的 5 倍），用户规模已达 5 531.5 万人；电子商务市场交易额达 2.25 万亿元。其中，B2B 网购交易额占总交易额的 91.67%，B2C 占 0.73%，C2C 占 7.6%。

第 3 节　网络营销及其发展

营销是企业运营的核心环节。网络营销涉及网络及电子技术、营销理论、传播与沟通模式、消费行为、电子商务等多个领域，有着广泛的普适性和应用领域，是未来电子商务最具发展前景的领域。

一、适合各行业的企业

如果我们用在线购物方式来理解电子商务，则这种理解实际上是将电子商务划归商业零售业的范畴。众所周知，社会上的企业绝大部分属于工业企业，商业企业只占不到 10%。所以，如果仅用在线购物方式来理解，那么电子商务真正能涉及的企业将会很少，能容纳就业和发展的余地也非常有限。

网络营销则不然。由于它不一定涉及销售，而是强调线上营销和线下实务操作模式相结合，因此网络营销模式的适用面更广，适合各行各业的各类企业。

二、重营销，并非一定要在线销售

网络营销强调的是营销和信息、理念的有效传播，并非一定要在线销售。这就很好地避免了现阶段在线销售存在的问题，有着更加广泛的适用性。

（一）以交易为中心的电子商务应用

以交易（或销售）为中心的电子商务模式，主要包括如下功能：

- 信息发布和采集；
- 交易/单证信息的传递；
- 产品报价/询价；
- 网上银行/电子支付/电子钱包；
- 网上商城/B2B交易市场；
- 网络安全认证及法律体系；
- 各类技术标准和监管体系；
- 物流配送。

（二）网络营销应用

以营销为中心的电子商务模式，主要包括如下功能：

- 信息发布和采集；
- 交易撮合；
- 售前/售中/售后和技术服务；
- 产品报价；
- 产品展示、营销策划、理念传播、趋势引导；
- 定制/个性化服务；
- 市场分析/挖掘；
- 询价和性能/价格比较；
- 拍卖/拍购；
- 虚拟团购；
- 物流和供应链管理；
- 电子交易场/虚拟市场；
- 客户关系管理；
- 移动商务；
- 互动营销、主动式营销；
- 电子邮件/短消息（SMS）群发广告和病毒式营销；
- 个性化传播、精准传播；
- 网络广告；
- 网络整合多媒体营销传播。

（三）以交易为中心的局限性和以营销为中心的普适性

如果电子商务仅以交易为中心，则会受到许多外界环境条件的限制。如果这些环境条件不具备（或不完善），则会在很大程度上制约电子商务的运行（如图 1—4 所示）。这些以交易为中心的电子商务模式必备的支撑环境如下：

- 技术支撑环境，包括网络技术、应用普及率、安全技术、移动通信技术、网络安全认证中心、金融支付体系、行业标准制定。
- 政策/法律支撑环境，包括电子商务法、电子签名法等。
- 物流配送支撑环境，包括自办物流、第三方物流等。
- 商业规范化支撑环境，包括诚信机制、知识产权保护、商业行为规范、信用体系和信用系统等。
- 技术标准支撑环境，包括货品识别标准、技术/质量标准、编码/内码标准、行业标准体系的应用规则等。

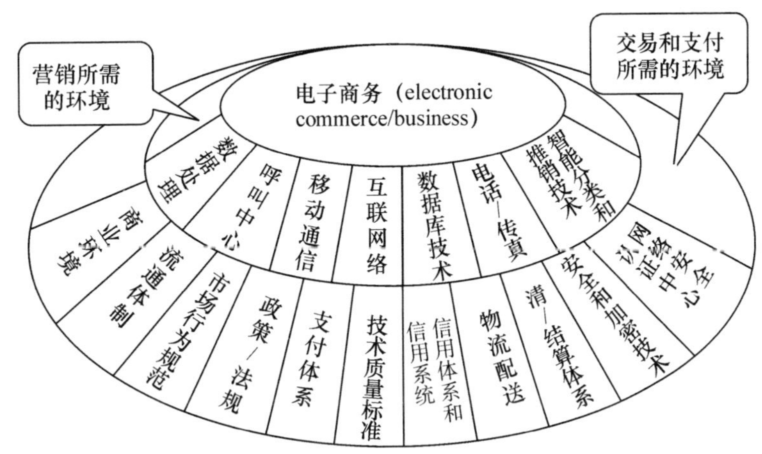

图 1—4　电子商务运行的支撑环境

在图 1—4 所展示的电子商务运行的支撑环境中，网络营销所需的支撑环境已非常完善，完全具备大规模展开的条件。

本章小结

本章作为全书的开篇，系统地介绍了网络营销学科的沿革与发展；同时，作为承上启下的环节，系统地回顾了网络技术的形成和发展、人们信息获取模式的改变、网络经济和电子商务的发展趋势以及网络营销及其发展等。

重点概念和知识点

- 电子商务
- EDI
- UN/EDIFACT
- 人们信息获取模式的改变
- 电子商务和网络经济
- 以交易为中心的电子商务模式
- 以营销为中心的电子商务模式
- 网络营销
- 网络营销未来的发展
- 网络整合营销传播

练习题

1. 网络应用的三大领域是什么？
2. 什么是 UN/EDIFACT 标准？EDI 的主要应用领域有哪些？
3. 从技术上讲，1995 年前后的电子商务有什么不同？
4. 为什么说网络营销具有更广阔的应用前景？
5. 网络营销的研究方向是什么？

章末案例

河南孟州市向东 8 公里有个桑坡村，桑坡村是改革开放后崛起的豫北“皮毛之都”，如今以农民上网经商热闻名豫北。据河南省电信局的同志介绍，桑坡村的网吧是河南省第一个，也是全国第一个农民网吧。

日前，记者慕名前往采访，走进位于村中心的“网苑”，只见里面座无虚席。年轻的网民们张口“数字时代”、闭口“搜狐”，一种强烈的时代气息扑面而来。正在网上聊天的村民丁存正介绍说：“网络世界真奇妙。以前俺们做生意、交朋友离不开十里八乡。如今，北京、上海，乃至美国、澳大利亚都有我们的客户。2000 年村里加工了 500 万张羊皮，产品远销美国、日本等 50 多个国家和地区，销售收入达 5.2 亿元，出口创汇 2 000 万美元。”

丁九是村里“吃螃蟹”的第一人。1998 年 6 月，他率先上网聘请了一位计算机专业毕业的大学生进行操作管理。当时村民们说他弄来了一枚“重磅炸弹”。4 个月后，这枚“炸弹”发出了巨响：奥地利的一家公司从网上看到了丁九皮毛公司的产品信息，向他发来了一张52.6万美元的订单。丁九简直不敢相信一笔400多万元的大生意就这么送上门了。生意成交后，52.6万美元一分不少地打进了丁九皮毛公司的账户。

这声巨响震动了4 800多人的桑坡村。人们奔走相问：什么是互联网？如何在这个小小的“方疙瘩”里面做生意？孟州市电信局因势利导，投资40多万元，在桑坡村建起了网吧，向农民传授上网知识，当月就有20多户农民上网。如今村里几乎没有“漏网之鱼”，许多中年人也是“一网情深”。

网上生意做得最大的是统力皮业有限公司。25岁的老板买云涛告诉我们：过去，他跟着父亲走南闯北跑业务，都是携带现金和支票，既辛苦又不安全，出一趟国少说要花5万元，还不一定能做成生意。如今坐在家中就能和世界各地的人做生意。一年多来，网络不仅给他带来了1 000多万元的订单，还帮他与澳大利亚的新岛公司达成了协议，建立了一家合资公司。现在，他每天用装了摄像头的电脑上网，通过网络电话会议与新岛公司互通信息。他说：“以前我总想到大城市发展，现在不这样想了。有了互联网，家如世界大！”

“互联网进入了桑坡村，不仅给村民带来了巨额利润，而且改变了村民的传统观念。”村党支部书记白虎战告诉我们，“桑坡村家家户户靠皮毛生意致富，很多村民的子女上完初中后就跟随父辈闯天下了。”只有初中文化程度的丁玉峰是村里年轻人做皮毛生意的佼佼者之一，网吧建成后，他又成了村里有名的“网痴”，除吃饭睡觉外，其余时间都在“触网”。有一天，他在电子信箱里发现一封英文邮件，翻了半天词典，也没有弄懂是什么意思，不得不专程赶到市里请人翻译。这是一位台商发来的求购10万美元皮毛制品的邮件，等翻译好回复时，订单已成了“黄花菜”，那位台商早就与别人签了合同。这件事点醒了丁玉峰，他立即到市里租了一间房子，专门聘请老师教他英语。从此，村里越来越多的青年加入了再学习的行列。他们说，社会已进入了知识经济时代，重复父辈的经营模式和操作程序是没有出路的。只有初中文化的人，如果不学习、不进步，就会成为21世纪的文盲。

白支书说，为了让桑坡人跟上信息时代的步伐，村里已为村中心学校配备了24台电脑，从小学四年级起，娃娃们就要接受电脑和网络教育。

资料来源：商雪枫、周玉山：《桑坡农民“网”上行》，载《解放军报》，2000-06-19。

思考题

1. 网络环境和电子商务的机遇在哪里？

2. 有人说网络和电子商务的最大好处是节省纸张、人力操作成本和差旅费，你同意这种观点吗？

3. 有观点认为：由于地域、文化水平和应用普及上的差异，电子商务和网络营销不适合广大的农村。你如何看待这种观点？

第2章 网络营销的定义、功能、应用环境与技术基础

Chapter 2

学习要点

网络是工具，营销是目的，工具为目的服务

网络营销的基本概念

网络营销的功能与特点

网络营销的应用环境与技术基础

网络营销运作模式及体系创新

第1节 网络营销的概念与发展

网络营销是一种企业利用网络等新型电子媒体开展营销的模式，其核心是营销，营销是企业的命脉。

企业利用网络媒体开展营销，在功能上有哪些突破呢？与以往利用传统媒体开展的营销模式有什么不同？这是本节要回答的问题。

一、网络营销的基本概念

虽然营销传播模式和传播媒体经历了近百年的发展，但以往的发展大多只是工具、手段上的变化（例如，从平面媒体、户外媒体到广播、音频媒体，再到视频媒体的变化等），其单向、广播、推出式的传播模式并未发生过变化。所以，以往的营销传播理论和传播方法都是基于此种模式发展起来的，这种模式在当代网络环境下遇到了极大的挑战。网络是一种双向互动式的信息传播媒体，突破了传统理论和模式的局限，使创新和发展成为一种必然。

网络营销是一个快速发展中的概念。自20世纪90年代互联网产生并快速普及以来，网络营销的概念逐步形成，并在实践中迅速发展。目前，虽然网络

营销方法在世界各国企业中的应用非常普遍，但理论研究相对滞后。名称、提法五花八门，很不统一。有关网络营销的定义，在英语中有许多对应的说法，例如：

- 网络营销（cyber-marketing/e-marketing/internet marketing）；
- 网络整合营销传播（electronic integrated marketing communication，e-IMC）；
- 互动营销（interactive marketing）；
- 数据库营销（database marketing）；
- 一对一营销（one-to-one marketing）；
- 精准营销（precision marketing）；
- 电子商务（e-business）等。

为了方便后续讨论，我们归纳了上述各种说法，将网络营销的概念统一定义为：企业利用当代网络技术来整合多种媒体，实现营销传播的方法、策略和过程。网络营销是传统市场营销活动在网络等电子新媒体环境下的延伸和发展。

在网络营销学科中，网络是工具，营销是目的，工具要为目的服务。

（一）网络营销的学科定位

既然在网络营销学科中网络工具要紧紧围绕营销目的来展开服务，那么作为目的营销领域有哪些研究和应用领域？网络能在哪些方面支撑营销的发展？这是我们理解网络营销首先会遇到的问题，即网络营销的学科定位。

目前，在营销领域企业实践和进行学术研究的主要问题如下。

- 对顾客或消费者行为和感受的研究。主要是从顾客和消费者的市场行为，或从顾客和消费者对企业营销策略的感知、感受的角度，分析企业营销策略和研究营销效果。

- 对企业商务信息传播模式的研究。主要是针对企业商务信息（如产品、服务、品牌、经营理念、价格优势等）的传播工具（如视频、音频、平面、户外、网络等媒体）、方法（如广告、策划、网站、宣传等）、过程和实际效果等展开研究，即研究用最有效的工具，将最有用的信息传达给最需要的客户。

- 对产品和定价策略的研究。主要是针对产品（包括实物类产品和服务类产品）的研发、功能开发、成本控制、客户感受和制定具有竞争力的价格过程等进行研究，即研发出最能满足市场需求的产品，并以客户最能接受的价格将其销售出去。

- 对渠道和销售过程的研究。主要是研究企业外部物流，产品分销渠道管理，联营伙伴、分销商、分销网络、销售过程和价值链的管理方法与激励机制等。

网络是一种信息传播媒体，在当代综合网络环境下，网络营销的主要任务是研究企业商务或营销信息传播的工具、方法、模式和有效的传播过程。这是网络营销的学科和课程定位。同时，这部分内容又是当前企业实践中最需解决的问题。所以，网络营销主要是紧紧围绕这部分内容，并结合网上和网下多种形式展开的。

（二）网络营销的主要功能

企业利用网络展开营销，可应用的领域有很多，归纳起来大致有如下十大功能：

- 信息搜索与发布；
- 在线购物或交易撮合；
- 黏住客户，互动沟通；
- 理念传播，引导消费；
- 引发共鸣，传播口碑；
- 电子客户关系管理；
- 特色及增值服务；
- 市场及客户行为分析；
- 渠道整合与管理；
- 整合多种营销传播媒体。

（三）网络营销的工具和媒体

提起网络营销，人们马上会联想到电脑和互联网。但是，当代网络营销所依托的技术基础绝不局限于此。网络营销是一个集互联网、移动通信网、固定电话网、数字电视网、物联网（the internet of things）以及各类电子信息媒体于一体的综合网络环境，即网络营销的技术基础是：基于网络，但又不仅仅局限于网络和电脑。

如果我们只将眼光紧紧盯住互联网和电脑，就会在很大程度上捆住自己的手脚，制约网络营销业务的发展。

案例 2—1

近年来民航业竞争激烈，各大航空企业都在争抢那些每周有3～5次商务飞行的“空中飞人”（他们是企业盈利的支柱）。中国国际航空公司（以下简称国航）为了更好地为这些“空中飞人”服务，开展了一系列的调查，发现他们普遍对价格不敏感，但对复杂的登机手续和耗时成本非常在意。于是，国航想到了将登机手续搬到网上，乘客可以随时随地办理。2007年9月29日，国航开设了网上值机柜台，目标直指高端商务客户，为他们提供更多便利和优惠的服务措施（如图2—1所示）。

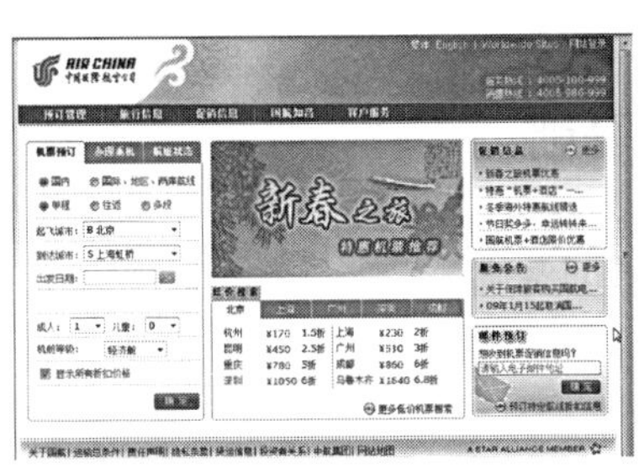

(a)　国航网站页面

(b)　国航的网上值机页面

图 2—1

结果是：虽然创意和出发点都很好，但实际应用效果并不太好。原因是：一是知晓者不多；二是使用并不像人们想象的那样又好又方便。

问题：

- 大家用过该项服务吗？该项服务的出发点是好的，但为什么没有普遍使用？问题出在了哪里？
- 类似做法能否扩展到其他相关信息服务领域？

点评：

国航的问题出在工具的选用上太在意电脑和网络，操作上没有顾及客户的真实需求。例如，为什么一定要用电脑上网操作和 A4 纸打印（多有不便）？为什么一定要用“知音卡号＋密码”办理，而不能用手机号办理？

2008 年初，国航意识到此问题，开始在机场自助值机柜台上增设网上办理登机手续、机场打印登机牌等功能。客户在办公室、家中甚至汽车上都可随时办理登机手续。但该业务还未推广开。

随后，南方航空公司开始改用“电脑＋手机上网＋二维码电子登机牌”方式推出此业务，情况大为改观。

于是，国航于 2009 年 5 月 8 日开通手机二维码自助登机业务（如图 2—2 所示）。至此，该业务开始受到“空中飞人”的欢迎。

图 2—2　国航的手机二维码电子登机牌方式页面

上述案例充分说明，企业网络营销所使用的工具、手段、方法一定要紧跟时代和客户需求，方案和功能设置一定要体现人性化关怀并有利于客户，千万不要将眼光仅盯在互联网和电脑上。

二、需求模式变化是网络营销发展的基础

顾客信息需求模式变化是网络营销发展的基础。

（一）传统营销传播媒体的局限

在现代技术环境下，顾客对信息的需求模式发生了很大变化，公众和顾客对信息的需求层次发生了明显的分离，传统的营销传播媒体很难同时满足。于是，人们常常会在业界听到这样的抱怨："20 年前 10 个顾客一种需要，10 年前一个顾客一种需要，现在是一个顾客 10 种需要"，"众口难调，广告难做，营销难做"。

在企业的营销传播中，如果针对的是普通社会大众，宣传得太细，大众不愿意看，不但达不到广告效果，而且会引起反感（大众嫌烦）。如果针对的是真正的顾客，宣传得太粗，则不能满足购买决策时的信息需求（缺乏足够的细节内容），会怠慢真正的顾客。

由于大众和顾客对信息要求不同，因此单一靠广告会陷入两难境地。

案例 2—2

有关空调广告效果的调查

为实际了解两类不同顾客对商品信息的需求情况，以及现有的广告媒体能否同时满足这两类不同的信息需求，笔者在 1997 年夏天展开了一次调查。

1997 年夏天，北京天气异常闷热，空调一时成为市场上最畅销的商品。在 1997 年夏天的一个晚上，笔者带着事先准备好的问卷，守候在当代、双安、华奥等几个大型商场的门口，展开了调查。

商场中，空调柜台前人头攒动，密密麻麻的一大片。即使不发问卷，凭肉眼也能分辨出哪些是真正的顾客，哪些只是看看热闹且近期并不打算购买空调的普通大众。因为两者之间有着明显的差别：那些真正要买空调的顾客特征十分明显，他们手上毫无例外地拿着一个小本和大叠产品宣传材料，到商场后就直奔空调柜台，并仔细地询问产品的价格、耗电量、制冷面积、噪声分贝、有无现货、安装时间、售后服务等具体情况。问完后，又满头大汗地跑到下一家商场……

笔者在这几家商场分别对这两部分人群就广告宣传的效果展开询问。当问及那些暂时不打算购买空调的人"是否看过空调广告以及印象如何"时，大多数人的回答都是很反感的。由于广告太多，导致电视节目不准时。当问及"你如何处理电视节目中的广告时段"时，大多数人的回答都是用电视遥控器跳过去，根本不看。

当问及另一部分打算购买空调的人（真正顾客）时，情况则完全不同。他们中的大多数都回答：不但看空调广告，而且

特别留意这类广告。广告使他们知道了一些知名空调品牌。当笔者进一步追问，既然知道了哪些是知名品牌，为什么还要这样辛苦地在各商场收集产品细节信息时，回答五花八门。其中一个中年男子的回答令人印象深刻。他反问："那些广告里有什么啊？一个漂亮的姑娘，手扶着一台空调一晃而过，凭着那张脸我就会随随便便地掏 7 000 元钱吗？"①

这个略带讽刺意味的回答，一针见血地指出了传统广告的局限，同时也道出了传统广告的两难境地。每年夏天，虽然空调厂商投入上千万元的资金用于产品的广告宣传，但效果并不理想。对于潜在的顾客来说，不但没有产生好感，反而引起了一些反感；对于真正的顾客来说，这样的广告怠慢了他们，因为它不能提供更多、更翔实的信息，以帮助顾客挑选自己的产品。

当时笔者就想：如果有一个厂商能将两者相区别，在网站中根据消费者的需求详细列出产品的优点，那么，将会抢夺到相当大的市场份额，至少在北京的中关村地区会是如此。②

案例 2—2 恰好说明了不同人群对信息需求的不同，以及传统单一媒体在面对不同需求时的局限。

（二）网络营销面对真正的顾客

如果用传统广告加上网络营销，那么宣传效果就会完全不同。传统广告针对社会大众，简单明了；网络媒体针对目标客户，提供专业、丰富、翔实的信息。只有这样，才能同时满足两方面的需求，恰到好处地宣传品牌和知名度，同时充分满足真正的顾客专业、挑剔、货比三家的需求。

三、技术进步带来的挑战与机遇

当代顾客信息获取和沟通方式的改变是迫使企业营销模式创新和网络营销流行的原因。在网络时代，企业不得不面对如下现实。

1. 技术进步，市场饱和，广告有效性下降，品牌忠诚度弱化

我们正处在一个技术进步和竞争全球化的时代。这个时代的一个重要特征是：媒体和技术在变化，产品极大丰富并趋于饱和，广告等传统营销传播的有效性在下降，顾客的忠诚度在降低，品牌的依赖度在弱化。企业营销正面临完全不同于以往的运营环境。尤其是金融危机的蔓延，会大大加速这一发展趋势。

2. 顾客权利提升，营销环境发生变化

网络等双向互动媒体改变了商家（或厂家）和顾客之间原有的关系。在网

① 1997 年一台一拖二的壁挂式空调价格约为 7 000 元。

② 1997 年我国网络并不是很发达，网民人数较少，但在中关村地区则不然。当时，在各大高校、中科院院所、IT 企业中，网络普及程度已经相当高了。

络环境下，顾客获取信息的模式发生了很大变化，信息越来越透明，顾客的权利得到了极大提升，传统营销赖以存在的环境在发生变化。这种变化迫使企业的营销模式发生了革命性的变化。

3. 传统手段的成本越来越高，过程越来越难

企业有了好产品，该如何告知目标客户？以往企业主要是靠传统媒体和营销传播方法。现在发现这些方法在操作上越来越难，成本越来越高，但效果越来越差。在信息爆炸的今天，企业将沟通信息传递到目标客户面前的成本越来越高，过程也越来越困难。如果连企业自己都不愿看广告，反感上门推销等传统营销手段，却依然寄希望于顾客能接受自己的广告和上门推销，这显然是不现实的。

在网络时代，人们面对的媒体形式更多，信息更丰富。在这种情况下，企业要想寻找到对其产品有需求的客户，并有针对性地传播营销信息，难度在加大。所以，营销方法一定要与时俱进、大胆创新。

4. 竞争全球化和技术发展带来的压力

全球化进程和市场经济的发展导致竞争对手越来越多，营销手段越来越雷同，竞争越来越激烈，如果没有新的想法和手段，生意会越来越难做。

于是，各种网络营销手段开始引起企业的关注。而且，在方法、工具、手段上一定要创新，必须与时俱进，关注营销模式发展和技术的最新变化，以及身边发生的热点问题。如果方法、手段、思维模式都还是老一套，则很难产生实际的营销效果。

第 2 节　网络营销的应用环境与技术基础

从 20 世纪 90 年代末到 2000 年初，网络营销活动依托的平台是计算机和互联网。随着时间的推移和技术的发展，特别是 2002 年以后，这种情况发生了很大的变化。电子商务和网络营销的基础从单一的互联网发展到了一个综合的网络技术环境，依托这个综合的网络技术环境，网络营销有了飞跃式的发展。

这些技术主要包括：

- 宽带技术在应用上的突破。
- 广电网并网，数字电视和网络电视（IPTV）的普及。
- 对全球网格系统（great global grid，GGG）的研究，IPv6 和新一代互联网技术的推出（next generation internet 或 internet-Ⅱ，NGI）。
- 无线局域网（wireless local area networks，WLAN）系统（如：IEEE 802.11，Wi-Fi，iMAX，WiMAX 等）。
- 全球卫星定位系统（global position system，GPS）。

- 无线应用协议（wireless application protocol，WAP）、通用无线分组业务（general packet radio service，GPRS）和码分多址技术（code division multiple access，CDMA）。
- 第三代移动通信系统（3rd generation mobile telecommunication technology，3G）以及移动互联网的产生。
- 物联网技术及其应用。
- 电信网、计算机网、广电网三网融合等。

一、2000 年后网络技术的发展趋势

2000 年以后，随着各种信息技术的不断涌现，网络技术发生了巨大变化，网络技术应用也有了长足的发展。总的发展趋势是：从单一互联网发展到以互联网为基础的综合网络环境。

（一）宽带网络技术的应用

早期互联网主要是以分组交换技术（如 X. 25、帧中继等）、IP、异步传输方式（ATM）等技术为基础，用户接入互联网基本上是以普通电话线拨号上网为主。经过十几年的发展，目前，已经发展成为以 IP 技术为主流的宽带接入网络技术。

宽带网络技术的显著特点是数字化、高速、宽带，具有综合业务能力，宽带网络技术在信息数据传输上突破了速度、容量、时间和空间的限制。从以前的综合业务数字网（ISDN）[或称为窄带综合业务数字网（N-ISDN）] 发展成为目前面向多任务网络服务，可支持多媒体业务、局域网互联、大容量数据文件传送、高清晰度电视（HDTV）视频图像传送、三维图像传送的宽带综合业务数字网（B-ISDN）。这些都为网民上网和企业开展电子商务与网络营销提供了更加方便、快捷的基础。

（二）IPv6 和下一代互联网技术

由于历史的原因，中国正式加入互联网的时间相对较短（1994 年底才正式加入）。中国在 IPv4 的发展中处于后进的状态，在国际上的发言权不大，导致 IP 地址的供需严重失衡。截至 2002 年 8 月，拥有 13 亿多人口的中国，只有大约 2 502 万个 IP 地址，其中，B 类地址仅有数百个，A 类地址一个都没有。[①] IP 地址资源的紧缺，严重地阻碍了互联网在中国的普及和发展。

随着 20 世纪末中国通信业的持续高速发展，中国通信业正成为全球通信

---

① 全世界的 IP 地址是由 ARIN 和 APNIC 等几大 IP 地址分配机构进行分配的。其中，APNIC 负责亚洲、太平洋地区的地址分配，ARIN 负责北美、南美、加勒比以及非洲撒哈拉以南地区的地址分配。

产业的主要力量，并且成为通信新技术及其应用发展的主要市场。作为互联网和移动通信的大国，没有足够的网络地址分配资源和在下一代互联网标准中的发言权是绝对不行的。于是，中国从1998年开始了IPv6的研发进程。

2000年，信息产业部电信研究院和天地互连信息技术有限公司建立了中国第一个面向商用的IPv6试验床，并发起成立了6TNet（IPv6 Telecom Trial Net）组织，联合国内外运营商、IPv6厂商及主要研究机构，共同搭建多运营商和多厂商的IPv6试验平台，致力于中国的IPv6推广与商用化进程。2002年5月，中国建立了第一个商用的电信级IPv6试验网。

2002年，设立了3个骨干网络节点，通过2.5G光纤连接，运行IPv6协议，并在节点内建设IPv6城域网的模拟环境，可提供IPv6 WWW，IPv6 FTP等多种应用服务。

2003年，以清华大学网络中心、北京邮电大学、中国教育和科研计算机网（CERNET）为基础的IPv6试行网络已经在国内高校和部分地区实现了互联互通。

同年，中国电信在北京、上海、广东地区的IPv6试验项目陆续启动。运营商在通信发展较快的省份率先提供了IPv6的商用服务。

作为新一代互联网的核心技术，IPv6提供的巨大地址空间及所具有的诸多优势和功能，将带动大量相关技术和服务的发展，为中国的网络经济带来新的发展机遇。目前，以IPv6为核心技术的下一代网络正在受到越来越多的重视，IPv6对我国电子商务和网络营销的发展将会产生深远的影响。

(三) 无线局域网

近年来，为了与移动通信运营商竞争，实现人类不受任何约束、随时随地访问互联网的愿望，以IEEE 802.b11协议为基础的无线局域网技术和产品迅猛增长。在一些机场、酒店、学校、餐厅、咖啡厅等场所，由于用户相对密集且流动性较大，传统的有线网络难以满足移动用户的接入需求，因此，在一些发达国家和城市，无线局域网已经覆盖了大学、图书馆、商务中心、写字楼、学校、机场、酒店、咖啡厅等。人们在上述覆盖区域内上网，已经不再受网线、接口数量和带宽的限制。

无线局域网技术之所以受到用户的重视，与互联网不断深入影响人们生活、工作以及网络营销的发展有着密不可分的关系。无线局域网在接入速度、总拥有成本和投资回报率等方面的优势，以及为用户带来的增值服务，使得各国的运营商纷纷在自己的电信网络平台上部署无线局域网。特别是Wi-Fi技术的推出，使得无线局域网的覆盖范围由原来的100～200米发展到数公里。Wi-Fi技术将成为未来几年世界各国无线局域网竞争的热点。

中国的无线局域网市场正处在蓄势待发的阶段。从整个亚太地区来看，说到无线局域网发展的潜力，没有哪个地区可以与中国市场相比。经济的持续发展、移动计算需求的上升、笔记本电脑的增长以及中国网民数量的持续增长等，都将促进无线局域网在中国的发展。从移动用户的数量和产业规模来看，中国的作用至关重要。

二、数字电视和IPTV的普及

2000年前后，数字电视和IPTV得到了世界各国的高度重视。我国从20世纪90年代末开始研究。2003年5月，国家广电总局发布了《我国有线电视向数字化过渡时间表》，并规划：到2005年底前（即到“十五”计划末期），付费影视频道达到50～80个；全国有线数字广播节目达到150套左右；数字电视用户达到3 000万户。

但是，由于技术、标准、网络双向改造难度大，节目内容和用户对数字电视需求匮乏，缺乏指导性政策等因素的影响，中国数字电视发展缓慢。截至2004年底，中国发展数字电视用户仅102万户，试点城市只有山东青岛、广东佛山等四个。2005年达到535万户，但与国家广电总局发布的1 000万户的目标相差巨大。2005年3月，国家广电总局调整后的新目标为1 000万户。国家广电总局提倡整体平移运营模式，即由有线网络公司向用户免费提供机顶盒，同时提供较多的附加服务，提高收费，以消化机顶盒的成本。IPTV是融合了传统广播电视业务和互联网业务的新领域，正在全球受到越来越多的关注。

在我国“十一五”计划期间，国家广电总局开始推动机卡分离方案，并借2008年北京奥运会和2010年上海世博会的契机，大力促进数字电视和IPTV的普及。

三、移动互联网技术的发展

网络技术的另一个重要发展就是移动通信技术的加入。随着以手机为代表的移动技术的迅猛发展，2000年以后，世界各国的移动通信运营商发现：如果移动通信仅限于语音业务（打电话），很难再有大的发展。移动通信的未来只能是向互联网靠拢，大力发展数字多媒体业务。于是，世界各国的移动通信运营商纷纷成立数据业务部，提供多媒体信息内容和移动终端接入服务。移动互联网技术开始迅猛发展。

（一）早期的移动终端接入方式

对于早期的移动终端（手机）接入互联网方式，人们大多采用的是在移动终端上运行无线应用协议登录网络展开数字业务的模式。2003年后，发展到使用GPRS（中国移动在原GSM的基础上推出）或CDMA-1X（中国联通在原CDMA的基础上推出）移动上网。

（二）3G接入模式

2009年以后，3G在中国推出，移动通信技术与互联网完全融合。一个以移动互联网为基础的应用环境已经渗透到人们生活和工作的每个角落，3G将会改变现有的人类生活、社会发展和企业经营模式，掀起网络经济的又一轮大潮。

目前，这些技术已将各种电器设备通过互联网连接到一起，形成了集计算机、掌上电脑、个人数据助理（personal data assistant，PDA）、电子书、固定电话、传真、呼机、移动电话、电视于一体的综合网络环境。由此开发出的移动上网、移动商务、手机电视、移动支付、手机钱包、移动飞信、手机在线游戏等已成为眼下网络及3G应用的主流。

（三）物联网技术及其发展

物联网是一种试图将现实世界与网络世界直接对接的技术。物联网通过互联网、移动通信及移动终端、射频识别或电子条形码技术（radio frequency identification/electronic product code，RFID/EPC）、传感器、全球卫星定位系统、自动感应设备等将现实世界与网络连成一个整体。

物联网的概念是1999年在美国召开的移动计算和网络国际会议上提出的。它原本的定义很简单，即把所有物品通过信息传感设备与互联网连接起来，实现智能化识别和管理。由于当时没有具体的内容和技术支撑，因此仅仅作为一种设想，并没有受到太多的关注。

随着技术的进步，物联网技术开始受到业界的关注。2005年11月17日，在突尼斯举行的信息社会世界峰会（WSIS）上，国际电信联盟（ITU）发布的《ITU互联网报告2005：物联网》指出，无所不在的物联网通信时代即将来临，世界上所有的物体（从轮胎到牙刷、从房屋到纸巾）都可以通过互联网主动进行交换。射频识别技术、传感器技术、纳米技术、智能嵌入技术将得到更加广泛的应用。至此，物联网技术开始引起人们的高度重视。

2008年底，奥巴马总统上任以后，为了应对金融危机的挑战和重振美国经济，美国政府于2009年1月2日召集了一次由美国工商业界和技术界领袖参加的“圆桌会议”，讨论振兴美国经济的出路问题。会上，IBM首席执行官彭明盛等人提出了“智慧的地球”的概念，阐明其短期和长期效益，建议新政府投资新一代的智慧型网络基础设施建设。奥巴马政府对此给予了积极的回应：“经济刺激资金将会投入到宽带网络等新兴技术中去，毫无疑问，这就是美国在21世纪保持和夺回竞争优势的方式。”此话一出，立刻引起美国各界的高度关注，希望它能像当年克林顿政府的“信息高速公路计划”一样振兴美国经济。

中国物联网概念的兴起有着强烈的时代背景。2008年后，中国政府重组国内的几大电信和移动通信运营商，推出三种不同的 3G 技术（WCDMA，CDMA2000，TD-SCDMA），引发了中国移动通信市场的激烈竞争。中国移动出于在 3G 应用和增长模式上的压力，总裁王建宙开始积极倡导移动商务和物联网技术，并到处游说。物联网开始为国人所熟悉。

2009 年夏天，温家宝总理在 2009 夏季达沃斯论坛开幕式上致辞时特别强调要把科技创新作为重要支撑，并先后视察无锡、昆山、苏州等地的一些高新技术企业和 RFID、传感器等物联网基础产业研发基地，明确支持物联网技术的发展，同年 10 月又在中国科学院成立 50 周年大会上讲话，鼓励科研机构要勇于在这些方面创新和发展等，再次掀起了物联网技术的高潮。

四、三网融合

三网融合是指在互联网的基础上，将原本相互独立运行的电信网、广播电视网和计算机网三网融合，互联互通。其中，电信网包括话音/电话网、固网/互联网、移动通信网、数据传输网等；广播电视网包括音频/广播网、视频/电视网、数字电视网、IPTV 网等；计算机网包括局域网、广域网、宽带网、互联网、语义网、电脑数据通信和传输网等。

早在 1998 年，业界就曾提出过三网融合的概念，认为无论从社会发展的需求、用户利益还是从产业本身的利益出发，三网融合都应该成为未来发展的必然趋势。受限于当时的技术条件、行业管理体制以及对未来民用信息产业发展方向的判断，三网融合在当时没有引起社会的重视，最终不了了之。

2009 年 4 月 15 日，国务院正式出台了《电子信息产业调整和振兴规划》。在该规划中，再次提出了推进“三网融合”的要求。此后，我国在多个城市试点三网融合业务，并获得成功。

2010 年 1 月 13 日，国务院总理温家宝主持召开国务院常务会议。会议决定加快推进电信网、广播电视网和计算机网三网融合发展，通过开展三网融合业务，实现互联互通和资源共享，为用户提供话音、数据和广播电视等多种服务，促进信息和文化产业发展，提高国民经济和社会信息化水平，满足人民群众日益多样的生产、生活服务需求，拉动国内消费，形成新的经济增长点。

会议还提出了三网融合的阶段性目标：2010—2012 年，重点开展广电和电信业务双向进入试点，探索形成保障三网融合规范有序开展的政策体系和体制机制；2013—2015 年，总结推广试点经验；2015 年全面实现三网融合发展，普及应用融合业务，基本形成适度竞争的网络产业格局，基本建立适应三网融合的体制机制和职责清晰、协调顺畅、决策科学、管理高效的新型监管体系。

五、技术基础和传播媒体的多样化

由于有了上述发展，我们有理由相信：在未来综合网络环境下，各种网络和电子设备（包括互联网、移动通信网、数字电视网、电话网、计算机、手机、电话/传真机、电视机、掌上电脑、GPS、各种卡证和身份识别系统等）都会连成一体，网络营销的运作模式、信息形式和传播媒体都会发生很大的变化。

在信息形式上，将会从以往的文本型、数据型，发展到语音、图像、多媒体音/视频、流媒体、富媒体（rich media）、数码摄像（DV）、短信、彩铃等多种形式。

在传播媒体上，不再局限于电脑和互联网。

在营销传播模式上，从单一媒体发展到多媒体、多模式整合解决方案。具体表现在：

- 网络技术与移动通信技术的整合；
- 网络营销与传统营销媒体的整合；
- 网络时空对工业化社会的渗透；
- 知识、服务、理念、创新与营销模式的结合；
- 虚拟和现实的整合；
- 传播工具与促销方式的整合；
- 现代信息服务和增值服务模式等。

未来企业的各种商务活动会越来越多地依赖网络通信设备来展开。利用这些设备，企业内部可以展开与组织内部各成员、合作伙伴、联营伙伴、经销商之间的信息沟通和联系；企业对外可以展开与市场、顾客、产品用户或潜在用户之间的沟通、公关、营销和促销宣传。特别是在移动互联网模式下，企业的网络营销行为将不会受到地域、终端设备和电信基础设施的限制，会将企业经营范围和营销能力的拓展推向一个更高的阶段。未来商务活动会越来越多地需要这些设备。

第 3 节 网络营销运作模式及体系创新

当代技术环境和消费者信息获取模式都发生了重大的改变，这就要求企业的营销运作与传播模式一定要跟进、创新和发展，开发顺应时代发展特点的网络营销创新体系。

一、网络环境下的营销过程

在网络环境下，消费者获取商品（或产品）信息和购买的过程有别于传统环境下的企业营销传播和产品销售过程。

（一）传统的购买过程

在传统环境下，客户对商品（或产品）的知晓（awareness）主要通过广告宣传、朋友介绍、商品展示等环节。客户一旦发现自己感兴趣的商品，就会到商场或找厂家了解进一步的信息或购买产品。整个过程相对简单，如图 2—3 中阴影部分和虚线所示。

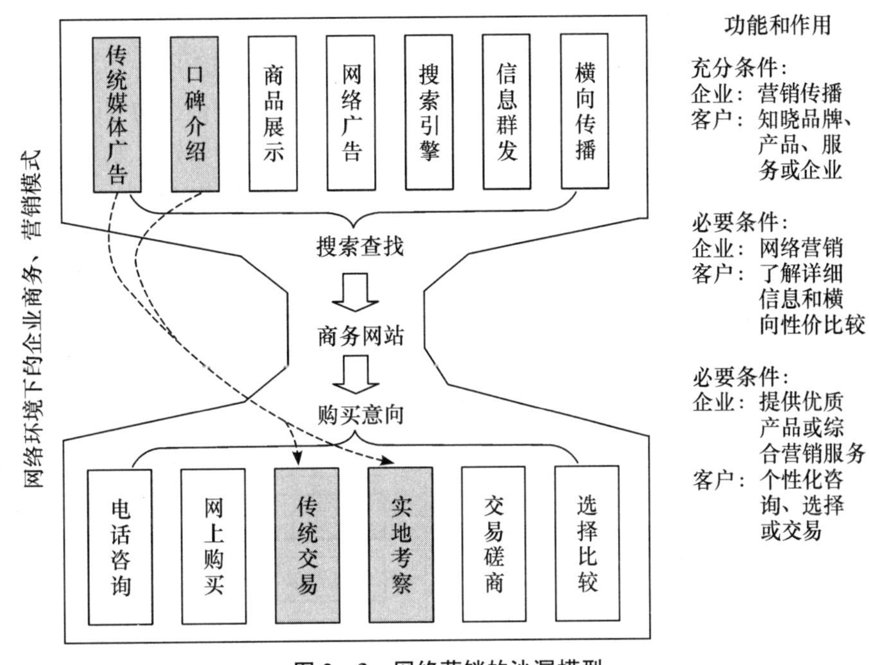

图 2—3　网络营销的沙漏模型

（二）沙漏模型

在网络环境下，客户知晓产品的途径、查找信息的方式都会发生很大的变化。这一过程会呈现出如图 2—3 所示的沙漏模型。

（三）销售实现的必要条件

在图 2—3 中，首先是客户知晓产品的渠道多样化了，可以通过各类传统媒体广告、口碑介绍和商品展示，也可以通过各类网络媒体（如网络广告、e-mail 宣传、博客营销、在线互动、移动营销等）。所以，我们称之为产品销售和营销实现的充分条件。

其次，客户发现自己感兴趣的商品之后，了解信息的方式也变了。多数人可能会上网搜索进一步的信息，访问商家/厂家的网站，如果对产品确实满意，才会联系购买。这一步才是产品销售和营销实现的必要条件。如果消费者接触到了企业的营销宣传，对其内容产生了兴趣，并上网寻求进一步的信息，那么这部分消费者是真正的顾客，多数有着真实的购买需求。如果企业的网络营销没有做好，连这部分人都抓不住，则后续销售过程无从谈起。

因此，营销信息的传播过程、搜索方式、网站设计和管理变得至关重要。这些构成了网络营销传播的主要内容。

二、网络营销的主要功能

网络营销对企业来说，投入可大可小。

最简单的可以是“零”投入，即企业利用外部网络环境直接上网，开展经营和商务活动。这些活动包括在线交易、交易撮合、信息发布、市场搜索。企业可进行供求信息平台建设、行业信息平台建设、网上广告分类、在线黄页服务、网络社区营销、信息搜索、信息群发、市场信息查询、购货商或货源搜索等，也可以针对消费个体、上下游企业、目标客户等开展营销（如 B2B，B2C，C2C 等）。

若深入展开，则可借助营销网站进行。除上述功能外，网络营销还具有观念引导、理念传播、信息推广、互动沟通、客户关系管理、卓越服务、营销促销、渠道管理、互动营销、移动商务、搜索引擎营销（search engine marketing，SEM）、网络/短信/彩铃/电子邮件广告、网络社区营销、信息群发/病毒式营销、会员制/俱乐部、市场/交易/供货商撮合、在线服务营销、增值服务营销、媒体整合营销等功能（如图 2—4 所示）。

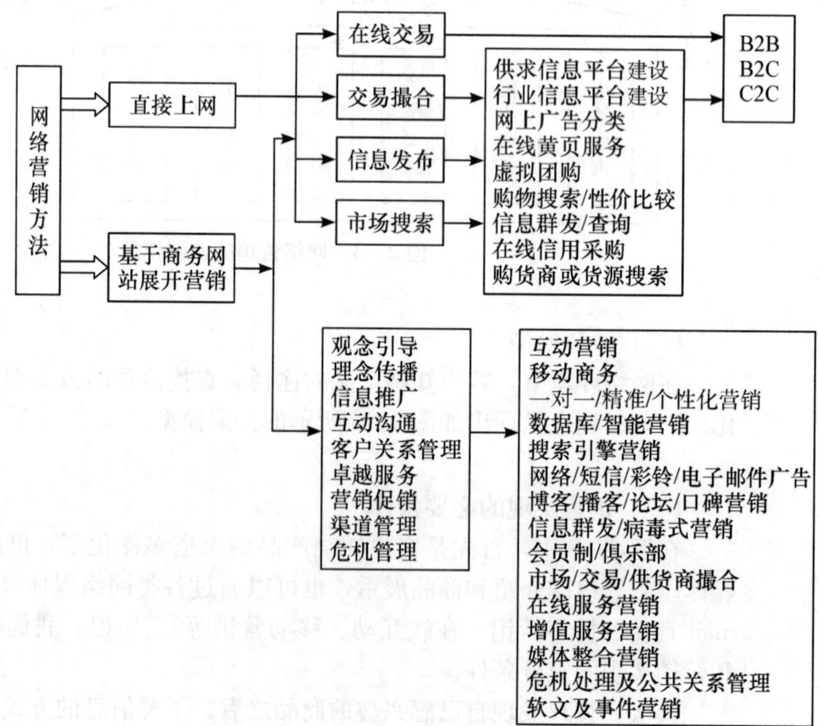

图 2—4 网络营销的主要功能

本章小结

本章从现代人们信息获取行为模式的变化、营销传播在企业经营活动中的重要性入手，分析了企业面临的困境和传统媒体的局限性，系统地介绍了网络营销的定义、基本概念、主要功能、应用环境、所依托的技术基础等，给出了网络环境下企业营销模式的运作、创新、发展以及一些典型的应用等。

重点概念和知识点

- 销售
- 营销
- 网络营销的定义
- 网络营销依托的技术基础
- 网络营销模式
- 网络营销的十大功能
- 网络营销的运作模式及创新体系

练习题

1. 为什么网络营销不限于在线购物，有着更加广泛的应用范围？
2. 为什么没有营销的销售相当于蒙眼飞行，是根本行不通的？
3. 为什么销售是一种短期的战术行为，营销是一种长期的战略行为？为什么没有营销体系支撑的销售模式很难有大的发展？
4. 请结合实际谈谈你对“网络环境下，普通大众与真正的顾客对商品信息的需求程度有明显的区别”这句话的理解。

章末案例

在目前的情况下，时间、空间、地域和信息的局限往往是企业经营最头疼的问题（特别是对于地处中小城市和偏远地区的企业）。网络和电子商务的应用为解决此类问题带来了转机。企业可以利用网络发布产品供求信息，寻找市场和货源信息，开拓经营活动范围。

1. 企业简介

某地处西北边远山区的饲料加工企业，每年需要购买大量的粮食产品和营养添加剂作为原材料。

在传统环境下，该企业受地理环境的限制，只能从本地供货商手中购买原材料。而这些用于生产加工饲料的原材料（主要是大豆、玉米等）主产区多在东北地区，要经过层层批发和转手才能到达本地。批发一次就要加一次价，等到了本地供货商手上，已经是质次价高了。

2. 利用网络寻找货源

许多经常与西部企业打交道的客商会抱怨：人人都说劳动力便宜是西部企业的竞争优势，如果购买西部企业的产品，就会发现有时事实并非如此。即使是饲料这类劳动力密集型的产品，价格也并不便宜。究其原因，主要是受传统的采购手段和环境所限，导致西部企业在真正的生产、经营过程尚未展开时，劳动力资源便宜的优势就已经通过原材料采购转移到了那些层层的中间批发商身上，最终导致这些企业毫无竞争优势可言。

现在情况不同了，该企业可以根本不理会本地供货商的公关行为，取而代之的是先在网上寻找货源。

例如，某企业只需简单地通过现有的计算机上网，输入一些与粮食贸易有关的网址（如 http://www.cngrain.com/，http://www.foodchina.com/，http://www.fao.com.cn/等），即可看到国内一些大型粮食集散地、产地、集贸市场、边境口岸以及一些大的粮食产品原始供货商提供的价格。如果直接与对方联系，按这样的价格购买，由于没有中间商的层层批发环节，即使加上运费，也会比本地供货商提供的价格便宜。以当时国内最大的粮食贸易网站——中华粮网为例（如图2—5、图2—6、图2—7所示），企业无须出门，即可了解到各地现货、期货和栈单交易的价格、批量的重要信息，然后比较本地供货商提供的价格，再决定具体购买方式。

3. 价格比较

该企业看过这些粮贸网的产品信息后，不必急于购买，可以再进入中国农业信息网的网站（http://www.argri.gov.cn），看看同样的粮食品种是否还有更价廉物美的供货商，即可以在多个网站、供货商之间进行价格比较。

另外，该企业还可以访问国外的农产品网站，如美国芝加哥商品交易所（Chicago merchandise Exchange，CME）网站（http://www.cme.com/），看看同样的粮食品种在国际市场有没有更好的货源和供货商。因为CME是全球最大的农产品期货和现货市场，它的价格代表了同样品种农产品在国际市场的价格水平。

如果该企业认为国际市场采购外贸手续比较复杂且不易掌握，则可向CME方面索要某个产品到达距离最近的中国口岸的到岸价格。CME有专业的外贸服务队伍和承运商，有一条龙的专业化服务，请他们提供并由他们代办所有手续后，能给自己找到最低的价格。这样一来，还可以与国际市场比较，谁价廉物美，就买谁的产品。

中华粮网 - Microsoft Internet Explorer
http://www.cngrain.com/
中华粮网
www.cngrain.com
首 页
信息中心
价格中心
交易中心
粮网社区
粮网联盟
English
粮食品质分析与控制
敬请关注
粮食行业网上会展中心
中国企业电子商务论坛
中华粮网信息产品介绍
沟通无距离　短信订阅
重点新闻
近26万吨中央储备大豆拍卖成交
今日要闻
粮食市场全面扫描 粮食改革动态篇章
粮网学苑隆重推出网上教学课程《粮油品质分析与控制》
近26万吨中央储备大豆拍卖成交
2003中国(广州)精品粮油及加工技术博览会
中国郑州粮食批发市场 栈单交易专栏
中国郑州粮食批发市场 交易机制
中国郑州粮食批发市场 分析预测
中国粮食市场 论坛
观摩栈单交易 关注交易行情
品种信息
分析预测
热点专栏
完毕
Internet

图 2—5　中华粮网主页

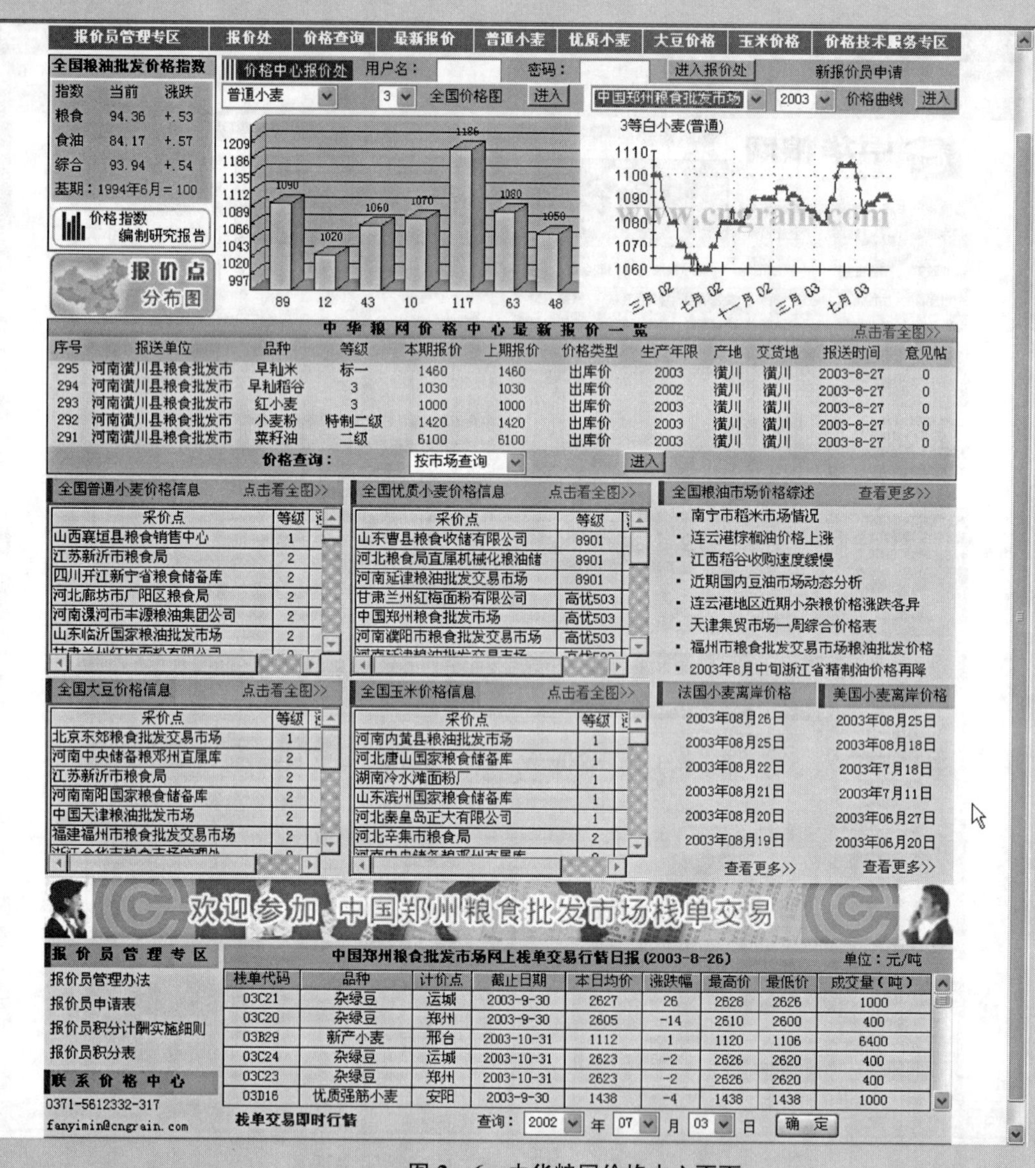

图 2—6 中华粮网价格中心页面

栈单交易

栈单代码	品种	等级	截止日期	计价点	基准价	上日均价	最新价	涨跌幅	最高买价	最低卖价	当日成交
02A01	小麦	郑州栈单	即期	郑州	1250	1250	0	0	0	0	0
03A21	小麦	郑州栈单	2003-08-31	郑州	1200	1205	1198	-7	1220	1250	400
03A29	小麦	郑州栈单	2003-09-30	郑州	1200	1199	0	0	1140	1260	0
03A34	小麦	郑州栈单	2003-10-31	郑州	1300	1239	0	0	1236	1290	0
02A03	小麦	新乡栈单	即期	新乡	1092	1092	0	0	0	0	0
03A22	小麦	新乡栈单	2003-08-31	新乡	1090	1102	0	0	1070	1122	0
03A26	小麦	新乡栈单	2003-09-30	新乡	1090	1112	0	0	1078	1128	0
03A27	小麦	新乡栈单	2003-10-31	新乡	1090	1103	0	0	1076	1130	0
03A28	小麦	新乡栈单	2003-11-30	新乡	1090	1117	0	0	1074	1132	0
03A30	小麦	新乡栈单	2003-12-31	新乡	1100	1102	0	0	1072	1134	0
03A35	小麦	新乡栈单	2004-01-31	新乡	1110	1107	0	0	1076	1136	0
02A05	小麦	邢台栈单	即期	邢台	1096	1096	0	0	0	0	0
03A23	小麦	邢台栈单	2003-08-31	邢台	1090	1102	0	0	0	0	0
03A31	小麦	邢台栈单	2003-09-30	邢台	1090	1104	1100	-4	0	0	1600
03A36	小麦	邢台栈单	2003-10-31	邢台	1100	1110	0	0	0	0	0
02A07	小麦	济南栈单	即期	济南	1086	1086	0	0	0	0	0
03A24	小麦	济南栈单	2003-08-31	济南	1090	1090	0	0	0	0	0
03A32	小麦	济南栈单	2003-09-30	济南	1090	1090	0	0	0	0	0
03A37	小麦	济南栈单	2003-10-31	济南	1100	1100	0	0	0	0	0
02A11	小麦	漯河栈单	即期	漯河	1076	1076	0	0	0	0	0
03A25	小麦	漯河栈单	2003-08-31	漯河	1060	1064	0	0	0	0	0
03A33	小麦	漯河栈单	2003-09-30	漯河	1060	1082	0	0	0	0	0
03A38	小麦	漯河栈单	2003-10-31	漯河	1090	1087	0	0	1090	1100	0
02C01	明绿豆	通辽栈单	即期	通辽	2900	2900	0	0	0	0	0
03C13	明绿豆	通辽栈单	2003-08-31	通辽	3000	2785	0	0	0	0	0
03C16	明绿豆	通辽栈单	2003-09-30	通辽	3000	2781	0	0	0	0	0
03C17	明绿豆	通辽栈单	2003-10-31	通辽	2950	2930	0	0	0	0	0
03C18	明绿豆	通辽栈单	2003-11-30	通辽	2950	2803	0	0	0	0	0
03C19	明绿豆	通辽栈单	2003-12-31	通辽	2950	2840	2788	-52	0	0	1600
03C22	明绿豆	通辽栈单	2004-01-31	通辽	2950	2789	0	0	0	0	0
02C05	杂绿豆	郑州栈单	即期	郑州	2600	2600	0	0	0	0	0
03C14	杂绿豆	郑州栈单	2003-08-31	郑州	2650	2617	2614	-3	2396	2616	400
03C20	杂绿豆	郑州栈单	2003-09-30	郑州	2650	2605	2608	3	2396	2616	1200
03C23	杂绿豆	郑州栈单	2003-10-31	郑州	2650	2615	2602	-13	2396	2618	600
02C09	杂绿豆	运城栈单	即期	运城	2600	2600	0	0	0	0	0
03C15	杂绿豆	运城栈单	2003-08-31	运城	2650	2621	0	0	2396	2620	0
03C21	杂绿豆	运城栈单	2003-09-30	运城	2650	2627	2622	-5	2396	2624	800
03C24	杂绿豆	运城栈单	2003-10-31	运城	2650	2633	0	0	2396	2628	0
02B01	新产小麦	新乡栈单	即期	新乡	1100	1100	0	0	0	0	0
03B17	新产小麦	新乡栈单	2003-08-31	新乡	1100	1107	0	0	1080	1122	0
03B21	新产小麦	新乡栈单	2003-09-30	新乡	1100	1110	0	0	1070	1124	0

图 2—7　中华粮网栈单交易信息页面

4. 效益分析

我们做过一个初步的计算。以饲料行业为例：假设一个中等规模的饲料企业的年产值为1亿元左右，由于该行业的特殊性，年原材料采购成本将在7 000万元左右。如果用这种方式采购，则年采购额降低10%是不难做到的。如果年采购成本降低了10%，则直接经济效益是700万元，且间接经济效益更为明显。因为这种方式既降低了产品成本，保证了产品质量，又杜绝了传统采购环节中的不正之风，对企业经营的益处良多。

思考题

1. 如何看待网络在营销和企业经营中的作用？网络是替代人们从事交易的工具，还是辅助人们获取商贸信息的工具？

2. 为什么说网络营销比在线购物更具普适性？

3. 如何解决信誉、支付、物流配送等问题？按传统方式进行购买、支付、配送等环节是否属于网络营销（或电子商务）的范畴？

第Ⅱ篇

e时代的营销传播

当代企业经营正处在一个技术转折、信息爆炸和市场急剧变化的时代。在这个时代，商品和信息泛滥，产品市场饱和，广告有效性下降，顾客忠诚度降低，品牌忠诚度弱化。企业将营销和沟通信息传递给目标客户的成本越来越高，过程也越来越困难。

在信息大爆炸的网络时代，产品向需求的转换和企业与市场的沟通变得越来越重要。企业依靠传统的营销媒体和手段，要想在茫茫的人海中准确寻找到对自己的产品有需求的客户，变得越来越难；同时，客户和消费者要在企业或产品之林中寻找到自己满意的商品也绝非易事。网络的出现彻底改变了商家和顾客之间的关系，迫使传统的营销模式发生变化。

于是，各种网络媒体的营销模式开始引起企业的关注。网络已经成为当代企业吸引并抓住客户、传播营销理念、展示产品（或服务）特点、沟通市场信息、驱动市场发展的主要渠道和窗口。

本篇共有五章，将围绕如何利用商务网站来抓住顾客、传播经营理念和驱动市场发展这一主题展开。

第3章 Chapter 3 网络环境下的企业营销传播模式

学习要点

营销的两大目标及其实现途径

传统营销的局限和网络营销创新

企业营销传播模式的改变——网站成为企业营销策略展示的主渠道

基于商务网站的企业营销传播模式及典型应用案例分析

网络营销的普适性及模式、方法的灵活性

第1节 营销的两大目标及其实现途径

有观点认为：从根本上讲，营销是一门赢得和保持客户的艺术。这里所讲的“赢得客户”是针对潜在市场和大众而言的，而“保持客户”是针对已有市场和老客户而言的。企业的一切营销投入都是紧紧围绕顾客、销售和利润实现而展开的。

概括来说，企业在营销上投入巨资，其目的就是抓住消费者、宣传产品、促进销售，实现营销的两大目标。

一、营销的两大目标

一般来讲，企业的营销投入和实施策划主要是为实现两大目标：

- 吸引并抓住潜在客户。
- 提升已有客户价值。

这是所有营销传播的共同目的，网络营销也不例外。但是，两者在实现方法、模式及所使用的工具、手段上有很大的不同。

企业制定营销策略是为了通过宣传、策划和促销等一系列措施来引导市场与消费，而且这些措施一定要对外公开展示给市场和客户。展示的范围和传播的效果是直接影响营销效果的关键指标。

二、传统的营销策略展示媒体

在以往的商业运作环境中，企业的营销策略和产品特点主要通过以下几种媒体向市场和公众展示。

- 各类广告，如视频广告（电视广告）、音频广告（广播广告）、平面广告（各类报纸、杂志、宣传印刷材料、产品包装等）以及户外广告（竖立在街道、高速公路、建筑物上的各类广告牌和街头小广告）等。
- 各类宣传印刷材料，如介绍企业概况、宣传企业和品牌形象以及介绍企业产品特点的各类宣传印刷彩页、小册子等。
- 各类现场展示，如展销会、订货会、博览会、新闻发布会、商品销售中的各类资料和实物展示等。
- 基于传统公关、人际交往、打折优惠等方式的客户关系。

三、两大目标的实现方法

企业通过上述各种媒体展示自己的营销策略。营销策略展示的重点是：传播企业的经营理念，宣传自己的产品品牌，介绍产品的性能特点，公布企业对市场和客户的服务承诺，介绍产品和服务的价格优势，等等。

在传统的商业环境下，企业营销策略的展示模式将受到传统媒体环境的极大限制，虽然企业有了很好的产品，且制定了很好的营销策略，但是无法向市场和客户展示（特别是针对目标客户的定向展示）。

在传统媒体环境下，对于达到“吸引并抓住潜在客户”的目的，企业只能通过营销策划、广告宣传、传播创意、产品外观、功能质量等来实现。通过广告创意吸引媒体受众的注意，通过产品外观、功能和质量等引起客户的兴趣，从而达到产品促销的目的。

为了达到“提升已有客户价值”的目的，企业只能通过一对一的客户公关（如定期拜访、公关活动、建立人脉关系等）、售后或技术服务等与客户形成互动，介绍新产品、新业务和进一步的增值服务，提升客户价值（使客户价值最大化）。

四、传统媒体的局限

利用传统媒体，企业每年在营销传播上进行不少的投入，而宣传效果到底如何呢？这是一个长期困扰企业管理者的问题。

事实上，传统方法越做越难，成本越来越高，而效果越来越差。美国著名企业家约翰·沃纳梅克（John Wanamaker）有一句名言：“我在广告上的投资有一半是无用的，但问题是我不知道哪一半是无用的。”这句话道出了企业在进行营销投入时的尴尬和无奈，也是传统营销困境的真实写照。

(一) 对大众传播的限制

以“吸引潜在客户”这一营销传播目标为例。前面我们讨论过，针对普通大众和潜在客户，以往企业的营销策略主要通过各类广告与现场介绍来展示其产品、性能、服务、价格和质量等。

虽然这些方式在传播的广度上尚可（特别是视频类广告），但在深度和有效性上将受到传统媒体的诸多限制。例如，视频广告受到播放时间和程序的限制；平面广告受篇幅和发行范围的限制；现场介绍受到地点和规模的限制，等等。

 案例3—1

以视频广告为例。一个视频广告通常都在15秒钟以内（超过15秒钟的广告，公众很少会有耐心看下去）。在这么短的时间内，企业只能简单地用一两句话将品牌、产品、功能、诉求等一带而过。其结果是：原本想向公众宣布的许多话，“憋”在肚子里倒不出来。最终只能用一个很有名的人、很漂亮的姑娘、很美的画面、很响亮的口号烘托一个产品或品牌。这种现象与企业投入广告的初衷相悖。

类似情况在户外广告中也很常见。从表面上看，似乎企业想说的话都能写在一块偌大的广告牌（一块大型户外广告牌面积有60～100平方米）上。一旦企业租下一块户外广告牌并请人代为设计广告，广告公司往往会提醒企业：“别看一个广告牌这么大，但上面的内容最好不要超过8～12个汉字，否则视觉效果不好。”结果还是“憋”了一肚子想说的话倒不出来。

再以印刷宣传材料和现场展示为例。这两种形式虽然可以详尽地展示产品特点和营销策略，但是它们的传播面太窄，只有那些与企业有接触的人或参加现场展示的人才能拿到这些宣传材料，了解企业的产品特点和营销策略。这部分人相对于整个市场来说太少了。

这就是传统商业运作环境对企业营销策略展示的限制。这些限制导致企业无法向客户（特别是那些大众型、分散型的潜在客户）完整地展示其产品、服务特点和营销策略。企业花钱投入营销传播的目的是让自己的产品或声音被更多的人接收到，但是传统环境的局限导致企业无法很好地实现营销目标，而“吸引潜在客户”又是衡量营销传播效果的主要指标之一。

(二) 对已有客户传播的限制

同样，传统媒体对“提升已有客户价值”（营销传播的第二个目标）的实现也存在着诸多局限。在传统环境中，企业对待老客户（已有客户）只能通过公关活动和人际交往（如请客吃饭、送礼、赠送宣传材料等）来展示其新产品和新服务的特点、性能、服务、价格。指定专人（营销经理），一对一地在已有客户之间开展持续不断的增值服务，最大限度地提升已有客户价值，这种方式同样受到传播范围、营销人员数量/素质、实际绩效等诸多限制，导致“大部分的企业促销费用都打了水漂，仅有1/10的促销活动能得到高于5%的响应率，而这个可怜的数字还在逐年递减”（Kotler，2003）。

因此，企业的营销传播策略不得不做出相应的改变，朝着网络整合的方向发展，导致产生了各类基于网络的创新营销模式。

第2节 网络环境下的企业营销传播模式

现在情况完全不同了。2000年后，随着互联网的普及，信息传播工具和环境都发生了极大变化，人们的信息获取方式呈现多样化，且越来越依赖网络。

这时企业发现，有一种更为方便、灵活，且不受任何环境、地域、时间、空间、容量限制的营销信息展示渠道——商务网站。商务网站可以突破传统媒体对企业营销策略展示的束缚，更加充分、完整、全面地展示企业的经营理念、产品特点和营销策略。

于是，企业纷纷开始创建自己的营销或商务网站，将网站演变成企业展示其产品特点和营销策略的主要窗口与渠道，并依托商务网站和网络媒体实施营销策略。

一、基于商务网站的营销模式

由于消费者对商品信息需求程度的不同，企业应该以营销网站为基础，对有实际商品（产品）需求的目标客户，综合多种媒体和渠道开展营销活动。这一时期的企业营销传播具有如下特点：

- 商务网站成了企业展示营销策略的主体，所有的信息、产品、功能、服务和传播模式都会以它为中心展开。
- 传统媒体广告依然存在，但其扮演的角色和所起的作用改变了。在内容上，从宣传产品走向以传播品牌和窗口为主；在功能上，以吸引潜在客户注意并进入该窗口为主要目的。
- 网络传播手段更加多种多样。网络广告［如网站上发布的各种富媒体广告、旗帜型（banner）广告、按钮（button）广告、动画型（flash）广告等］、电子邮件广告、手机短信/彩铃广告、搜索营销关键词定位广告、博客营销、社会网络（SNS）营销、事件营销、病毒式营销、新媒体整合营销等多种形式开始出现，并与传统媒体（如广告、展会、企业形象标志、产品包装、宣传介绍材料册、名片等）相结合，成为传播营销信息、吸引大众关注和兴趣并引导

客户进入网站的手段与渠道。

- 整合传统媒体和网络等多种媒体，共同实现企业营销的双重目标。

案例 3—2

某企业计划购买一批设备以扩大再生产。在购买前，企业人员广泛地与国内外的设备制造商进行接洽，甚至还到北京、上海、广州、深圳等国内大城市以及世界各地进行商务考察。每到一地与制造商接洽时，企业人员都会收到许多与该设备相关的资料。待考察完毕，企业人员兴冲冲地捧着厚厚的一叠资料回到家中。当他们静下心来仔细阅读这些资料，再根据资料中给出的网址登录网站后，才惊讶地发现：这一趟白跑了！原来所带回的资料都只是网站上的一部分内容。

案例 3—2 充分说明，在网络环境下，企业的营销传播模式发生了变化，商务网站已成为展示其营销策略和产品特点的主渠道与主窗口。

二、网站成为展示营销策略的窗口

为了证明在网络环境下商务网站已经成为展示企业营销策略最充分、最完整的地方（主渠道），2004 年 8 月，笔者在全球 500 强企业中随机抽出了 30 家知名企业（共分为五大类），并请学生对这些企业网站进行统计。

统计项目共有两个：一个是这些企业网站访问的 ALEXA 指标排名（如图 3—1 所示）；另一个是部分企业网站页面统计（如图 3—2 所示）。由于很难准确地区别与界定许多文本的超链接关系，因此结论只能初步反映出网站承载信息量的状况。

	A	B	D	E	F
2	公司名称	主要业务	Alexa排名	Alexa R	Alexa PVF
3	General Motors	汽车与零件	3,552	305	3.3
4	Toyota Motor	汽车与零件	2,993	270.5	5.8
5	Allianz	财产意外保险	89,278	13	3.4
6	AXA	人寿健康保险	114,601	10.1	3.9
7	Volkswagen	汽车与零件	7,227	139	4.5
8	Nippon Telegraph & Telephone	电信	6,148	170.5	3.8
9	ING Group	人寿健康保险	18,879	66	3.2
10	Citigroup	商业与储蓄银行	5,642	310.5	1.4
11	Intl. Business Machines	计算机办公设备	253	2630	5
12	American Intl. Group	财产意外保险	24,686	52.5	3.1
13	Siemens	电子、电气设备	2,236	387.5	4.6
14	Hitachi	电子、电气设备	3,529	268.5	4.4
15	Hewlett-Packard	计算机办公设备	114	4595	5.4
16	Verizon Communications	电信	766	1225	3.2
17	Assicurazioni Generali	人寿健康保险	411,800	1.65	4.1
18	Sony	电子、电气设备	951	1075	3
19	Matsushita Electric Industrial	电子、电气设备	3,907	297	3
20	Nestle	食品	29,538	43.5	3.3
21	Berkshire Hathaway	财产意外保险	57,154	22.5	3.2
22	Nippon Life Insurance	人寿健康保险	40,492	26.5	5.1
23	Deutsche Telekom	电信	23,039	95.5	1.1
24	Aviva	人寿健康保险	131,087	9.25	3.9
25	Credit Suisse	商业与储蓄银行	40,365	38.5	2.2
26	HSBC Holding	商业与储蓄银行	1,271	851.5	2.8
27	BNP Paribas	商业与储蓄银行	20,940	75.5	2.1
28	Vodafone	电信	11,655	110.5	2.9
29	Fortis	商业与储蓄银行	21,002	72.5	2.2
30	State Farm Insurance	财产意外保险	5,741	222.5	2.7

分析　处理过的数据

图 3—1　30 家知名企业网站访问统计

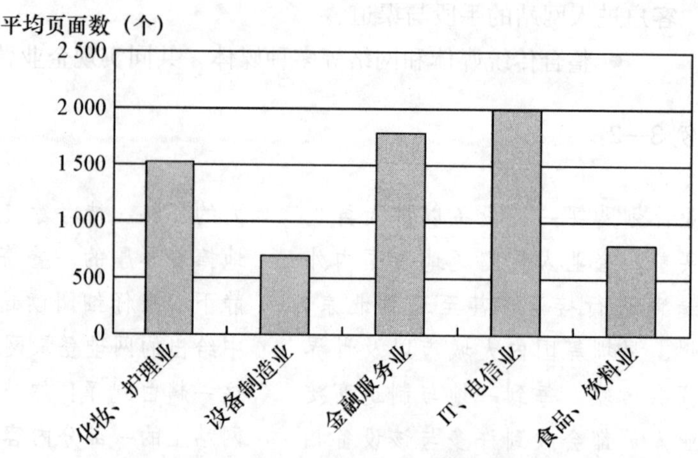

图 3—2 部分企业网站页面数量统计

从图 3—1 和图 3—2 的统计结果可以看出：这些网站的平均页面数在 1 000～1 200 个。这仅是企业公司网站所展示的内容，品牌营销所展示的内容就更多了。仅从上述公司网站所展示的内容来看，网站所承载信息的丰富度和新颖度已经远远超过了以往任何一种传统营销媒体。

这充分说明，在目前情况下，只有商务网站才是反映企业产品特点、营销策略、业务内容最充分和最完整的地方。

三、营销网站展示的主题

在互联网普及之初，企业网站是不区分公司网站和营销网站的。随着时间的推移，人们对此的认识程度不断加深，企业开始意识到不同的人群访问网站的目的和希望获取的信息是不同的。虽然网站可容纳的信息是无限的，但可能给客户带来查找上的不便。于是，从 20 世纪 90 年代末开始，一些企业纷纷开始面向市场和客户创建独立的营销网站，并把营销网站建设成为展示企业营销策略的主要渠道和窗口。

这个窗口的主要内容如下：

- 专业知识和企业经营理念的传播。
- 产品功能、特点、性能、价格、外观等的展示。
- 企业资信和业务能力。
- 从客户和需求角度提供的各类知识与信息服务。
- 企业对市场和服务的承诺。
- 客户和市场沟通（如俱乐部、社区、论坛、会员制等）。
- 促销和推销技巧（如抽奖、打折、游戏、礼品等）。

企业这样做，就是希望能从需求出发，紧紧抓住已有的客户进行沟通互动，引导消费趋势，挖掘有价值的市场，展开各类促销和增值服务等，其最终目的是让潜在客户了解自己，提升已有的客户价值，让顾客做出购买决定。

第 3 节　大众快速消费品的典型案例分析

目前，几乎所有国际知名企业都将商务网站演变成传播企业经营理念、展示营销策略的主要渠道和窗口，开始依托网络新媒体来展示和实施市场营销策略。这一特点在一些技术指标、功能、品种多样性的大众快速消费品行业或服务行业表现得尤为突出。

下面我们将以著名的日化用品生产企业——宝洁公司为例，展示宝洁公司旗下各品牌的网络营销策略。

一、品牌经营之道

宝洁公司是世界最大的日用消费品生产企业之一。公司旗下拥有众多商品品牌（300 多个），长期以来几乎主导了世界主要地区的中高端日化用品和护肤用品市场。

（一）公司背景简介

宝洁（Procter & Gamble）公司始创于 1837 年，经过多年的不懈努力和收购、兼并，目前已经发展成为世界最大的日用消费品生产企业之一。在《财富》杂志评选出的全球 500 家最大工业/服务业企业榜中，宝洁年年榜上有名。公司在全球拥有雇员近 10 万人，在全球 80 多个国家设有工厂及分公司，所经营的 300 多个品牌的产品畅销 160 多个国家和地区，产品种类包括家居护理、美发、美容、婴儿及家庭护理、健康护理、织物、食品及饮料等。

宝洁公司的具体情况详见宝洁公司美国总部网站（http://www.pg.com/）[如图 3—3（a）所示] 和宝洁（中国）公司网站（http://www.pg.com.cn/）[如图 3—3（b）所示]。

（a）宝洁公司美国总部网站页面　　（b）宝洁（中国）公司网站页面

图 3—3　宝洁公司的具体情况

（二）品牌管理模式

作为全球日用消费品的龙头企业，宝洁公司旗下拥有众多商品品牌，代表了企业所生产的上千种不同类型的产品，其中有 72 个为国际知名品牌。公司实行品牌项目经理责任制，每个品牌项目经理每年都有独立的资金预算和营销策划团队，鼓励独立自主地开展营销创新。

我们所熟知的宝洁公司旗下的品牌有：

- 洗发、护发用品品牌，包括飘柔、潘婷、海飞丝、沙宣、伊卡璐等。
- 洁牙、护牙（牙膏）品牌，包括佳洁士、Gleem 等。
- 洗涤用品品牌，包括汰渍、碧浪、Mr. Clean 等。
- 洗浴、护肤产品，包括玉兰油、舒肤佳、SK-Ⅱ、卡玫尔、Noxzema 等。

讨 论

在同一家公司内的同类商品中，有如此众多的产品和品牌（而且还在不断地收购），就不怕陷入价格大战吗？

（三）品牌（产品）的差异化定位

同一家公司旗下拥有如此众多的产品和品牌，管理将变得举足轻重。为了防止相互竞争，各品牌之间的营销主题的定位有着明显的区别。

以洗发水为例。洗发用品最基本的目的就是把头发洗干净，即用一些“肥皂水”把附着在头发和头皮上的油脂及灰尘洗干净。但是宝洁公司并没有将产品停留在基本功能的层次上（如果这样，也就不成其为宝洁了），而是在差异化定位、附加价值和增值服务上大做文章。根据今天人们生理和爱美的特点，宝洁各品牌开发出了一系列的增值服务功能，例如：营养头发，使发质乌黑、飘逸；使头发滋润，并去除头发中的油质；去除头皮屑；防脱发；使头发顺滑、有质感、可造型；散发出各种香味……

对于基本功能非常单一的洗发水产品，宝洁各品牌（如潘婷、沙宣、飘柔、海飞丝、伊卡璐等）演绎出无穷无尽的营销策划主题；而在每个品牌内部又有诸多产品，例如，在飘柔品牌下有绿飘、橙飘、黑飘、蓝飘、黄飘等（如图 3—4 所示），起到了很好的差异化营销效果，成功地避免了价格战。

二、网络营销模式

宝洁公司旗下各品牌在传统媒体下展开了卓有成效的营销传播，树立了很好的品牌形象。20 世纪 90 年代中后期，许多品牌营销经理开始意识到网络在营销传播中的作用，纷纷建立了自己的品牌营销网站。在大力开展传统营销传播的同时，辅之以网络营销，起到了很好的宣传、营销效果。

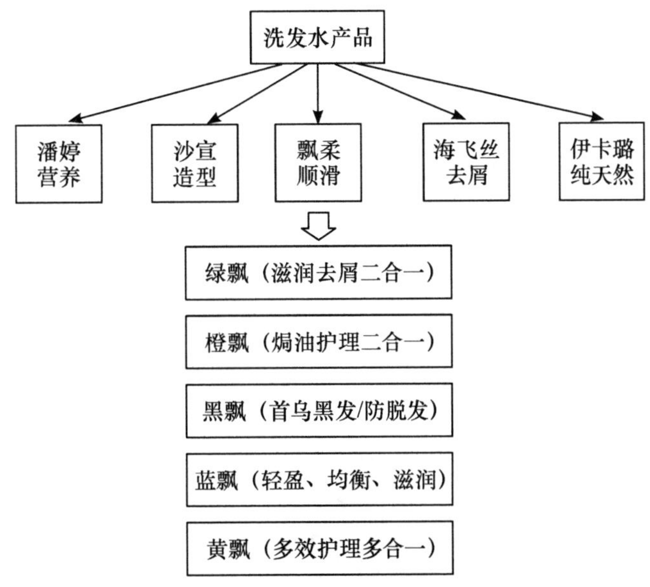

图 3—4　宝洁公司洗发水产品和品牌定位

以往公司网站中的栏目内容比较固定，不外乎“企业简介”、“产品介绍”、“新闻中心”、“企业招聘”、“公司业绩”、“联系我们”等，其面对的主要对象也多限于企业员工、关心公司的人、投资者、应聘者或想与企业联系的人等。所以，公司网站内容固定，形式单一，有固定的模板可套用，创建过程相对比较简单。

品牌营销网站的建立却完全不同。由于它面对的是消费者，因此要根据产品特点、定位及目标消费群体所关心内容的不同，展开营销网站的设计，这其中没有什么固定的规律可循。不同的产品、不同的品牌定位，设计出的网站主题、各自所反映的信息和内容可能会完全不同，因此创建过程较难。

这些品牌营销网站并不一定要直接销售产品，但是可以影响顾客，拉动需求和市场，促进传统市场上的产品销售。

宝洁公司越来越重视网络媒体在营销中的作用，逐步减少对传统媒体的投入，并加大对互动媒体和新媒体的投入，加强网络在整合营销传播中的作用。一个明显的例证是：十年前打开电视，到处都是宝洁公司各品牌/产品的广告；中央电视台 2005 年以前每年的广告时段招标，宝洁公司都是标王或媒体关注的焦点；每年中央电视台广告时段招标时，宝洁公司的老板都会亲赴北京，成为中央电视台的座上宾和记者们追逐的目标。而现在电视上已难觅其踪影（除非有新品上市）。但是，宝洁公司在网站改版和网络营销体系构建上不遗余力，每年都投入巨资。

三、品牌营销网站举例

下面在宝洁公司旗下各类商品中选一个为例，来展示企业营销网站的基本形式。

(一) 洗发用品网站举例

宝洁公司有众多的洗发用品品牌，在此仅以潘婷为例来展示品牌营销网站内容。宝洁（中国）公司潘婷品牌网站的网址是 http://www.pantene.com.cn（如图 3—5 所示）。

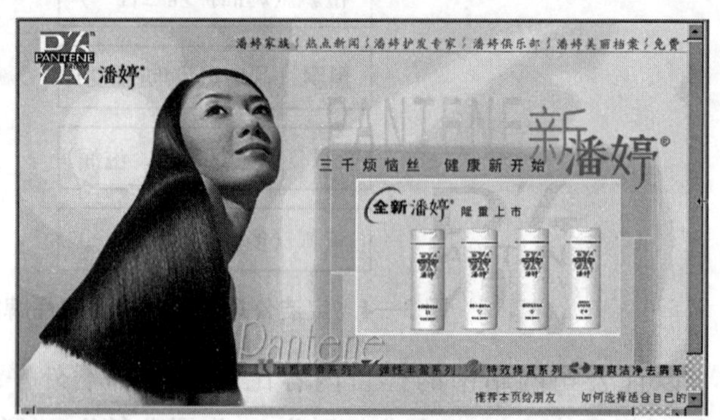

图 3—5 宝洁（中国）公司潘婷品牌网站页面

潘婷品牌在网上的内容定位完全以护发知识为主，指导如何测定发质、改变发质，讲述护发要素和护发常识，等等，吸引了众多年轻、爱美的女士。

虽然网站既不出售任何类型的潘婷产品，也没有直白地宣传潘婷产品有多么好，但是，网站在黏住目标客户群、宣传科学护发知识（指导客户护发、变美）的同时，引导公众的思维模式和消费趋势朝着有利于潘婷产品销售的方向发展。等到消费者需要洗发护发产品的那一天，到超市挑选时，各种产品琳琅满目。在对各种洗发水进行比较时，网站上护发知识的宣传就会影响到消费者的决策，似乎只有潘婷所强调的营养成分、功能及产品类型的划分才是最适合的，于是消费者会优先挑选潘婷产品。

(二) 牙膏品牌网站举例

宝洁公司有众多的牙膏品牌，在此仅以佳洁士为例来展示品牌营销网站内容。佳洁士品牌美国总部网站的网址是 http://www.crest.com/（如图 3—6 所示）。

佳洁士品牌网站上的内容定位完全以护理牙齿知识为主，告诉人们牙齿有什么特征，如何护理牙齿、保持一口洁白漂亮的牙齿，等等。网站在指导人们护牙的同时，引导公众的思维模式和消费趋势朝着有利于佳洁士产品销售的方向发展。

由于一些西方发达国家的中上层人士特别在意牙齿的健康，拥有一口洁

图 3—6　宝洁公司美国总部佳洁士品牌网站页面

白、健康、漂亮的牙齿，成为一个人拥有良好生活环境和健康生活习惯的标志，因此，佳洁士的品牌营销网站首先在美、英、法三国开通。虽然网站不卖一支牙膏，但是取得了很好的营销效果。

（三）护肤用品网站举例

宝洁公司有众多的护肤用品品牌，在此仅以玉兰油为例来展示品牌营销网站内容（如图 3—7 所示）。宝洁（中国）公司玉兰油品牌网站的网址是 http://www.olay.com.cn/。

图 3—7　宝洁（中国）公司玉兰油品牌网站页面

宝洁（中国）公司玉兰油品牌网站上的内容定位完全以皮肤护理知识为主，告诉人们面部皮肤生长和新陈代谢的机理，如何护理面部肌肤、永葆青春靓丽，等等，这些内容深受年轻爱美女士的欢迎。网站在指导人们肌肤护理的同时，会引导公众的思维模式和消费趋势朝着有利于玉兰油产品销售的方向发展。

为了更好地吸引目标客户群，增强消费者体验营销的效果，宝洁旗下许多品牌营销网站都有免费索取样品试用的功能（如图 3—7 所示）。一旦某人注册登记索要样品，网站的客户数据库中就会保留他的记录，今后再有任何营销或产品信息，系统就会主动地向他发送。

（四）洗涤用品网站举例

宝洁公司有众多的洗涤用品品牌，在此仅以汰渍为例来展示品牌营销网站内容（如图 3—8 所示）。汰渍品牌美国总部网站的网址是 http://www.tide.com/。

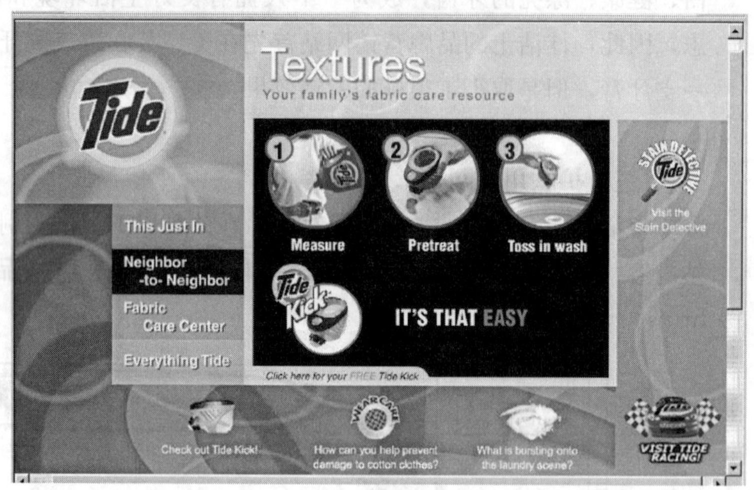

图 3—8　宝洁公司美国总部汰渍品牌网站页面

汰渍品牌网站上的内容定位完全以洗涤知识为主，告诉人们如何让洗衣机省水且保证衣服干净又环保，还不会有化学物残留，等等，吸引了众多家庭主妇。网站在传授人们洗涤知识的同时，会引导公众的思维模式和消费趋势朝着有利于汰渍产品销售的方向发展。

（五）其他大众快速消费品生产企业的做法

网站只做宣传和引导，既不卖东西，也不刻意强调自己的产品。这种做法是否为宝洁公司所专有？答案是否定的。事实上，大部分优秀企业采用的都是这类营销传播模式。因为只有抓住目标客户最关心的东西，才能引起公众的兴趣，达到营销效果。

下面以全球最大的饼干生产企业之一——纳贝斯克（Nabisc）公司美国总部网站为例（http://www.nabiscworld.com/）（如图 3—9 所示），与前面宝洁公司各品牌网站做一个简单的对比。

图 3—9　纳贝斯克公司美国总部营销网站页面

这是一个以生产饼干等食品为主的企业。该公司发现，饼干宣传是需要试尝的，而这一点网络无论如何也无法实现。所以，如果仅通过网站宣传饼干，很难吸引儿童的兴趣。于是，纳贝斯克在网站中存放了大量的儿童游戏，吸引了许多低龄儿童的参与。在提供电子游戏的同时，巧妙地宣传和介绍了饼干产品。

试想，在某商场的饼干柜台前，妈妈带着孩子在选购饼干，面对众多的产品，如果孩子哭着闹着一定要某种他所熟悉的饼干，妈妈最终会如何选择呢？这就是网络营销期望达到的效果。

讨　论

请同学们分为 5～8 人一组，先分组讨论以下问题，然后再由 1 人向全班简要阐明本组的观点。

1. 试比较公司网站与营销网站在主题、功能、栏目、面对对象、设计思路等方面的不同。

2. 网络媒体和传统媒体在传播理念、引导消费上的优劣势是什么？现有的网络广告是否体现了网络的优势？

3. 以知识、服务捆绑营销理念传播与直接投入宣传品牌/产品各自的优势和劣势是什么？

4. 客户在购买你的产品或服务时，更关注的是品牌知名度，还是品牌所代表的价值内涵？

5. 品牌在人们心目中所反映的价值内涵如何确立？通常采取什么途径、手段和方法？

效果如何？

6. 网络营销一定要实现最终销售过程吗？

7. 工业企业能否采用类似做法？为什么？该如何做？

四、改版后的网络营销模式

2007 年后宝洁（中国）公司对其网站进行了大规模的改版（如图 3—10 至图 3—17 所示），改版后的网站更强调消费者的感受。

图 3—10　宝洁（中国）公司网站改版后的首页

图 3—11　宝洁（中国）公司网站改版后的生活家页面

图 3—12　宝洁（中国）公司网站改版后的新鲜情报页面

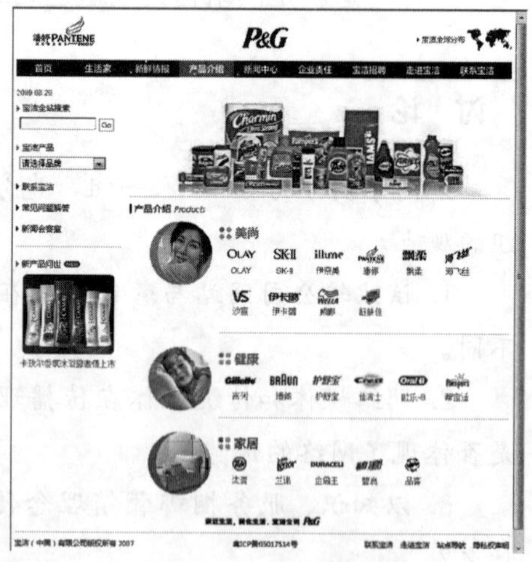

图 3—13　宝洁（中国）公司网站改版后的产品介绍页面

图 3—14　宝洁（中国）公司网站改版后的潘婷品牌页面

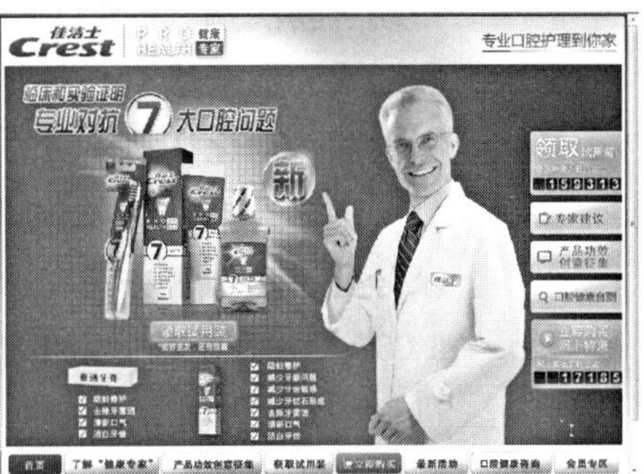

图 3—15　宝洁（中国）公司网站改版后的佳洁士品牌页面

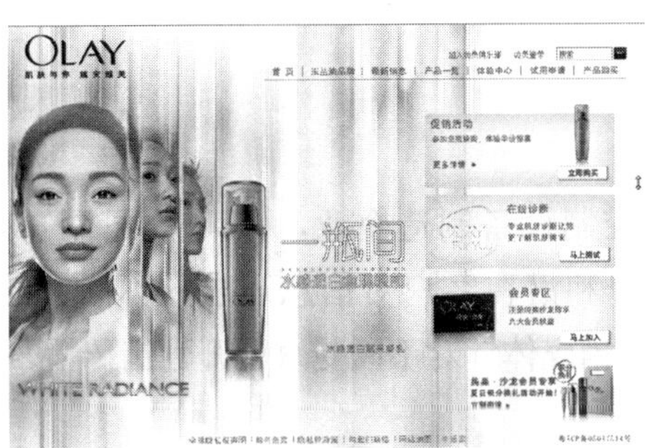

图 3—16　宝洁（中国）公司网站改版后的玉兰油品牌页面

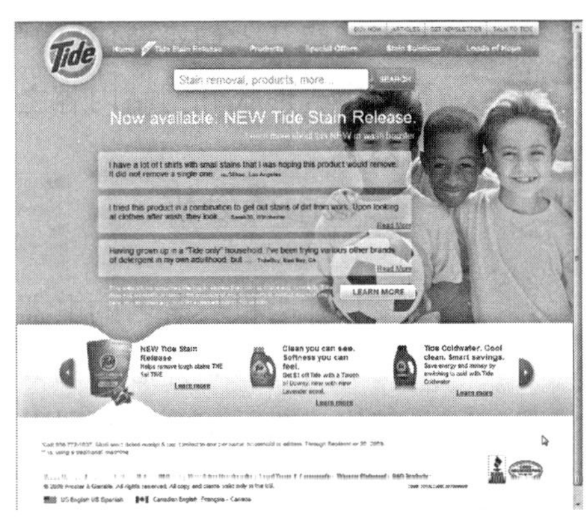

图 3—17　宝洁（中国）公司网站改版后的汰渍品牌页面

第 4 节　工业用品行业的典型案例分析

前面案例介绍的是大众快速消费品生产企业的做法。我们更加关心的是占企业总数 90%以上的工业企业是否也能这样做，应该怎样做，以及上述方法是否具有普适意义。

本节我们将以一个典型的工业企业为例，说明类似网络营销方法的普适性。

一、企业简介

成立于 1988 年、总部位于瑞士苏黎世的 ABB 集团是世界上最大的输配电变压器，电气传动系统，电机和高、中、低压自动化控制系统生产企业之一。

ABB 公司的前身是 20 世纪 80 年代末由瑞典阿西亚（ASEA）公司和瑞士

布朗·勃法瑞（BBC Brown Boveri）公司合并而成的。现在，ABB集团已经发展成为在全球100多个国家拥有135 000名员工、营业额数百亿美元的全球电力和自动化技术领域的龙头企业。

1994年，ABB公司将中国区总部迁至北京。如今ABB在中国总共拥有23家分公司和销售办事处及27家合资与独资公司，在中国的员工总数超过了6 000人。随着近十几年中国经济的快速发展，各城市都在急剧扩张，城市化进程的发展加速了对电网和电力系统基本建设的需求，全国各个城市的电网系统都亟待大规模地升级和技术改造。ABB拥有高超的管理水平、优良的产品品质、有效的营销传播模式，其产品在中国深受欢迎，业务发展迅速。

由于ABB公司产品的应用领域非常窄且专业，因此一般百姓对它可能并不了解。人们对ABB印象最深的莫过于它的营销传播模式带来的效果，即传统广告形式和网站内容之间所形成的巨大反差。

二、市场分析

作为世界著名的电器传输控制设备制造企业，ABB公司深知其产品和市场的特殊性，并意识到真正客户和潜在客户对信息需求的不同。自20世纪90年代后期，ABB开始利用不同营销媒体针对不同受众展开营销传播，收到了很好的营销效果。

ABB公司的产品和市场不同于前面介绍的宝洁等公司，其产品只是针对电力输配电领域的某几个环节，产品应用很专一，专业性和技术性极强。一般来说，ABB的产品、客户、市场有如下特点。

- 产品特点。属于高、中、低压输配电系统控制设备，主要用于电力系统设备更新改造或电网系统基本建设，应用领域狭窄且专业性强。
- 客户特点。使用ABB公司产品的客户主要是电力、电气设计师，系统集成师及电网系统运营管理人员。
- 市场特点。主要针对电力系统基础建设、系统集成，电网运行维护、设备更新、技术升级改造，以及电力和电气控制设备制造、电力系统等领域。

针对这样一些产品和市场，ABB公司有针对性地展开了以下分析。

- 产品促销宣传分析。大型电网和电力系统控制设备的技术含量很高、参数复杂且更新速度极快，如果单靠传统广告，很难达到营销信息传播和促销的效果。
- 客户特点分析。使用该企业产品的客户大多属于高知识阶层、企业高层管理人员、电力系统设计师或系统集成师、公司白领，他们的一个明显特点就是处事较为理性，在电脑旁工作的时间很长（上网时间有可能超过看电视的时间）。
- 产品分析。ABB公司产品多为大型电力系统传输和控制柜，这类产品技术性强，对使用和环境匹配有较高要求。在此类市场中，产品的性价比、技术含量和适用性是客户选择的重要指标，相对于大众快速消费品来说，品牌因素的影响较弱。也就是说，设计人员多会以方便实现自己的设计思路为主，综合考虑各方面因素来选择设备，很少有人会仅仅因某个品牌很有名而盲目地选择该产品（做设备选型）。

三、网络整合营销传播模式

综上所述，可以得出结论：对于输变电设备和电气控制柜这类产品，如果单靠传统广告，则效果肯定不会太好。但传统广告传播面广，可引起大范围的客户的注意，提高品牌的知名度。然而品牌归品牌，对于这类产品，客户是不会仅仅基于品牌因素就选择相关产品的，而是会上网了解进一步的信息和技术指标，然后再做综合选择。

因此，应针对不同的对象，使用不同的媒体。传统广告依然要保留，它所针对的是公众和潜在客户，其目的在于提醒他们注意；商务网站则针对真正有实际需求的系统设计师，其目的在于抓住他们的注意力，最终达到促销目的。两者缺一不可。

（一）传统广告载体的选择

首先是广告媒体和内容选择。对于输变电设备和电气控制柜这类产品，客户多为电力系统的高级知识分子、高级管理层。他们多数云集在北京的各大电力（电网）管理机构或设计院，其他分布在各地的管理者和设计师也往往会因各种机会来到北京。一旦出入北京，他们绝大多数会选用方便、快捷的飞机作为交通工具（近的就直接开车过去了）。

于是，针对行业特点，ABB 公司首先排除电视、报纸等较为流行的大众媒体，选择了最适合的户外广告。经过一番考察，ABB 公司舍弃了商业闹市区、交通环线公路、火车站或长途汽车站附近等地，选择了户外广告牌效果较好且价格最贵的首都机场高速公路旁竖立广告牌。在北京首都机场高速公路尽头一栋小楼的楼顶上迎面矗立了一块巨型广告牌（如图 3—18 所示），上面只有通红的三个大字“ABB”和下方一行简单的网址，而且十几年不变。

图 3—18　ABB 公司的户外广告牌

如此简约的形式和抽象的宣传，让许多出入机场的人不解，不知 ABB 公司为何物。但ABB公司坚信：只要能提醒出入首都机场的电器设计师和电网管理部门的高管时时注意到ABB品牌，在设计时能想到ABB公司网站（去查阅相关资料），营销的第一个目的就达到了。

（二）搜索引擎营销

仅有广告是不行的。因为设计师在设计项目或选配设备时，要考虑的因素很复杂，所以绝不会仅凭某个品牌（广告）就草率决策/选择。多数设计师和系统集成商在有需求时，都会根据自己特定的需求上网搜索，查阅详细资料和大范围地展开性能价格比较。

于是，ABB公司在雅虎、搜狐等搜索引擎上做关键词链接①，一旦上网去搜，无论设计师从哪个角度来考虑问题，都很容易看见ABB公司的相关信息。这时品牌感召力将会发挥作用，客户出于自身设计的需要，很容易点击ABB公司的网站信息，期望从ABB网站上获取相关设备的资料，更好地实现自己的设计理念。

同时，ABB公司也将有需求的目标客户自动纳入了企业网络营销的范畴。

（三）基于设计师助手的营销网站设计

用户在设计系统时，一旦进入公司网站（如图3—19、图3—20所示），丰富的信息（近2 000个页面）、完备的技术支持和卓越的服务会迅速吸引客户。

图3—19 ABB公司网站首页

许多设计师进入ABB公司的网站后都会有一种熟悉的感觉，似乎网站就

① 当时没有谷歌、百度等企业，也没有关键词定位广告等形式。

图 3—20　ABB 公司网站的产品和服务页面

是专门为他设计的，一切都是那么方便、顺手。网站甚至提供了许多小型的辅助设计工具，能帮助设计人员完成一些日常、繁杂的计算和绘图工作。而且，通过这些工具将产品特点与设计方案融为一体，在方便设计师实现其设计理念的同时，促使他自然地做出设备选型决策（有了网络营销的铺垫和基层设计师的选型，其他公关手段和潜规则就变得顺理成章了）。

讨　论

优秀企业网络营销的成功归功于精准的需求分析。请同学们分为 5～8 人一组，结合实际情况分析以下问题。

1. 网络与传统媒体在营销策略展示方面的优势是什么？从完整性、双向性/互动性、视觉震撼性和广度等方面展开分析。

2. 营销需要“大众广告”，还是“定向传播”？哪类产品适合大众广告，哪类产品适合定向传播？

3. ABB 公司模式适合你的企业（或企业内部的某项业务）吗？为什么？

4. 你的服务对象是谁？他们有什么特点？他们最关心的是什么？用什么手段、形式和媒体才能满足他们的需求，并抓住他们？

5. 试比较公司网站、行业门户网站、购物网站、营销网站和服务网站的不同。

6. 潜在顾客和真正顾客对信息需求有什么不同？哪些内容需要大众传播，哪些内容需要精准传播？

7. 如何看待产品/品牌和营销传播的关系？

本章小结

网络的普及使人们获取信息的渠道和模式发生了变化，导致企业的营销传播手段和模式也发生了变化。e时代的营销传播模式的一个重要特征是：将企业的商务网站演变成传播企业经营理念、展示营销策略的主要渠道和窗口（尤其是针对那些技术指标较为复杂、产品功能性较强、品种多样性或差异化较大的产品或服务行业）。

企业在进行网络营销时，不一定要让客户直接购买产品，可以通过服务黏住客户，传播营销理念，促进产品销售。网络并不能完全取代传统媒体在营销中的作用，传统媒体也需要借助网络的支撑和整合。简洁、明了的传统广告针对的是一般大众；丰富、翔实的网站信息针对的是目标客户。传统广告是营销实现的充分条件，网络营销是营销实现的必要条件（决定因素）。

重点概念和知识点

- 营销的两大目的
- 一般企业的营销传播策略
- e时代的营销传播模式
- 真正顾客与潜在顾客
- 公司网站与营销网站的区别
- 营销实现的充分条件和必要条件
- 网站针对的是目标客户
- 大众快速消费品营销
- 工业用品营销

练习题

1. 营销网站面对的对象是谁？
2. 营销网站展示的重点是什么？
3. 为什么说黏住客户是营销展示的前提？
4. e时代营销传播模式的主要特征是什么？

章末案例

在目前的情况下，时间、空间、地域和信息的局限性往往是企业经营中最头疼的问题（特别是对于地处中小城市和偏远地区的企业）。网络和电子商务的应用为解决此类问题带来了转机，企业可以利用网络发布产品供求信息，寻找市场和货源信息，开拓经营活动范围。下面以一个应用实例为背景，看一个地处偏远地区的小企业是如何用网络发布信息、寻找买家和开拓国际市场的。

一、企业简介

某企业位于西部边远地区，生产某种纺织品。由于在国内市场上，企业间彼此优势雷同、竞争激烈，业务难以展开，因此该企业希望开拓国际市场，将产品销往海外。

困难的是该企业以前从未涉足国际业务。以往该企业只能求助第三方——外贸进出口代理商（如本省或地区进出口公司等）。这样做的结果是，不仅利润中的很大一块转移给了外贸进出口代理商，而且会导致企业与市场脱节，沦为完全意义上的“生产加工作坊”。底子薄、利润低、见不到客户，导致企业经营活动极为被动。

二、利用网络了解进出口知识

2000 年开通网络后，该企业改变了以往的做法。在找外贸代理之前，先访问外贸管理机构的网站，如商务部网站（http://www.mofcom.gov.cn/）（如图 3—21 所示），了解我国进出口管理规定、法律、手续和各类证、照、文件（如批文、产地证、许可证、配额等）以及这些文件的招标发放办法等（如图 3—22 所示），再配合（委托）外贸代理来操作。这样一来，对于该委托外贸代理所做的工作，企业愿意支付合理的服务费用，而对超额、虚增的部分，企业就完全没有必要支付了。

三、在国内虚拟窗口上主动发布信息和寻找市场

企业想将自己的产品展示给国外客商，在传统环境下，没有别的选择，只能等到某个出口商品交易会招商时租个展台。通常一些大型展会（如广交会、北京高新技术博览会、上海博览会等）的租展位费用很高，布展费时、费力、费钱，而且一年只有一两次，每次最多能有几千家国外客商参加。这种方式不仅费时、费力，而且效果有限，企业的经营计划还得跟着展会的时间表走，小型企业难以适应。

现在，该企业完全可以改变以往的做法，将产品发布到我国对外的一些虚拟展会网站（或窗口）上，如中国出口商品交易市场网站（诚商网）（http://china.trade2cn.com/）（如图 3—23 所示）。在这些中国官方对外的虚拟窗口上发布产品，操作非常容易。如果是会员，只需进入该网站，然后点击“发布商品”（或“注册商品”）按钮。这时发布产品的表格就会出现在计算机屏幕上，无论是在办公室还是在家，也无论是在京、津、沪、穗等大城市，还是在西部偏僻的山村，

只需按表格要求，输入产品名称、规格型号、性能价格、联系方式等即可。如果产品外观很有特点，则可用数码相机拍照后将照片贴在表中，一同发布出去。

图 3—21 商务部网站页面

图 3—22 商务部网站出口商品认证和手续页面

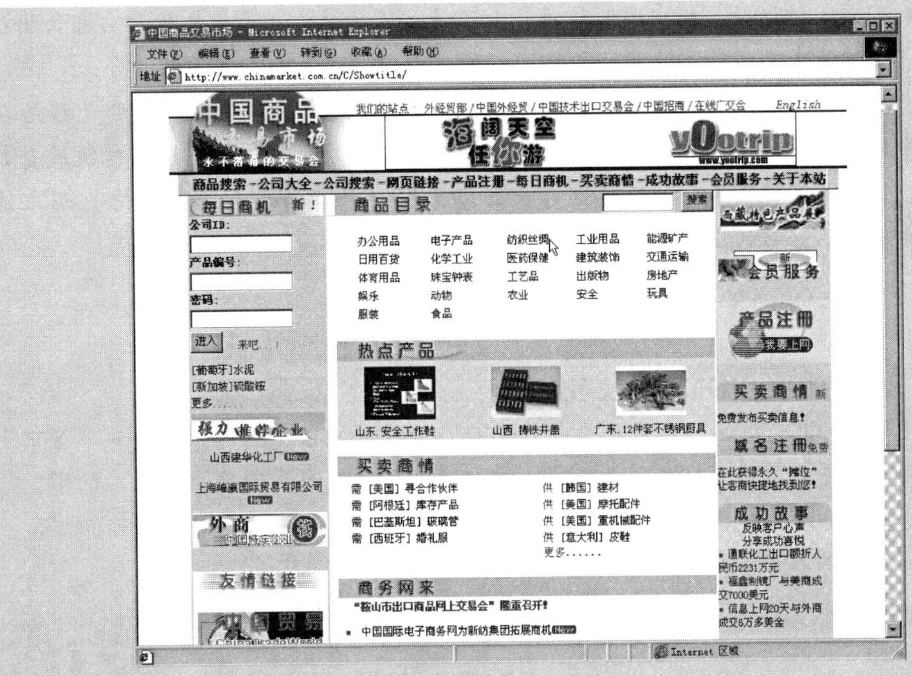

图 3—23　中国出口商品交易市场网站（诚商网）页面

产品信息发布后，就会立刻出现在该网站上。以后再有国外客商访问该网站，就有可能看见企业的产品。如果企业产品确实质量不错，性价比高，外观上又很有民族或地域特点，外商则会按该企业提供的通信方式与其联系。一个好的需求信息有可能建立起一个新产品市场，甚至救活一个企业。

讨　论

1. 你认为这种方式会有效吗？对哪类企业会更有效？

2. 对这样做的优势、劣势、机遇及来自竞争对手和外部环境的威胁进行分析。

提示：5～8 人一组，先分组讨论，再由 1 人向全班简要阐明本组的观点。

点评：

用这种方式发布产品是很容易的。但企业更关心的是：这样做的效果如何？到底有没有人看？能否真正为企业带来效益？

首先，来了解一下有多少人上网查看的问题。根据国家外经贸部 2000 年夏天对该网站的统计：平均每天有 30.2 万人次访问该网站。那么，访问者都是哪类人？商业效果如何？外经贸部从以下两个方面对这些访问人群的目的及分布展开了具体的分析：

● 该网站没有任何新闻、娱乐或聊天的内容，全是一些枯燥的商品信息，一般网民是不会感兴趣的，只有出于商务目的的人才会访问该网站。

● 同时，该网站委托中国电信对此做了跟踪流量分析。流量分析的结果表明：70%以上的点击流量来自海外，这正好与该网站的“出口商品交易”宗旨相吻合。

也就是说，平均每天有超过20万人次的海外客商（其中相当一部分是移居在世界各地的中国商人）出于商务目的访问该网站。这种潜在的商业效果是任何传统展会都无法相比的。这就是为什么原对外经贸部部长石广生在1999年以后的多次场合，形象地将其称为“中国永不落幕的出口商品交易会”的主要原因。

四、在国际知名窗口上发布信息

更进一步，如果该企业不是仅仅把自己的产品发布在国内的一些对外窗口上守株待兔，而是希望更积极主动地出击，将自己的产品发布到国外一些著名的网站上，并从这些网站上寻找与自己产品相关的需求信息，则可以细分自己的产品市场，找到与之相关的著名行业网站来操作。

为了说明这一操作过程，我们以ETO网站为例进行介绍。

ETO（electronic trade opportunity）网是一个在国际贸易界知名度很高的网站，可以从联合国贸易发展中心（United Nations Trade Point Development Center，UNTPDC）网站（http://www.untpdc.org/）（如图3—24所示）点击进入，也可以直接选择ETO网站（http://eto.untpdc.org/）进入（如图3—25所示）。

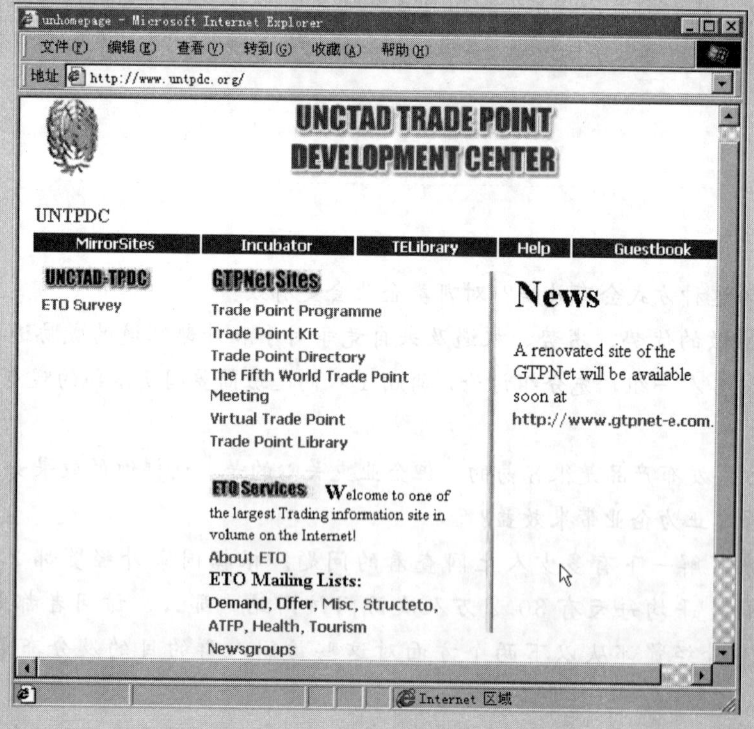

图3—24 联合国贸易发展中心网站页面

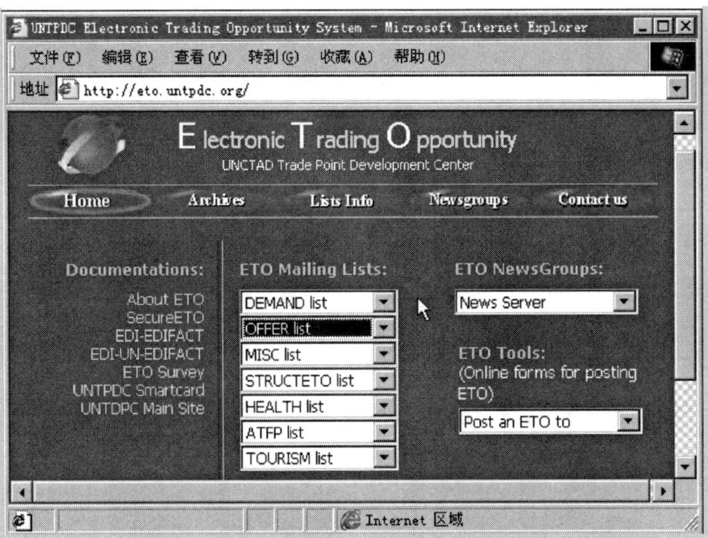

图 3—25　ETO 网站页面

在 ETO 网站中，最吸引全球客商的是“需求列表”（demand list）和“供给列表”(offer list)。每天有来自世界各国数千条商品/产品的供需信息被源源不断地发布到这两个列表中，为各地的客商创造出大量的商业机会。

如果想发布产品，则点击供给列表，此时发布产品的表格会立刻出现在电脑屏幕上（如图 3—26 所示）。

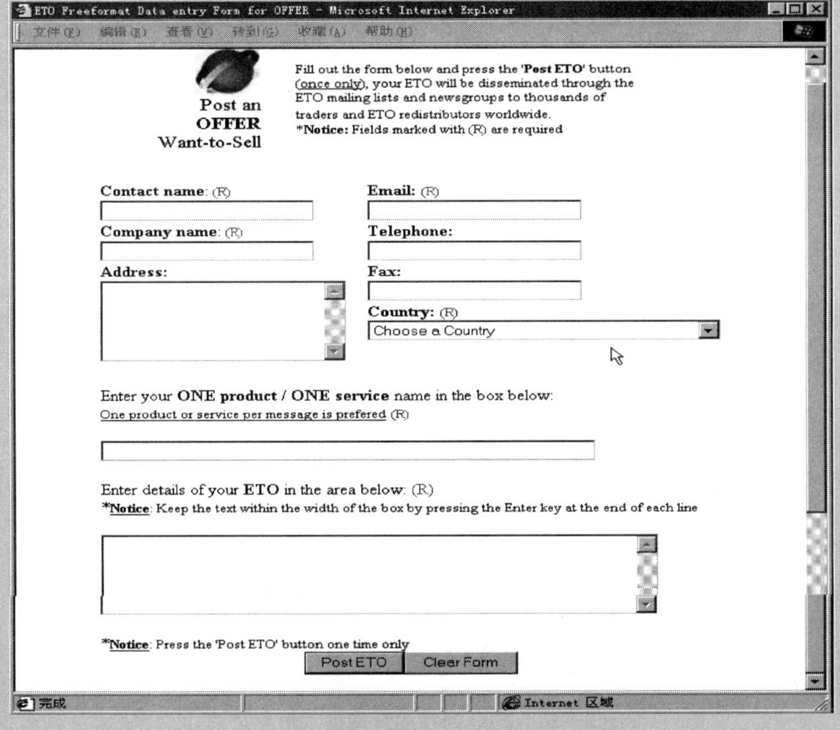

图 3—26　ETO 网站的供给信息发布表格页面

如果企业想从需求信息中寻找市场，则点击需求列表。这时来自世界各地的需求就会出现在电脑屏幕上（如图 3—27、图 3—28、图 3—29 所示）。

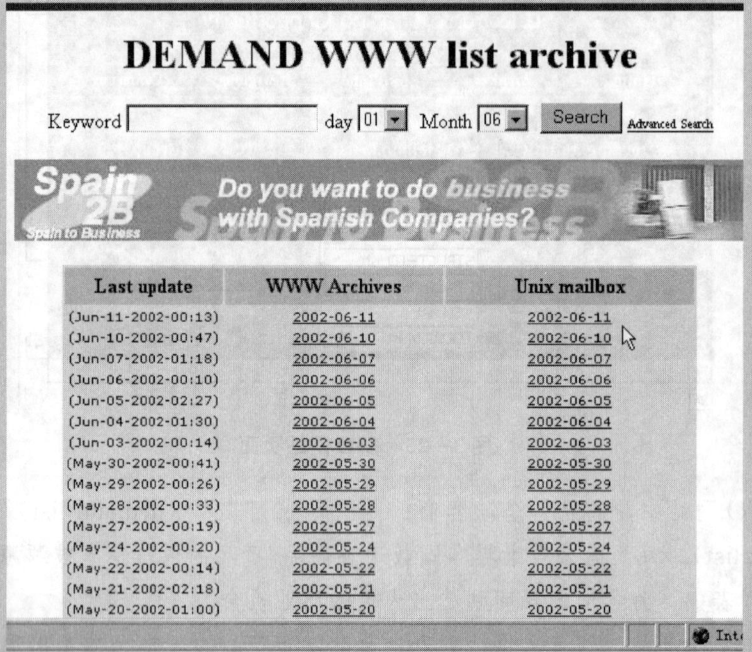

DEMAND WWW list archive

Keyword [ ] day [01] Month [06] Search Advanced Search

Last update	WWW Archives	Unix mailbox
(Jun-11-2002-00:13)	2002-06-11	2002-06-11
(Jun-10-2002-00:47)	2002-06-10	2002-06-10
(Jun-07-2002-01:18)	2002-06-07	2002-06-07
(Jun-06-2002-00:10)	2002-06-06	2002-06-06
(Jun-05-2002-02:27)	2002-06-05	2002-06-05
(Jun-04-2002-01:30)	2002-06-04	2002-06-04
(Jun-03-2002-00:14)	2002-06-03	2002-06-03
(May-30-2002-00:41)	2002-05-30	2002-05-30
(May-29-2002-00:26)	2002-05-29	2002-05-29
(May-28-2002-00:33)	2002-05-28	2002-05-28
(May-27-2002-00:19)	2002-05-27	2002-05-27
(May-24-2002-00:20)	2002-05-24	2002-05-24
(May-22-2002-00:14)	2002-05-22	2002-05-22
(May-21-2002-02:18)	2002-05-21	2002-05-21
(May-20-2002-01:00)	2002-05-20	2002-05-20

图 3—27 ETO 网站的每日需求信息列表页面

Demands on 2002-06-10

Last updated: Mon Jun 10 00:47:20 2002
208 messages in chronological order

- DEMAND: [KR] ALUMINIUM CHERK PLATE *forum*
- DEMAND: [KR] PE FILM/BAG Manufacturer in *forum*
- DEMAND: [BJ] PC/ Laptop, GSM phones, DVD *forum*
- DEMAND: [RU] Radiators, boilers, and oth *forum*
- DEMAND: [IN] Rubber Bonded Steel For Mak *forum*
- DEMAND: [IN] Rejected Paper/Board Materi *forum*
- DEMAND: [IN] Pulse Oxymeter *forum*
- DEMAND: [IN] Pig Iron *forum*
- DEMAND: [KR] Shells of red crabs, shrimp *forum*
- DEMAND: [PL] knitted fabrics *forum*
- DEMAND: [IN] MOBILE PHONE *forum*
- DEMAND: [KR] PE FILM/BAG Manufacturer in *forum*
- DEMAND: [IN] MOBILE PHONE *forum*
- DEMAND: [KR] Shells of red crabs, shrimp *forum*
- DEMAND: [KR] Used Heavy Construction Equ *forum*
- DEMAND: [IN] White Liner paper / White c *forum*

图 3—28 ETO 网站的查询需求信息页面

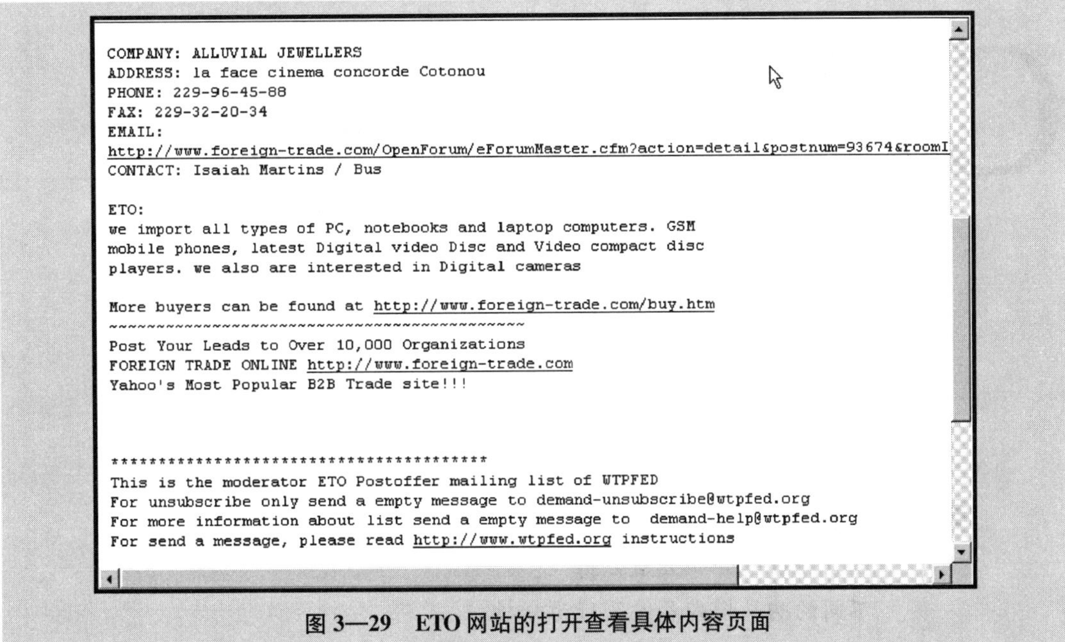
COMPANY: ALLUVIAL JEWELLERS
ADDRESS: la face cinema concorde Cotonou
PHONE: 229-96-45-88
FAX: 229-32-20-34
EMAIL:
http://www.foreign-trade.com/OpenForum/eForumMaster.cfm?action=detail&postnum=93674&roomI
CONTACT: Isaiah Martins / Bus

ETO:
we import all types of PC, notebooks and laptop computers. GSM
mobile phones, latest Digital video Disc and Video compact disc
players. we also are interested in Digital cameras

More buyers can be found at http://www.foreign-trade.com/buy.htm
~~~~~~
Post Your Leads to Over 10,000 Organizations
FOREIGN TRADE ONLINE http://www.foreign-trade.com
Yahoo's Most Popular B2B Trade site!!!

****
This is the moderator ETO Postoffer mailing list of WTPFED
For unsubscribe only send a empty message to demand-unsubscribe@wtpfed.org
For more information about list send a empty message to demand-help@wtpfed.org
For send a message, please read http://www.wtpfed.org instructions

图 3—29　ETO 网站的打开查看具体内容页面

讨　论

1. 在本案例中，为什么信息的发布者要提供多种联系方式？

2. 如果有人查到合适的信息后用电话、传真或信函与对方联系，你是否会对此不屑一顾，认为它并非理想化的“全程电子商务”，进而弃之不用？

提示：5～8 人一组，先分组讨论，再由 1 人在全班简要阐明本组的观点。

点评：

真正的企业家最关注的是市场信息，即自己所关心的、所需要的货源（价廉物美的原材料、零配件）在哪里，企业产品的需求市场在哪里，至于用什么方式与对方联系是不会有人在意的。
~~~~~~

第 4 章 Chapter 4 理念传播与消费趋势引导

学习要点

客户分类及营销效益分析

不同的购买模式和购买行为分析

理念传播对消费趋势的引导作用

诱导关注，改变视角，促进销售发展

如何确立营销网站的主题——网络营销中的 USP

产品品质、USP、差异化之间的关系

第 1 节 客户及购买模式分析

消费者（特别是目标客户）的购买行为是营销分析的核心。准确地了解顾客需求、购买目的及购买模式，是企业构建其网络营销体系的关键。

一、网站对于留住客户的重要性

在前面几章中，我们讨论了通过网络营销吸引客户的重要性。但是，通过营销网站提供更加丰富的信息和服务以及黏住（留住）顾客，对企业的营销实现更为重要。

（一）受众对象分类

一般来说，企业营销传播的受众对象可分为普通大众、有需求的客户和老客户。所有企业的营销传播都紧紧围绕这三类对象开展。

对于普通大众来讲，企业营销宣传的主要目的是使他们知晓品牌名、了解产品功能，将其培养成企业营销可能的潜在客户，所使用的主要手段是各类广告和网络营销传播方法。

对于有需求的客户，企业营销宣传的主要目的是围绕需求提供丰富的知识、更进一步的信息、更多的产品类型，从而抓住客户，使客户能够从中选择并最终实现产品购买。使用的方法主要是网络营销。当代消费者不管是对企业的广告产生了兴趣，还是对产品的使用有了实际需求，通常都会上网寻找或了解进一步的信息，并进行性能价格的比较。充分展示企业自身，并抓住这部分客户，成为企业营销实现的关键。登录企业网站并在网上逗留（浏览）的人，很有可能是对产品有真实需求的客户，如果企业连这部分客户都抓不住，营销也就无从谈起了。

对于老客户或已有客户来讲，由于他们已经知道了企业（有过业务往来），因此广告的作用是非常有限的。企业营销宣传的主要目的是让客户能够体验到产品和服务的优点，了解到更多的相关产品或增值服务，并将更多的业务委托给企业来完成。这就需要企业的商务网站能够提供足够的知识、信息和服务，黏住客户，通过服务传播企业经营理念，引导消费（或行业）趋势的发展，最终达到产品促销的目的。对于那些产品技术含量较高、功能较复杂的产品来说，利用商务网站传播经营理念和引导消费趋势的作用显得更为重要。

（二）留住客户的营销性价比远高于赢得客户

有研究表明：从营销投入成本的角度来看，赢得一个潜在客户的成本较高，而维护一个已有客户并开展增值服务的相对成本较小。从价值实现的角度看，维护一个已有客户为企业创造的价值会远远高于一个新客户能为企业带来的价值。两者之间的关系如图 4—1 所示。

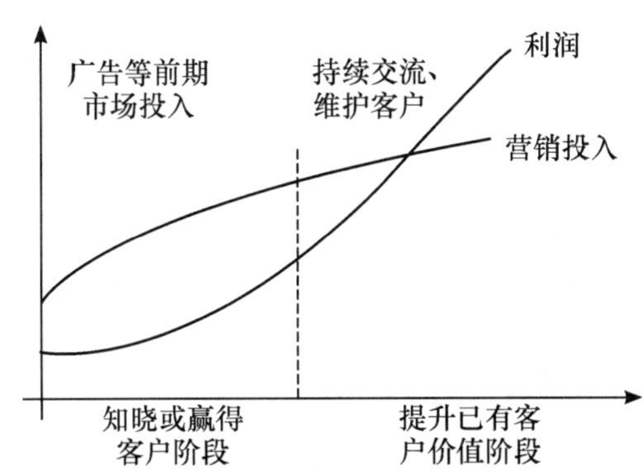

图 4—1　赢得客户和维护客户的营销性价比

以某些具体行业（如移动通信行业、IT 行业、汽车行业等）为背景的研究认为：企业赢得一个客户的营销投入成本平均是维护客户成本的 5 倍；而一个已有客户（老客户）为企业所创造的经济效益是一个新客户的 3～5 倍。

于是，如何最大限度地抓住已有客户，提升已有客户价值，开展持续不断的增值服务，使客户终身价值（customer life value，CLV）最大化，就成为这类市场企业营销和利润实现的重要目标。

（三）传统营销手段对维护客户的局限

在第 2 章中我们分析过传统媒体对公众和潜在客户宣传的局限，这些局限对于老客户/已有客户仍然存在。

在传统环境中，企业只能通过各类公关和人际交往（如请客、送礼、赠送宣传材料等）来与客户保持联系，向已有客户展示其新产品和新服务的特点、性能、服务、价格。但是，这种方式会受到传播范围、营销人员数量和素质、沟通环境以及所产生绩效等诸多方面的限制，致使企业无法向广大分散、大众型的已有客户（这往往是企业利润产生的主体）展示其进一步的产品和服务，以至于难以达到在已有顾客中开展增值服务和大范围提升已有客户价值的营销目的，抓不住企业利润产生的主体。

以家电行业为例。据统计，虽然美国家用电器市场规模很大，但发展相对缓慢，年增长率仅为 1%～3%，大多数主要电器已达到或接近饱和。目前美国电器市场销售额中有 50%以上来自替代（更新）市场，30%来自服务和维修市场，只有不到 20%来自新增市场。其他行业（如汽车业、金融业、房地产业等）市场的比例也大致如此。

于是，如何最大限度地抓住已有客户，提升已有客户价值，开展持续不断的增值服务，使客户终身价值最大化，成为这类市场企业营销和利润实现的重要目标。而对于达到这一重要营销目标（维护客户），传统媒体显得无力（虽然理论上的重要性尽人皆知，但在具体操作上没有什么好方法）。

（四）网站成为维护客户的主要手段

在当今的网络环境下，传统广告成了企业品牌让市场知晓并赢得客户的主要手段，而各类公关、沟通、互动和服务是企业留住客户的主要手段。

由于商务网站不受信息容量、时间、地点的限制，而且操作形式灵活、方便、多样化，因此网络媒体在企业经营理念的传播，知识、功能、操作等的服务，互动沟通，趋势引导和信息传播等方面，有着以往其他营销媒体无法相比的作用。网络已经成为企业抓住客户、施展营销策略的主要手段之一。

二、不同的购买行为分析

客户的购买行为是营销研究追求的目标，客户的购买模式决定着企业的营销策略走向。

那么，客户会有哪些可能的购买模式？这些购买模式如何影响电子商务和网络营销运营模型？这是每个从业者都非常关心的问题。

（一）购买模式的类型

客户的购买模式可分为初次购买、重复购买、冲动性购买、诱导性购买、有计划/目的性购买。这几种模式之间有一定的关联性。通常来说，初次购买包括冲动性购买、诱导性购买和有计划/目的性购买；而重复购买肯定是有计划/目的性购买（如图 4—2 所示）。

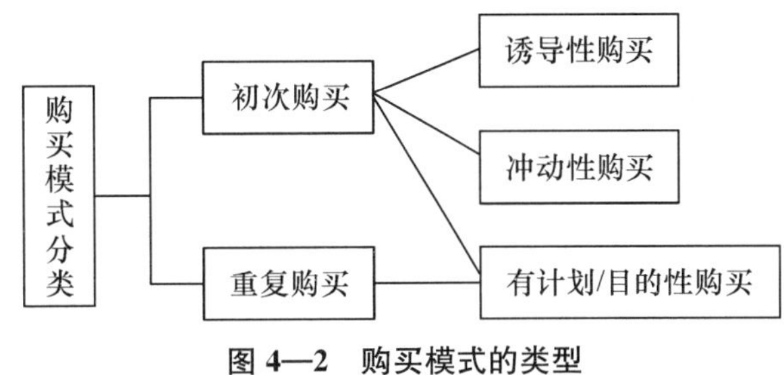

图 4—2 购买模式的类型

（二）不同购买模式的客户行为分析

在不同的购买模式中，客户在购买时的心理状态完全不同。

1. 初次购买

在初次购买时，客户往往抱着怀疑、挑剔、谨慎、不信任的眼光来挑选商品，会非常小心、谨慎地在各类商品、各供货商之间挑来挑去，货比三家，反复砍价，最终的购买行为也会非常小心。

初次购买容易受环境等其他因素影响，产生诱导性购买或者冲动性购买。就传统商品零售业而言，由于实体商场规模巨大，装修档次越来越高，商品展示琳琅满目，而且能让消费者直接接触商品，因此客户能够产生信任感。相对来说，初次购买更适合传统零售业。

2. 重复购买

在重复购买时，客户购买的目的性和计划性往往非常明确，对要购买商品的款式、型号、规格、价格、供货商等都非常明了，不愿意再花费更多的时间去砍价和寻找产品，所以这种情况更适合电子商务和网络营销的形式。

一般说来，重复购买的目的性非常明确，较少受到周边其他因素的干扰。但是，也不排除会有冲动性购买和诱导性购买情况的发生（这与企业的网络营销和网上商品展示水平有关，在后面的案例中会详细讨论）。人们对不熟悉商品的购买过程还是会体现出一些初次购买行为的典型特征。

（三）营销效果分析

人们在初次购买时，由于抱有怀疑、挑剔和不信任的态度，因此企业要说服客户（营销）较难且投入较大。在初次购买过程中，即使客户挑选好了商品，最终的购买行为也会非常小心，购买量往往都不会很大，营销效果不会太好。

重复购买时的情况则不同。由于客户已有过商品购买和使用的经验，而且购买的目的非常明确，因此下单比较快且购买规模比较大，产生的实际效果比较好。

所以，初次购买、冲动性购买、诱导性购买更适合传统零售业；而重复购买、有计划/目的性购买更适合电子商务和网络营销模式。

企业应根据实际情况，网上、网下相结合，利用不同的业态模式来对待不同的购买行为，将营销网站作为客户服务、抓住已有客户、提升客户价值的重要手段。

 案例 4—1

近年来，广交会、义乌国际小商品博览会等越办越热闹，但成本越来越高，效果递减，企业多有怨言，存在着很大的危机。如果能引导企业关注网络营销和重复购买问题，效果则完全不同。

扎扎实实地办好实体展会，让来自世界各地的客户实实在在地感受到中国经济的发展、中国产品的优秀，接受来自不同人群的挑剔（甚至质疑）、货比三家、砍价以及购买过程中谨慎的试探行为，即使实体展会不赚钱也没关系，它可以解决信誉、体验、定位、试探等初次购买过程中的问题，但要为未来的重复购买做好铺垫。例如，创建好营销网站，留下网址，建立起在线支付和物流配送体系，等等。

一旦客户回去后发现这些商品在本国销售得很好，就会产生大批量再次（重复）购买的意愿。这时他们在产品、款式、价格、供货商等方面目的非常明确且采购批量较大，将是未来企业利润的主体。

所以，企业在对待客户的初次购买时，要容忍客户的质疑和挑剔，即使不赚钱也要提供最佳的产品和服务，将此作为一个客户体验和促销的环境，为下一步重复购买和开展电子商务打好基础。而客户未来的重复购买行为将成为企业营销和利润实现的主体，所以我们要通过网络黏住客户，通过服务抓住客户，提供最为便捷和优质的商务模式。

第 2 节 理念传播对消费趋势的引导作用

企业利用商务网站，在提供知识和信息服务的同时，巧妙地传播经营理念，引导市场和公众消费趋势朝着有利于产品自身特点的方向发展，是当代企业常用的一种网络营销模式，也是一种有效的营销传播方式。下面以亨氏（Heinz）公司为例，分析企业是如何通过商务网站达到营销传播目的的。

一、传播媒体、工具及模式的选择

营销传播的有效性对企业经营非常重要，而有效传播又与特定的产品、市场、工具、传播模式等息息相关。亨氏公司正是抓住了这样一些特点，因地制宜地通过商务网站展开营销，取得了很好的传播效果。

（一）企业及产品简介

有着 130 多年历史的亨氏公司是世界著名的食品、调味品生产企业。亨氏公司诞生于 1869 年，当时，25 岁的亨氏公司创始人 H. J. 亨氏（H. J. Heinz）

将调味酱装进透明玻璃瓶里出售，这一看似很平常的举动让消费者直观地看到了调味酱的色泽和纯正度，深受市场欢迎，由此开启了亨氏公司迅速发展的进程。在随后的 100 多年里，亨氏缔造了一个年销售额近百亿美元、分支机构遍布全球 110 多个国家和地区、拥有 150 多种产品、销售遍布全球的世界食品王国。公司的主要产品包括西餐调味品（如番茄酱、调味品、乳酪和各种调味酱）、西餐正餐及快餐食品（如冷冻食品、小食和开胃食品、浓汤、焗豆、意大利面食）、婴儿营养食品等几大类。

其中，中国消费者最熟悉的莫过于遍布各大快餐连锁店的亨氏番茄酱（仅用于肯德基、麦当劳等快餐店的小袋装番茄酱每年的生产量就高达 110 亿包），以及亨氏婴儿营养食品（如营养米粉、奶粉、婴幼儿饼干、谷物食品以及果汁等）。在中国市场上，这些产品同样深受消费者的喜爱。

（二）顺应网络经济发展大潮

1996 年以来，电子商务在美国迅速崛起，亨氏公司顺应历史大潮，开始投入大量的人力、物力、财力，建设自己的商务网站。但是，亨氏公司并没有像有些人想象的那样，将企业电子商务网站建设成调味品、快餐食品和婴儿食品的在线购物网站，而是从营销角度出发，根据产品自身的定位和特点，努力将自己的商务网站打造成企业营销传播的主渠道。

同时，亨氏公司辅以传统营销传播手段，如广告、产品外包装、各类宣传材料等，起到了很好的营销和促销效果。

（三）产品定位和营销传播媒体选择

在选择营销传播媒体时，亨氏公司没有随波逐流，像其他企业一样搞一个企业网站模板来生搬硬套，而是根据旗下两大类产品（西餐调味品和婴儿营养食品）的不同特点，采用了两种不同的网络营销传播策略。

1. 以传统为主、网络为辅的调味品网络营销传播策略

西餐调味品的主要市场对象是家庭主妇，亨氏公司强调产品的色、香、味。这类产品的营销要求对受众的感官和视觉冲击感强，因此更适合以传统媒体广告宣传为主，辅以网络宣传的营销传播模式。所以，亨氏公司西餐调味品的营销重点放在电视广告、赞助或冠名烹饪类电视节目上。亨氏公司的营销网站（http://www.heinz.com/）（如图 4—3 所示）的功能则是辅助传统广告、拓展调味品适用范围以及重放或查询过往的电视节目等。

2. 以理念传播为主的婴儿营养食品网络营销传播策略

婴儿营养食品的营销传播策略则不同。由于婴儿营养食品技术含量高，涉及的知识众多，使用过程要求因人而异，且需长期使用，购买行为具有鲜明的重复购买特征，因此更适合以网络媒体传播为主、辅以传统广告宣传的营销传播模式。

从 20 世纪 90 年代中后期开始，亨氏公司在其婴儿营养食品网站投入了很

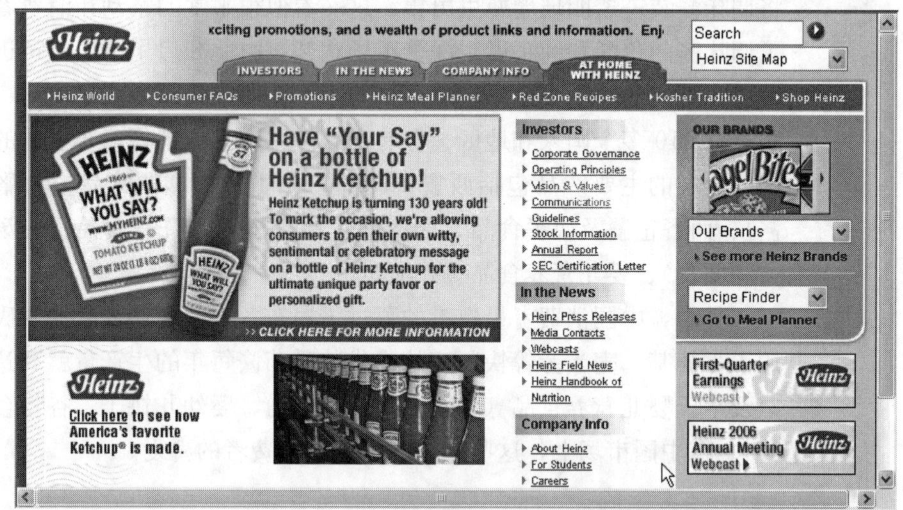

图 4—3　亨氏公司调味品的营销网站页面

大的人力、物力和财力。经过几年的努力，亨氏公司网站已经发展成为说英语国家中育龄青年和新生儿父母了解婴幼儿喂养知识的必读网站之一。网站内容丰富，在科普宣传和促进销售方面起到了很好的作用。

亨氏婴儿营养食品网站（即亨氏宝宝网站）（http://www.heinzbaby.com/）特别强调科学喂养的理念和产品的功能性（如图 4—4 所示），对新生儿父母有很大的吸引力。

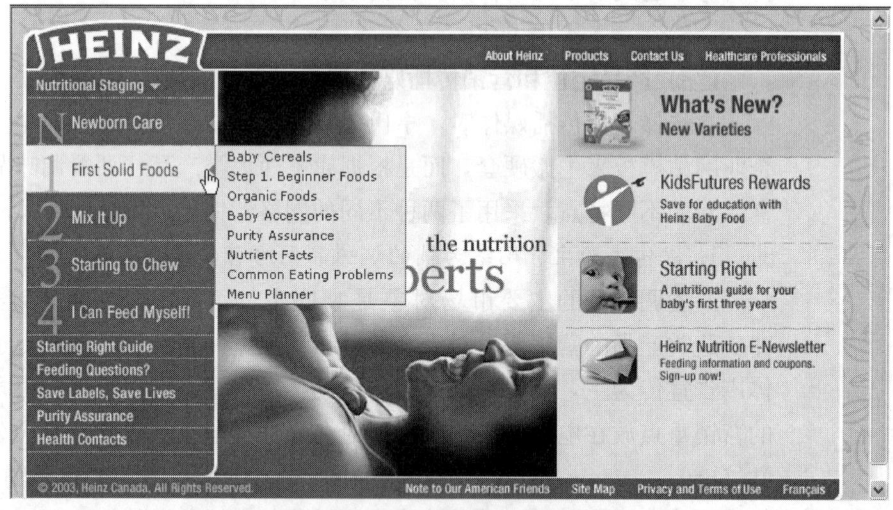

图 4—4　亨氏宝宝的营销网站页面

下面将围绕亨氏婴儿营养食品的网络营销策略展开分析。

二、亨氏公司的电子商务发展战略

20 世纪 90 年代中后期，亨氏公司建立了婴儿营养食品的营销网站——亨氏宝宝。最初的亨氏宝宝网站既没有像人们想象的那样直接在网上销售自己的产品，也没有刻意宣传自己的产品如何好，而是以宣传婴幼儿科学喂养知识为主。网站设置的主要栏目有“科学喂养”，“均衡饮食”，“喂哺知识”，“生长、发育和营养”，“专业健康保健咨询活动”等。人们不禁要问：企业这样做的目的何在？

（一）亨氏宝宝网站展示的内容

亨氏宝宝网站是一个在宣传婴幼儿喂哺知识方面很有影响力的网站，是亨氏公司电子商务发展战略和营销策略传播渠道的一部分（如图 4—5 所示）。网站内容以宣传婴幼儿科学喂养知识为主，主要栏目有：如何为宝宝安排膳食，为宝宝健康的一生打下一个很好的基础；婴幼儿的生长、发育和营养知识；专业健康保健和业务咨询活动，等等。

图 4—5　初建时期的亨氏宝宝网站页面

许多访问过亨氏宝宝中文网站（如图 4—6 所示）的消费者（特别是新生儿父母）都会惊奇地发现：这是一个以科学育儿知识宣传为主要内容和为新生儿父母提供专业服务的“公益”型网站，即完全不像企业出于商业目的建设的网站，倒像是某个政府机构（如我国的卫生部、国家人口和计划生育委员会等）投资兴建的科普宣传和社会公益事业网站。网站提供了大量对宝宝健康成长有用的信息，客户一旦进入，就很容易被上面的知识和服务信息所吸引。由此，亨氏公司牢牢地抓住了客户，巧妙地传播了企业的营销理念，达到了促销的目的。

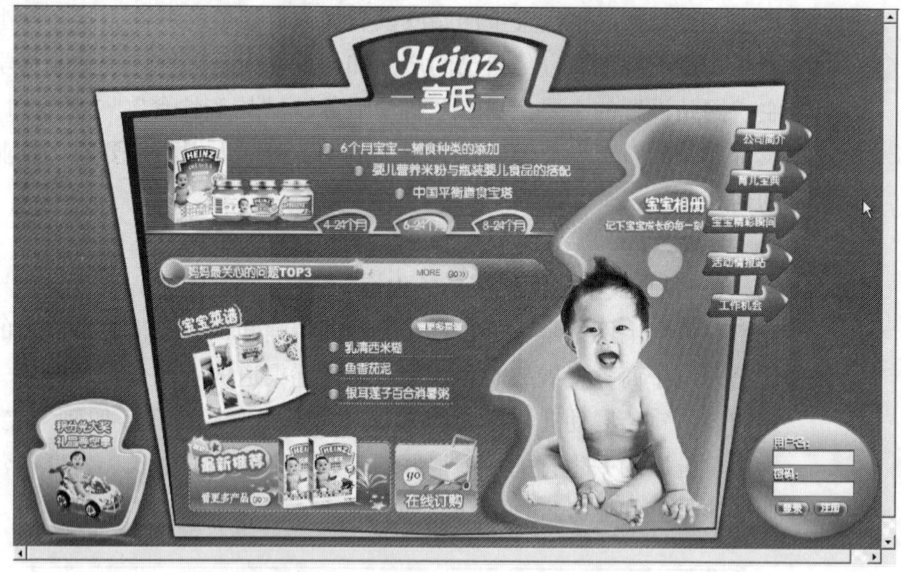

图 4—6　亨氏宝宝中文网站页面

（二）以专业知识和功能吸引客户

在亨氏宝宝网站中，新生儿父母可以了解到许多他们共同关心的知识，得到专业化的指导和对个性化的问题的回答。网站的内容和所提供的服务如下：

- 新生儿父母最关心的问题（解答）；
- 科学育儿常识；
- 宝宝健康和饮食营养知识（如图 4—7 所示）；
- 宝宝相册；
- 个性化服务（通过用户注册提供详细信息后，根据需求提供个性化服务）；
- 在线博客（blog）聊天、交流育儿体会；
- 在线专家咨询，等等。

（三）传播企业经营理念，引导公众消费趋势

亨氏网站这样做的目的是：在让客户了解育儿知识的同时，抓住消费者，巧妙地将亨氏公司关于科学喂养的理念植根于消费者的心中，引导公众的消费趋势朝着有利于亨氏公司所期望的方向发展。

一旦达到了这一目的，企业就掌握了市场营销的主动权。虽然网站不出售产品，但消费者日后在传统商场购买婴儿营养食品时，其选择自然会有利于亨氏公司。

读者可以设想这样一个场景：一个新生儿父母通过亨氏公司网站了解到许多育儿知识，如新生儿的特点、新生儿的成长阶段、需要增加的营养等，一旦有需求，他们会驾车到附近的超市去购买，到了超市的婴儿营养食品或奶制品

图 4—7　宝宝健康和饮食营养知识页面

柜台前一看：柜台上摆满了各种著名品牌的婴儿营养食品，有亨氏、雀巢（Nestle）、汇力多、嘉宝（Gerber）等，消费者一定会在众多的品牌中做出选择。在选择时，消费者的脑海中已经接受的观念一定会主导挑选和决策的过程。

等新生儿的父母拿起所有品牌的产品进行比较时往往会发现，只有亨氏公司的产品所强调的营养成分、对婴儿成长阶段的划分、说明问题的角度等与他们所期望的完全一致，似乎这才是“最适合自己宝宝所需的”。下一步购买哪个品牌的产品就毫无悬念了，肯定是亨氏公司的产品。

试设想，如果亨氏公司网站像 20 世纪 90 年代末期一哄而起的那些购物网站一样，期待着通过网站直接销售产品，就不可能取得今天这样的营销效果。

如果网站着眼于卖产品，人们在接受你的经营理念时就会大打折扣，甚至会在头脑中设防。另外，如果有人在线购买产品，企业就必须千里迢迢地给消费者送去，这还涉及与物流配送公司、银行支付系统的关系，以及防盗、防黑客攻击、安全等多方面的问题。在线销售不但涉及面广，技术要求复杂，而且所获得的效果非常有限。

目前，亨氏公司通过网络开展营销，却不采用直接销售的做法，巧妙地宣传了企业的品牌，引导了公众消费理念，形成了本企业产品与其他企业产品在市场上的差异化。例如，亨氏公司所强调的营养成分在其他企业的产品中未必没有，但区别是其他企业没有从这个角度加以强调和说明。这就造成了一种“似乎只有亨氏公司的产品最专业、最符合消费者要求”的假象。

表面上，亨氏公司花巨资经营商务网站并没有直接为它创造效益，但这实际上达到了推动消费者在传统市场上优先挑选亨氏公司产品的目的。其结果是亨氏公司产品在市场上的销量猛增，传统商业对亨氏公司产品的订货猛增，最终的受益者当然还是亨氏公司。

三、与传统营销手段的整合

营销单靠网络是不行的。为了达到促销目的，亨氏公司不仅利用网络来吸引客户、传播经营理念、引导消费趋势，而且相应地改变了所有传统的营销手段（如传统广告、产品外包装、宣传用品和手册等）。两者结合，很好地达到了营销的目的。

亨氏公司这样做的目的只有一个，即通过条条途径将客户吸引到网站上，只要客户接触过任何一种亨氏公司的宣传媒体，就可以很容易地找到亨氏公司的商务网站。一旦进入该网站，就会被亨氏公司的营销策略所吸引，最终在考虑购买这类商品时，做出对亨氏公司有利的决定。

（一）传统广告形式的改变

自营销网站建立后，为了配合上述网络营销模式，亨氏公司修改了所有的广告形式，在视频广告、平面媒体（如报纸、杂志等）、户外广告（如悬挂的横幅、招贴、海报、广告牌等）、宣传印刷材料等的显眼的位置都标注了网址。潜在消费者一旦发现广告并被其吸引，且期望了解进一步的信息，就会登录亨氏公司婴儿营养食品网站。网站上丰富的信息和育儿知识就会抓住他们，使他们成为产品长期、忠实的客户。

（二）产品包装与网站知识的呼应

如果网站内容组织得再好，产品却不能一一对应，则有可能前功尽弃。为了配合营销的最后一击（即“最后一公里”），亨氏公司在其产品的外包装上印刷了大量的文字（如图 4—8 所示），这就是该产品的使用说明书和科学喂养宣传材料。这些文字所宣传和强调的信息正好与网站上介绍的知识相呼应。如果从装潢设计或美学的角度来看，这种做法未必是最佳的；但从营销传播整合的一致性和完整性来看，这种做法却是一种很好的选择。

消费者一旦接受了网站所传播的经营理念，在挑选商品时，这些理念就会自然地支配人们的选择行为。当消费者在商店看到类似的产品时，似乎只有亨氏公司的产品是“最科学的”、“最适合自己宝宝所需的”。这就是理念传播的营销结果。

图 4—8 亨氏公司产品的外包装

(三) 产品研发系列化

好的产品要靠好的营销来推广，企业的营销策略要有系列化的产品来支撑。

亨氏公司围绕宝宝成长过程中的各个阶段、各个细节，开发出了一系列的婴幼儿食品。亨氏公司用这些系列产品牢牢地抓住客户，使客户在某种程度上对其产生了依赖感。亨氏公司的产品线包括：

- 从时间角度开发出的产品系列，如从婴儿 4 个月到两岁的各类系列产品；
- 从功能角度开发出的产品系列，如辅助婴儿成长的补钙、学习咀嚼、益智、断奶期食品等各类产品；
- 从儿童品尝口味角度开发出的各类风味的营养饼干，等等。

亨氏公司这样做的目的非常明确，就是将营销传播的各个过程都整合起来，达到综合促销的目的。

(四) 关于老客户重复购买的问题

最初亨氏公司网站是不卖任何产品的，但后来的研究发现：许多客户初次购买时，往往会选择传统方式，即到超市去选择和购买。但老客户（长期使用该系列化产品的顾客）在以后的重复购买中往往容易接受在线订购。于是，亨氏公司开始针对重复购买产品的老顾客，增设在线订购功能（如图 4—7 左侧边栏所示），并将其作为客户服务和抓住已有客户的一种手段。

讨 论

1. 这种网络营销方法，他人可以模仿。如果你花了许多人力、物力、财力主导了消费理念，而竞争对手坐享其成，模仿并用类似的方法展开销售，你对此怎么看？这个问题该如何解决？

有人说：要制裁这种“前人栽树后人乘凉”的做法。你同意这种极端的观点吗？为什么？

2. 企业希望用网站来展示自己的产品。如果网站上只展示本企业的产品，未形成市场规模，没有什么可挑选的余地，顾客就不愿意看。为了形成对顾客有足够吸引力的市场规模，需要广泛吸纳各种相关产品（甚至包括竞争对手的产品），形成这类产品的虚拟产品信息集散中心。一旦形成市场，客户上网后可能会选择竞争对手的产品。你对这种情况怎么看？这个问题该如何解决？

有人建议：对他人产品达成交易的，要提成、收手续费。也有人不同意，认为这样可能会导致他们避开网络直接进行交易，最终“竹篮打水一场空”。你同意这种做法吗？为什么？

3. 为什么在传播经营理念、引导消费趋势方面，间接的宣传比直接大吹大擂的宣传更为有效？

提示：5～8人一组，先分组讨论，再由1人向全班简要阐明本组的观点。

点评：

1. 若竞争对手都模仿该企业的方法来开展营销活动，则说明该企业的营销模式和经营理念已经得到了普遍认同。这时该企业一定要结合自身的特点，求新、求变，主导市场和需求发展。永远领跑市场半步是营销制胜的关键。只有不断创新，才能立于不败之地。

2. 根据经济学原理，领跑（创新）者效益最大，跟进机会成本增大，边际效应递减，机械模仿只意味着成本增加，他人在技术上机械地模仿，其投入的机会成本增大，获得收益的边际效应递减。

3. 他人通过该企业的网站做生意，该企业可以分析出客户偏爱别人产品的原因，找出自身产品的差距，并迎头赶上。同时，该企业可以利用网站来强化自己的经营理念、品牌效应、产品特性，引导市场，还可分析、比较和研究产品与市场的变化。

讨　论

1. 为什么以经营理念主导市场和消费趋势是当代企业营销竞争的关键？在营销中以经营理念主导消费理念的做法在中国有无类似的例子？

2. 试比较：网络媒体和传统媒体在传播企业经营理念、引导消费趋势上的特点与优势。

提示：5～8人一组，先分组讨论，再由1人向全班简要阐明本组的观点。

第3节　以营销策划传播经营理念，引导消费趋势

在当今的营销学界和营销策划从业者之间流行着这样一种观点：二流的企

业卖产品，一流的企业卖服务，超一流的企业主导消费趋势、行业经营理念或技术标准。这种观点的核心是：如果企业将自身经营活动的重点都放在销售（即“卖产品”）上，从管理的角度来看，这样的企业只能算是二流的企业；对于知名的一流企业来说，目前都将自身经营活动的重点放在为客户服务上，通过客户服务搭售产品（即“卖服务”）；对于行业龙头企业（即“超一流的企业”），目前都将自身经营活动的重点放在通过营销策划去主导消费趋势或行业经营理念，或者掌握技术标准上。

因为这个标准和趋势不单单是文字与技术的炒作，更重要的是人心里的标准，这是企业未来长久的竞争优势，也是最难模仿的。

在未来的市场竞争中，谁主导了消费趋势或行业经营理念，市场就会朝着有利于谁所期望的方向发展；谁掌握了技术标准，谁就掌握了市场和技术研发的主动权。

一、好的产品是营销的前提

前面所讲的亨氏公司以营销策划来展示产品性能、传播企业经营理念、引导消费趋势，这一切必须以拥有一个好的产品为前提。对产品的夸大宣传，是一种不道德的商业欺诈行为；一个好的产品卖不动，是企业缺乏营销执行能力的反映，是企业发展的极大阻碍。

所以，营销与欺诈只有一步之差，这关键的“一步”就是产品（或服务）。一个好的产品是营销策划的前提；反之，没有一个好的产品，就不要奢谈营销。

好的产品是营销的前提。如果企业本身的产品（或服务）质量或功能不行，但在营销宣传中夸大或做虚假宣传，这就不是营销传播了，而是一种商业欺诈行为。这是企业营销之大忌，为任何一个负责任的企业所不齿，也是任何一个成熟的商业社会和商业道德所不能容忍的。这种做法的结果最终只能是既损人又害己。

企业有了好的产品，一定要用恰当的方式、媒体、工具、手段，将产品的优点、用途和对消费者的益处等准确地传递给目标顾客。这就是营销传播的执行力，它是企业能否将好的产品转化为利润、实现经营目标的关键。

二、营销的重点在于理念的传播

以自身的营销策划主动地传播企业经营理念、引导消费趋势，是现阶段市场营销的主流，也是企业斥巨资投入营销策划的目的所在。

（一）营销是企业长期的战略行为

我们在第 3 章讨论了营销与销售的区别。对于企业经营来说，销售是一种短期的战术行为，营销是一种长期的战略行为。企业在销售中得到的只是一时的利益（当时、当月、当年的收益），而企业在营销中所获得的是永恒的利益（长久的品牌效益）。网络营销也不例外。

亨氏公司的案例给人们的启示是：企业建立网站，并不一定都要卖产品，如果在网站上卖产品或一味地宣传自己的产品，最终的效果并不好。著名的体育网站 ESPN（http://espn.go.com/）副总裁杰夫·罗西斯（Geoff Rossis）早在 1999 年就明确指出："企业投入广告和网站的目的都是为了促进销售，而不仅仅是提供一种娱乐形式或直接销售产品。我们从一开始就认准 ESPN 网站应该成为体育新闻和体育休闲娱乐的中心，而不是仅在网上卖 ESPN 的 T 恤衫。这是 ESPN 众多成功因素之一。"

虽然亨氏公司的网站没有直接销售，甚至没有大肆宣传自己的产品，但是这种做法的结果是：强化了品牌效应和经营理念（这样更容易被公众接受），从而大大促进了产品在传统市场上的销售。

市场消费趋势和消费者对企业品牌及经营理念的接受需要有一个培养、教育和巩固的过程，需要企业不懈的营销努力和经营投入。

讨 论

为什么销售是一种短期的战术行为，营销是一种长期的战略行为？不同的理解会导致哪些不同的战略和实际操作（服务）行为？

提示：5～8 人一组，先分组讨论，再由 1 人向全班简要阐明本组的观点。

（二）营销理念的传播更重要

亨氏公司的做法并非个别企业的案例，世界许多优秀企业（如宝洁、ABB 等公司）都将营销的重点放在了通过网络媒体吸引客户、传播经营理念和引导消费趋势上。为什么企业在经营活动中会如此重视营销理念的传播呢？因为有观点认为，"销售是人性化的，营销是理性化的"。

销售的核心在于人（销售人员自身的能力和素质）。通常在销售活动中，顾客只有先接受了销售人员，然后才有可能听销售人员的介绍，进而接受他推销的产品。

营销的核心在于理念的传播。只要顾客接受了企业的经营或营销理念，就会自然而然地偏爱和选择它的产品。

正是由于两者有如此的不同，因此，销售培训侧重于对销售人员个人行为的培养（如真诚、职业化、商务礼仪、沟通能力等），目的就是迎合客户，博得客户的认同（接受），进而达到销售目的。

营销传播的核心则不同，更侧重于企业经营理念的传播和对公众消费习惯的影响。

案例 4—2

宝洁公司的洗发水品牌海飞丝针对公众进行理念传播。虽然广告做了十几年，版本、人物和场景更换了无数遍，但万变不离其宗，基本格调并没有改变，都是强调有头皮屑很烦人、很丢人。广告最后会告诉消费者："如果想摆脱头皮屑的烦恼，请用海飞丝。"头皮屑原本是人类生理上的正常现象，人人都有，但广告播出后，改变了人们的观念，头皮屑成了过街老鼠，人见人憎。于是，消费者纷纷掏腰包购买海飞丝产品。

案例 4—3

8 年前，某国内著名家电企业在各大商场发放了一本名为"选购一台绿色环保冰箱的几大标准"的小册子。小册子印刷精美，逢人就送。从表面上看，小册子只是客观地告诉消费者选购绿色环保冰箱时应注意的几个问题和几大标准，页面上除印有该企业的标志外，并无宣传自己产品或刻意向消费者推荐自己所产冰箱的言语。但是，当消费者看了小册子并接受了这几项标准后，再到市场上选购冰箱时，才会发现：只有这家企业的冰箱满足各项标准，于是会偏爱和选择该企业的产品。

（三）网络媒体更适合营销理念的传播

对于企业经营理念的传播，由于网络媒体在内容和空间上具有无限的可扩展性，因此更适合经营理念的传播。企业可以利用营销网站向客户提供大量的专业信息，在满足客户的需要和抓住客户的同时，巧妙地宣传营销理念，影响市场消费趋势。

这些工作正是网络所擅长的，任何传统营销媒体在这方面都很难与网络媒体相比。

第 4 节　网络营销的应用模式

任何一种技术都有其应用模式，网络营销也不例外。

网络营销的应用模式归纳起来有以下几个方面。

一、功能和技术型产品更适合网络营销

相对而言，功能较多、使用较复杂、技术含量较高的产品更适合利用网站

来展开营销。而对于一些产品单一、功能简单、技术含量低的产品来说，传统广告会更有效。

（一）简单产品的网络营销效果不佳

从 20 世纪 90 年代后期开始，人们一直在关注一些简单产品的网络营销过程，如可口可乐、百事可乐等知名企业的网站。相比之下，这些种类、功能单一的产品虽然在网络营销上投入了很大的人力和财力，但效果远不如其他功能、技术复杂的产品。

这些碳酸饮料企业网站的创建时间长、投入大，但始终未引起公众太多的关注，更不用说引导消费趋势了。因此，企业不得不另辟蹊径——大打时尚牌，以吸引年轻、时尚一族。但最终收效甚微，最多只能起到提示类广告的作用。

例如，可口可乐公司网站大打音乐和娱乐牌以吸引消费者（如图 4—9 所示）；百事可乐公司网站大打歌星代言牌以吸引消费者（如图 4—10 所示）。

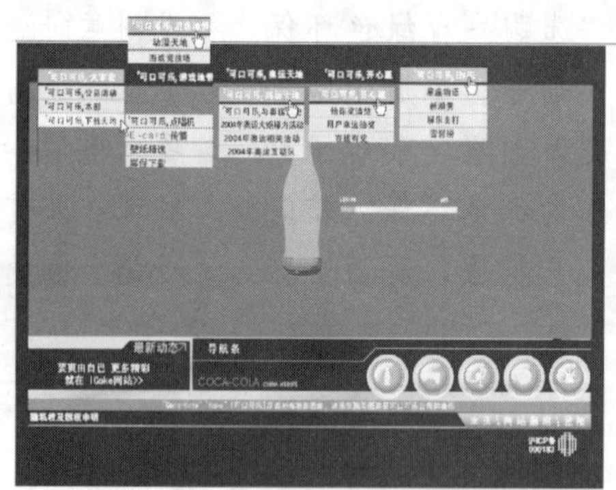

图 4—9 可口可乐公司网站页面

图 4—10 百事可乐公司网站页面

（二）复杂产品的网络营销优势明显

对于功能、技术指标、知识含量、适用范围都较为复杂的产品来说，网络较其他媒体的营销优势非常明显：一是网络的空间没有限制，企业可以尽情地使用；二是可以利用网络双向互动的功能提供个性化的信息服务；三是网络信息查询方便、灵活，符合现代人们的生活和工作习惯。

与两大碳酸饮料企业的网站相比，一种功能性较强、技术含量很高的产品只需很小的投入就可以产生完全不同的效果。例如，育婴堂网站（http://www.huiliduo.com.cn/）（如图 4—11 所示）对新生儿父母就有较强的吸引力和依赖感。

相对来说，高卷入性（high involvement）商品更适合网络营销，低卷入性（low involvement）商品更适合传统营销。

图 4—11　育婴堂网站页面

（三）网络媒体与传统媒体的结合

通过营销宣传企业经营理念、引导市场和消费趋势的做法已经成为时下优秀企业营销网站的通行做法。所以，网络营销是传统营销模式在网络环境下的延伸和发展。

但是，营销传播并不会因此而排斥传统媒体。企业应针对不同受众、不同媒体，采用不同的方式来传播营销信息。

对普通公众和大众消费品来说，传统媒体广告更为适合。这是因为，传统广告传播的广度和震撼力、冲击力是巨大的，至少在现阶段远远强于网络媒体。

对真正的顾客或复杂性产品来说，网络媒体在所展示的信息量、知识性、亲和力、互动性、感染力、吸引力等方面，是传统媒体所无法相比的。

传统媒体侧重考虑公众的需要、可接受程度、体验和感受等，因此要尽量简洁、明了（受时间限制的结果）；网络媒体更侧重考虑对公众的需要、兴趣的引导和对技术、功能、指标、对象等较为复杂且消费有持续性的产品的解释，即更适合这些较复杂产品的过程化营销或互动式营销。

企业应该将网络媒体与传统媒体相结合，综合利用多种媒体来实现营销传播的目的。简洁、明了的广告针对的是一般大众；丰富、翔实的网站信息针对的是（潜在）客户。广告是营销实现的充分条件，网站是营销实现的必要条件（决定因素）。

二、吸引客户的方法

由于复杂产品的功能较强、技术含量较高，因此在吸引客户方面有许多可行的途径和方法。这些方法在一些著名企业的营销网站中经常可以看到，归纳起来有以下几个方面。

（一）从专业知识的角度

从专业知识的角度吸引客户是许多高新技术企业共同的做法，事实证明效果很好。例如，宝洁公司的潘婷、海飞丝等品牌提供美发、护发专业知识吸引消费者；亨氏、育婴堂、强生等公司提供科学育儿知识吸引消费者；柯达等公司提供专业摄影知识吸引消费者；电器或 IT 企业提供新产品功能和操作知识吸引消费者，等等。

（二）从潮流和趋势结合的角度

一些企业网站从潮流和流行趋势的角度入手，吸引消费者的关注和“眼球”，然后展开企业营销理念的传播。例如，时尚用品、服装、饰品企业网站常常从潮流和趋势的结合入手吸引消费者；体育用品企业网站常常从球星、球迷俱乐部入手吸引消费者；汽车生产企业网站常常从聊车和车迷俱乐部入手吸引消费者；MP4、视听设备企业网站常常从明星、歌星、代言人等入手吸引消费者，等等。

（三）从信息服务的角度

现在的产品越来越丰富、信息越来越多，而使用者越来越懒（例如，在遇到问题时不愿意看书、查资料，更愿意上网寻求帮助）。于是，一些企业抓住了这一特点，利用网络优势提供信息服务，吸引消费者。例如，以谷歌、百度为首的搜索引擎企业用信息查询服务吸引网民；门户网站和社区网站以信息服务吸引居民；数字图书馆网站、网络数据库和管理咨询机构网站以专业信息服务吸引客户；医疗机构和药品生产企业网站以专业信息服务吸引客户，等等。

(四) 从个性化的角度

一些企业从个性化的角度为客户提供信息服务，以吸引消费者。这些企业以医疗、健康、美容等行业居多。例如，强生、亨氏等公司提供宝宝成长日记等；宝洁公司的潘婷、玉兰油等品牌提供美丽档案、美白俱乐部、贵妇俱乐部等；一些药品生产企业网站提供健康辅导、用药指南等。

本章小结

消费者的购买行为是营销分析的核心，准确地了解顾客需求、客户购买的目的以及不同购买模式，是企业构建其网络营销体系的关键。

本章分析了网站黏住客户的重要性，通过一个典型的应用案例分析，展示了一个优秀企业是如何通过网络和信息服务来黏住目标客户、传播经营理念、引导消费趋势朝着有利于自身产品的方向发展，如何在信息传播过程中影响客户的思维定式、吸引客户，以及网络营销的适用范围等。

本章还讨论了不同购买行为的差异性，指出网络更适合重复购买和有计划（有目的）的购买行为。

重点概念和知识点

- 初次购买、重复购买、有计划/目的性购买、随机购买、诱导性购买
- 理念传播和引导消费
- 黏住客户
- 营销传播的核心
- 客户卷入度
- 交叉营销和向上营销
- 心理暗示和客户预期

练习题

1. 从消费者购买行为和企业营销效果两个不同角度分析不同购买模式的区别。
2. 为什么说用网络黏住客户、传播营销理念、引导消费趋势，比直接销售产品更重要？
3. 怎样才能黏住客户？请结合实际举例说明。

章末案例

2010年1月7日，北京壹人壹本信息科技有限公司正式推出了一款可以直接放进口袋的平板电脑，命名为"E人E本"（如图4—12所示）。

图4—12　E人E本平板电脑

电脑大小如同一张7英寸照片，厚1.1厘米，重440克，指纹一键开机，3G无线上网。除一般电脑的功能外，E人E本还针对中国消费者（特别是高端商务用户）开发了原笔迹记事本、迷你办公系统（mini-office）、电子阅读、手写邮件、在线炒股和投资理财、移动商务及办公、名片管理、手写微博等功能（如图4—13、图4—14、图4—15所示）。

产品和营销传播定位直指商界领袖（即高层领导）。

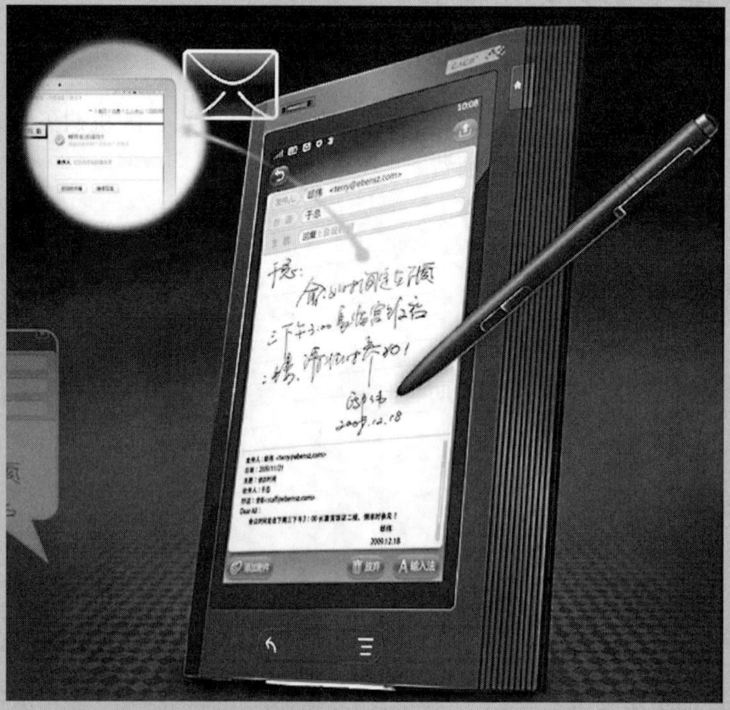

图4—13　E人E本平板电脑的手写邮件功能

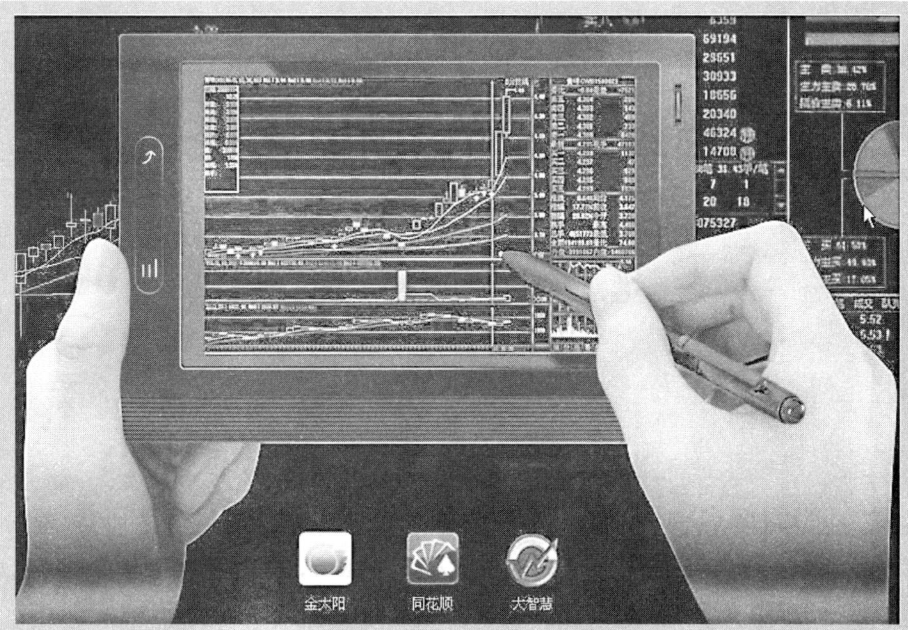

图 4—14　E 人 E 本平板电脑的在线炒股和投资理财功能

图 4—15　E 人 E 本平板电脑的移动商务及办公功能

思考题

请将 E 人 E 本平板电脑与随后上市的 iPad 平板电脑相比：

1. 两者在产品功能、营销定位、品牌知名度、公司实力、宣传方式、营销理念、传播诉求、引导消费等方面有什么不同？

2. 如果请你来为该企业做营销策划，在产品功能、定位和理念传播方式上有什么更好的建议？

第5章 Chapter 5 网络营销的驱动模式

学习要点

企业的网络营销策略到底应该由市场驱动，还是主动地驱动市场发展
驱动市场型的企业营销传播策略
网络营销策略定位
营销理论及关注重心的转移
营销策划中的定位与引导问题

第1节 关于企业营销策略定位的争论

企业的网络营销策略到底应该由市场驱动（market-driven），还是主动地驱动市场发展（marketing-driving market）？这是人们在制定网络营销策略之前首先应该思考的问题，也是目前营销理论和企业实践界争议颇多的话题。对此问题的不同理解，会导致不同的营销策略定位、不同的实施策划过程、不同的网站设计和运作方式，最终产生完全不同的营销效果。

从一般意义上理解，"企业的营销策略一定要满足市场需求"，否则再好的营销策划，如果不能满足市场需求，也必然被市场所淘汰。

但是，如果我们仔细分析一些现有的企业市场营销策略和现象，就不难发现：相当一部分企业的实际做法并非完全如此，而是给人"以满足需求为手段，以实现营销为目的"的感觉。这表明"企业营销的目的是满足市场需求"这句话并不是绝对的，而是相对而言的策略和手段。

这是一个十分重要又争议颇多的问题。此问题源自营销理论界一场旷日持久的争论，即企业营销到底应该由市场驱动，还是主动地驱动市场发展；到底应该被动地迎合和满足市场的需求，还是主动地引导市场发展和创造新的需求。

一、满足需求是营销的前提

企业经营的目的是赚钱（即谋取利润）。企业家通过组织生产、经营和营销过程，将自身的产品和投入通过市场转化成利润。企业若想顺利地达到这一目的，则所提供的产品或服务一定要满足需求。如果产品和服务不能满足市场的要求，则客户会离你而去，营销和创造利润也就无从谈起。

所以，满足市场与客户需求是营销和创造利润的前提与必备条件，但目的还是驱动市场和促进销售。

企业满足客户需求可以从以下几个方面入手。

（一）产品的功能和实用性

企业提供的产品应实用，功能齐备，使用简单，性能完善，能从生活、工作、学习、娱乐等多方面满足客户使用的需求。只有这样，产品才会畅销，企业才能创造利润。

例如，现在的手机产品功能趋于多样化、集成化，开始集移动电话、短信通信、通信录管理、名片管理、时程管理、上网浏览、电子词典、计算器、GPS 导航、电子钱包/移动支付、照相/摄像、录音、MP3/MP4、手机电视、游戏娱乐等功能于一体，而且市场销售趋势是：功能越多、集成化程度越高、越实用的手机就越受客户的欢迎。

（二）产品的个性化和专业化

当代消费者的需求越来越多样化、个性化，这就要求企业针对不同的人群，生产出不同的个性化产品，以满足市场的需要。现以手机为例进行讲解。

（1）针对高端商务人士的产品，强调短信通信、通信录管理、名片管理、时程管理、上网浏览、电子词典、计算器、GPS 导航、电子钱包/移动支付、安全保密等功能。虽然此类产品价格不菲，但仍深受公司白领阶层和社会成功人士的欢迎。

（2）针对年轻时尚一族的产品，强调即时通信、聊天、短信通信、通信录管理、上网浏览、照相/摄像、高像素、录音、MP3/MP4、手机电视、游戏娱乐、外观靓丽等功能。此类产品深受年轻时尚人群的欢迎。

（3）针对中老年人的产品，强调功能简化、价格低廉、操作简单、屏幕和按键的数字特别大（因为此人群中绝大多数视力有所衰退）等。此类产品深受中老年人群的欢迎。

（4）针对战地记者和野外探险、科考工作者，强调卫星通信、卫星定位/导航、待机和持续工作时间长、防冻/抗高温/耐高湿/防水等功能。虽然此类产品的价格和通话费用都很高，但因为是这类人士工作的必备工具（专业工具），所以在特定范围内很受欢迎。

(三) 功能、服务和价格的统一

为使产品和服务更加实用、功能更完善、更能满足客户个性化和专业化的需求，企业在制定营销策略时，一定要细分市场，即针对不同客户群体和不同需求，开发出不同类型的产品、功能、服务和价格。这是企业营销满足市场需求的重要因素。

(四) 网站内容应有益于受众

企业有了好的产品，营销信息的传播就变得非常重要。由于当代消费者获取企业或产品信息的主要手段是通过网络，因此企业营销网站的设计一定要对客户有益，应从某方面满足客户获取知识和信息服务的需求。只有抓住了消费者，才能巧妙地传递营销信息、引发客户购买欲望和达到促销目的。本书前面几章所介绍的宝洁、ABB、亨氏等企业都是这样做的，而且效果很好。

二、以营销驱动市场发展的企业实践

企业要实现从产品到利润的转换，达到盈利目的，制定的营销策略一定要满足市场需求，这是营销的必要前提。但是，在实践中人们常常发现：许多企业都通过网络媒体和各类营销手段抓住客户，潜移默化地“教育”消费者，试图引导消费趋势、驱动市场发展，而并非一味地迎合或满足客户需求。这种做法明显与传统的理论教条和观念相悖。

以往不是强调顾客是“上帝”，要满足“上帝”的需要吗？为什么这些企业都在试图“引导”和“教育”顾客，拉动需求发展？请看以下企业在营销实践中的做法。

(一) 索尼公司开发随身听（walkman）的营销实践

早在20世纪70年代，索尼公司创始人盛田昭夫就明确指出：我们的计划是以新产品去领导潮流，而不是去问市场需要哪种产品。公众并不知道下一步会生产什么，而我们是专业生产厂家，我们知道。因此，我们的主要工作不是要花大量时间去做所谓的市场调研，而是要在产品的功能、用途上精益求精、不断创新，推出新产品，同时通过对公众的宣传、沟通和引导（营销）来开拓市场。①

索尼公司不但这样说了，而且这样做了，并获得了极大的成功。80年代初，索尼公司开发随身听的营销实践就是一个成功的例证。在此以前，人们很难想象可以一边走一边随心所欲地欣赏自己喜欢的音乐。索尼公司的研发人员敏锐地洞察到了大众的潜在需求，及时地推出了随身听产品，极大地推动了市

---

① 参见曾蒙：《盛田昭夫——创造SONY神话的企业巨人》，上海，上海远东出版社，2005。

场和需求的发展。

（二）微型系统科技公司开发学习机的营销实践

20 世纪 70 年代末，日本新闻记者佐佐木明受到微型计算机浪潮的启示，开办了著名的“头脑公司”——微型系统科技公司。由于缺乏技术和资本，佐佐木明给公司设立了两个独特的奋斗目标：一是要用并不比别人高明的技术，开发别人没有注意到的社会需求，力求赶在大公司前面研制出新的产品；二是从千百万人司空见惯的社会现象中，发现别人没有发现的方法，即了解潜在市场的需要。基于日本社会对于学历和教育高要求的实际状况，经过一年半的研发，佐佐木明制造出了专门供小学生使用的学习机，获得了巨大的成功。

（三）PDA 生产厂商推出“商务通”品牌的营销实践

中国 PDA 品牌“商务通”的诞生源自其创始人张征宇在电子辞典公司的实践和自身的感悟。20 世纪 90 年代后期，以“快译通”、“名人”为代表的一批电子辞典品牌在中国迅速崛起，为改革开放、经济全球化发展提供了更加便利的英语翻译工具。同时，由于当时的移动通信功能不够完善，手机只有通话功能，导致许多商务人士出门需要带上手机、传呼机、PDA、电子辞典等，十分不便。于是，张征宇推出了集电子辞典、名片管理、PDA、短信功能于一体的 PDA 产品，取名为“商务通”，同时辅之以铺天盖地的广告宣传，取得了极大的成功。

随后，由于手机产品迅速 PDA 化，导致单纯 PDA 产品市场快速萎缩。这时张征宇发现：移动商务和网络营销的兴起，导致商务人士因手机屡受垃圾短信和广告电话的骚扰而痛苦不堪。如果能推出一款既防骚扰，又能保证信息私密性的手机产品，一定会受到消费者的欢迎。于是，他顶着“如果继续在手机市场中投入，将成为一场灾难”、“手机就是手雷”、“一场笑话”等重重压力，果断地投入研发力量，并于 2005 年推出带有防骚扰功能的手机——商务通隐形手机。这种手机刚一上市，就受到了市场的热烈追捧，一时间，在销售增长较为低迷的手机市场上一枝独秀。

（四）高新技术企业是营销驱动市场的领头羊

前面我们介绍过的一些企业（如宝洁、亨氏、ABB 等）都是以自身产品研发和营销策划驱动市场发展的典型案例。近年来，IT 产业（如微软、IBM、思科、英特尔、联想等公司）、手机或移动通信产业（如摩托罗拉、诺基亚、三星、索爱、波导等公司）、制药和保健产业（如辉瑞、罗氏、杨森、诺华等公司）纷纷放弃了“顾客导向”的营销策略，开始依托自身强大技术研发力量和专业知识，采用以产品和技术为中心的引导战略，创造了需求，拉动了市场，并取得了巨大成功。

由于高新技术产品的专业性较强、知识含量较高、技术功能较为复杂，因此很少看见这些企业询问消费者："你下一步想要用什么样的电脑、什么样的操作系统、什么功能的手机?"这些企业也很少简单地去迎合现实的市场需求，而是以"我"为主，以专业知识为准，以自身特点和研发水平为基础，以营销策略拉动需求和市场的发展。

这些企业营销策划的基本思路是：产品设计一定要满足客户需求，有益于客户；客户并非专家，并不知道下一步的产品会如何发展，而作为专业的生产厂商，我们应该知道。所以企业营销传播的主要任务是让消费者关注未来市场发展的趋势，了解自身产品的特点，拉动需求。

讨 论

1. 企业营销宣传策略的重心应该是迎合/满足客户的需求，还是教育和引导客户，开拓市场?

2. 请针对产品设计、客户服务、销售过程、营销策划四个不同领域，谈谈你的理解。

提示： 5～8人一组，先分组讨论，再由1人向全班简要阐明本组的观点。

第2节 柯达公司网络营销策略分析

无论在传统商业环境中，还是在网络环境中，吸引顾客的注意力并紧紧地抓住顾客，永远是企业营销策略传播要解决的关键问题。在网络环境下，客户的选择范围大，上网操作容易，要吸引并抓住客户更困难。

所以，企业网站会绞尽脑汁地吸引客户的注意力，提高网站点击率，抓住客户。在提供专业知识和信息服务的同时，强化企业营销策略展示的力度和范围，引导行业消费趋势朝着有利于自己所期望的方向发展，这是企业能否通过商务网站向客户和市场成功地展示其网络营销策略的关键。反之，如果抓不住客户，客户看一眼就不再光顾，则网络营销的目的无法达到。

一、案例及背景分析

下面以柯达公司为例，分析它是如何通过网站牢牢地抓住客户，传播经营理念，达到营销目的的。

(一) 柯达公司简介

美国伊士曼·柯达公司是世界著名的胶片和摄影器材生产企业。柯达公司于1880年由乔治·伊士曼在纽约州的罗切斯特市创立。柯达公司从生产摄影胶片开始，经过100多年的发展，成为世界胶片和摄影器材生产领域的龙头企业。

柯达公司产品覆盖的领域包括：各类摄影胶片，照相设备，专业相纸，冲印药液，数码相机和数字辅助设备，热升华打印机，数码印相机，扫描仪，专业电影胶片、摄影设备和后期剪辑、编辑、修改、制作系统，专业医用胶片、摄影设备和医疗数字成像系统及设备等。

发展到 2002 年，柯达公司的年营业额高达 128 亿美元，员工总数约为 7 万人，业务和市场涵盖世界主要国家与地区，已成为当时该行业当之无愧的龙头老大。

（二）市场及竞争对手简介

第二次世界大战以后，德国公司的业务和市场遭到重创。直到 20 世纪 70 年代以前，柯达公司的产品仍旧是一枝独秀，独霸天下，没有强有力的竞争对手。

但是，到了 20 世纪七八十年代，随着日本经济的崛起，富士公司异军突起，飞速发展，其产品日益丰富，市场份额迅速扩大，逐渐形成柯达与富士两大寡头垄断胶片市场激烈竞争的局面。80 年代末 90 年代初，富士的产品销售和市场份额一度与柯达并驾齐驱，给人的感觉是：如果照此势头发展下去，在不远的将来，富士就会超过柯达，成为世界胶片市场的霸主。

富士公司的发展势头引起了竞争对手的不安，同时也引起了美国政府的高度重视。柯达与富士两个企业的产品和市场之争，曾一度演变成美日两国贸易摩擦谈判的焦点之一。美国曾将开放日本国内胶片市场作为美日两国贸易谈判的前提之一，从这一点也可以看出当时富士公司的发展势头和对竞争对手的威胁程度。

（三）网络营销的机遇

20 世纪 90 年代以后，随着网络经济和电子商务技术的兴起，柯达公司顺应了这一历史发展的潮流，大力开展网络营销。形势很快发生了重大变化。当然，一个企业的产品和市场之争发生逆转，情况很复杂，原因也很多。通过后续的分析，读者不难发现：不同的网络营销策略是导致产品和市场发生逆转的重要原因。

（四）在中国市场中的竞争

20 世纪 80 年代以前，由于市场封闭，中国的胶片市场基本是以国产品牌为主。因为当时实行的是计划经济，所以没有市场竞争。

80 年代，中国开始了改革开放的历史进程，市场经济和竞争开始引入经济生活。随着市场的不断开放，国外产品开始进入中国市场，并且以其优良的品质逐渐受到中国百姓的喜爱。经过几年的优胜劣汰，最终在中国胶片市场上形成了三足鼎立的局面，即国产品牌乐凯、美国品牌柯达、日本品牌富士三分天下。

80年代末90年代初，富士公司开始脱颖而出，一度主导中国胶片市场。

90年代初，柯达公司全力开拓中国市场。首先是将亚太地区的总部迁到上海，并在中国设立了18个办事处，在中国250个城市建立了5 000多个彩扩冲印点。特别是培训和支持下岗工人办彩扩冲印点的做法，受到政府和大众的普遍欢迎。基于这一系列的举动和后面将要介绍的网络营销策略，柯达终于将产品的市场占有率从1993年的26%提高到2000年初的53%，中国在柯达全球产品销售市场上的排名由第17位提高到仅次于美国的第2位。

柯达和富士两大公司在中国市场上的竞争，每个人都可以很直观地感受到。例如，80年代末90年代初清华校内的许多彩扩冲印点都将门面刷成了以绿色为主（富士的品牌色调）；到了2000年，这些彩扩冲印点又不知不觉地改刷成以黄色为主（柯达的品牌色调）。两种颜色的交替变化说明了两大品牌在市场和人们心目中的变化。

二、柯达公司营销网站的特色

为了实现利用网站抓住摄影爱好者并达到营销传播的目的，20世纪90年代中期，柯达公司投入了大量的人力和财力，创建了柯达公司的商务网站。网站内容的设置完全从摄影爱好者的角度来组织，对目标客户群体有很强的吸引力和凝聚力，产生了很好的营销效果。

（一）柯达公司网站简介

柯达公司通过商务网站来宣传摄影知识，通过摄影知识来抓住摄影爱好者，通过抓住摄影爱好者来宣传企业经营理念，通过宣传企业经营理念来展示其营销策略，引导消费趋势。

柯达公司在90年代后期创建了商务网站（http://www.kodak.com/）（如图5—1所示）。

虽然这是一个企业的商务网站，但是网站并没有像当时流行的那样进行在线零售，而是以营销为主。网站95%的内容是在向消费者介绍专业的摄影知识。整个网站只有最上方一个小功能栏目（页面）是在介绍柯达公司自己的产品（只是介绍，并不出售），其他绝大部分内容都与柯达公司及其产品无直接关系。

（二）以知识和服务吸引公众的注意力

柯达公司网站重点突出介绍专业化的摄影知识和提供社会化的图像处理服务，这是该网站能够吸引全世界专业人士和业余爱好者共同关注的关键。

为了说明这一点，我们任意点击图 5—1 所示页面的功能按钮，并进入其中一个功能子页面，通过展示来说明（如图 5—2 所示）。

图 5—1　柯达公司网站首页

图 5—2　柯达公司网站摄影知识学习栏目页面

从图 5—2 中可以看出，网页宣传的内容都是一些如何用光、如何处理问题照片、如何学习照相和怎样才能拍出一幅完美的照片等。这些专业化的摄影知识吸引了全世界摄影专业人士和业余爱好者，使柯达公司网站成为当时“全球最受欢迎的十大网站之一”。

（三）柯达公司网站的知识点和服务功能

纵观当年的柯达公司网站（如图 5—1 和图 5—2 所示），它所提供的知识点和服务功能如下：

● 一般摄影知识，包括如何取景、如何用镜头等。这是最能吸引一般摄影爱好者的内容。

● 专业摄影技术，包括专业技术介绍、讨论、咨询、交流、服务等。

● 照片处理技术及服务，包括照片的暗房和图像处理、照片的修补与剪辑、编辑和图像处理软件的在线使用等。

● 共享图片资料库，库中提供了上万幅世界各地的美丽风光和色彩鲜艳的图片，供人们选择和使用。

● 数字技术交流和讨论园地，包括数码相机的使用、图像的编辑与处理技术、数字压缩技术、文件传输技术等（当时数码相机刚刚进入市场，人们希望了解，市场也需要培育）。

由此，柯达公司网站成为全球摄影爱好者、平面广告设计从业者、美术界人士经常光顾、“聚会”和切磋摄影技巧的平台。

（四）柯达公司网站的商业目的

柯达公司网站既不出售产品，又不刻意强调和宣传自己的产品，而是主要宣传与摄影相关的知识和提供技术服务。从表面上看，它并无商业目的，其实不然。企业正是通过这种类似公益宣传的形式，将大量消费者吸引到它的网站上，这样不但可以增强柯达品牌的影响力和凝聚力，而且可以通过网站这一窗口，引导市场和大众消费趋势朝着有利于自己产品的方向发展。

（五）令人称奇的保存家庭相册功能

除提供上述各种知识和服务外，柯达为了进一步增强客户对其网站的忠诚度和依赖度，还曾在自己的服务器上开辟出一个巨大的存储空间，吸引公众将自己的照片保存在美国柯达公司总部的服务器上。此功能一经推出，引起了极大的轰动。

柯达公司宣布，世界各地的人都可以通过网络将自己的家庭相册保存到柯达的网络服务器中，而且照片存在柯达公司网站要比放在家里或办公室方便得多。今后用户在世界任何地方都可以很方便地看照片。如果要与分布在各地的亲朋好友分享旅行时的快乐时光，则无须冲印和邮寄照片，只要电话告知对方家庭相册的文件名和登录密码即可。

（六）锁定客户和增加忠诚度

柯达公司深知，抓住客户、展开持续交流是营销策略展示的关键，于是在网站上推出了保存家庭相册功能。这一功能在今天看来可能不算什么，但在当时来看，是令人拍案叫绝的惊世之举。家庭相册对消费者形成了强大的吸引力。摄影爱好者一旦在柯达公司网站上建立了自己的家庭相册，并通过网络将照片上传到相册中，就会被牢牢地锁定在柯达公司网站上。

同时，这项功能还具有很强的传播性。因为人们保存相册的重要目的之一就是期待与他人共享，所以一定会将网站保存家庭相册之事告诉亲朋好友，这样一传十、十传百，将会迅速提高柯达公司网站的知名度，增加用户数量。

（七）类似功能其他网站多有仿效

在柯达公司成功推出保存家庭相册功能几年后，其他一些网站也先后推出过类似功能去吸引客户、增加用户人数和维护用户的忠诚度。

例如，雅虎网站在 2001 年推出了类似功能（如图 5—3 所示）。

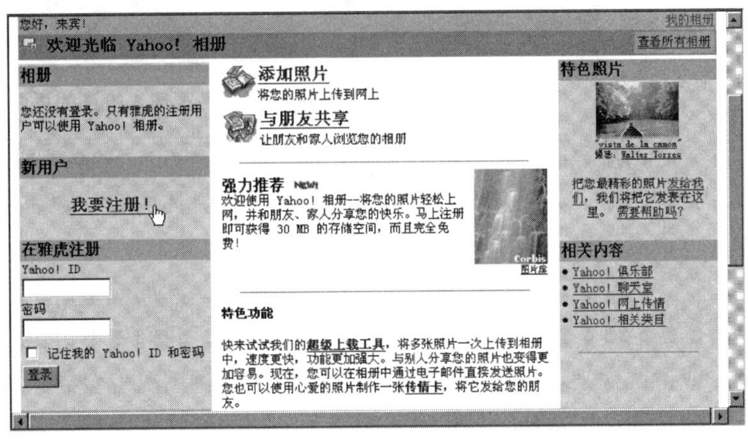

图 5—3　雅虎网站注册和存放相片功能页面

三、20 世纪末的柯达与富士公司网站竞争力对比分析

前面分析了柯达公司的网络营销策略，一般人看完柯达公司网站后，都会产生一种想看看富士公司网站还有哪些功能的想法，也就是说：这时人们心目中有两个著名品牌，在做任何决定和选择时，往往会在这两个著名品牌之间摇摆。于是，1999 年夏天，笔者登录富士公司网站，将柯达与富士这两大公司的网站进行对比分析。

（一）域名混乱，访问不易

笔者模仿一般人的习惯，随意找到一张富士胶卷冲印出的照片（因为人们通常只会保存照片，而不会保存胶卷包装盒），然后将相片背后的品牌名作为域名访问网站。结果是，当我们输入“http://www. fujicolour. com/”时，却出现了一个与富士公司和胶片业务毫不相关的网站（如图 5—4 所示）。

图 5—4 “fujicolour”域名被他人抢注的页面

网站只有一个红红的页面，而且是 Business Serve BSDI Unix Server Farm 公司网站。如果登录者想看该公司网站的具体内容，则需要在页面给出的网址上再点击进入。

为什么会出现这种情况？只有一种解释，那就是富士公司没有注意保护自己的品牌，这个域名被他人抢注了。在此，我们先不讨论抢注他人品牌的法律或道德含义，仅从对营销的影响来看，这种情况将会导致消费者立刻回到柯达公司网站，并且今后不会再去富士公司的网站。今后，若富士公司想通过网站来吸引消费者，传递营销策略，则变得非常困难。

（二）富士公司网站展示的内容不如柯达公司完整

那么，富士公司到底有没有自己的网站呢？我们可以看到富士胶卷盒上的商标“FujiFilm”，用此名即可进入富士公司真正的网站（http://www. fujifilm. com/）（如图 5—5 所示）。

从图 5—5 中网站所展示的内容来看，富士公司网站的经营理念、营销策略以及对爱好者的吸引程度明显不如柯达公司网站。

这就是为什么我们在该案例分析的开头，把不同的网络营销策略归纳为导致两大企业近年来产品和市场之争发生逆转的主要根源之一。

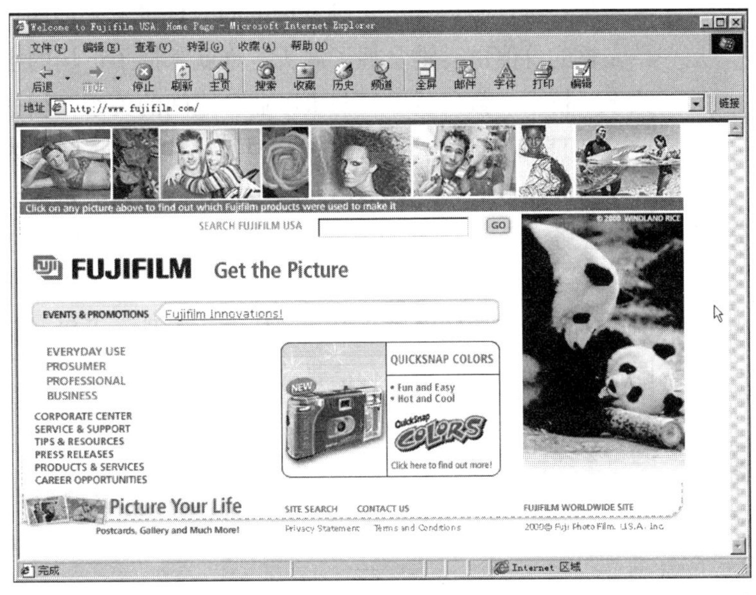

图 5—5　富士公司网站首页

（三）柯达公司在启动下游价值链、培育市场方面的举措

20 世纪 90 年代末，数码照相技术开始兴起。当时，销售数码相机的重要障碍之一是：人们还不习惯在电脑上保存和欣赏照片，而数码照片的冲印设备非常昂贵。为了促进数码相机以及相关设备的销售，柯达公司采取了一系列措施来启动产品下游价值链，培育市场发展。相关的举措有：

- 1999 年，柯达公司创建了以打印数字照片业务为主的专业服务网站（http://www.print@kadak.com/）。数码相机用户只需将文件上传到该网站，公司就可以最低成本为客户打印照片并送上门。
- 2000 年 7 月，柯达公司投资近千万美元与著名的门户网站 http://www.excite@home.com/合作，以加强网络技术与营销业务之间的互动。
- 2000 年，柯达公司与著名的网络设备供应商思科公司共同推出在线图片处理网站（http://www.snapfish.com/），提供专业的修图技术服务。

（四）柯达公司为什么要采用数码和网络技术

作为一个传统胶片生产企业，柯达公司在 20 世纪 90 年代中期大力开展以数码成像为基础的数字照相技术和以网络为基础的营销技术，其中最直接的原因是：

- 预感到传统胶片市场将会萎缩，数码相机取代胶片相机是该行业未来发展的必然趋势。
- 当时许多数码相机生产企业都使用柯达公司的图片信息压缩技术，促进了数码相机市场的发展和自身专利技术市场的发展。

● 希望在推动数码相机市场发展的同时促进数码冲印设备市场的发展。这是一条完整的价值链，谁掌握了源头，谁就掌握了市场的主动权。

关于新技术（数码技术）与摄影业务之间的关系，柯达公司总裁曾形象地比喻："我们是专业生产摄影器材的公司"，"如果我们认为自己过去是生产胶卷的，今后改搞数码，那就会出问题"，"我们应该清楚地认识到自己过去从事的是照片业务，今后还是如此，那么就会利用一切现有的技术来达到经营目的"。

柯达公司总裁的这番讲话揭示了技术、工具、手段和目的之间的关系，对于我国企业展开网络营销具有重要的指导意义。

讨 论

1. 为什么在网络环境下，吸引客户的注意力要比在传统环境下更难？

2. 从你身边所熟悉的实例中，分析成功企业是如何通过网站内容吸引用户，从而达到其营销目的的。

3. 柯达公司为什么要大力扶持下游的其他企业发展？

4. 如果请你为企业建立或重新策划网站，你会怎样结合实际，举一反三，确定网站宣传的主题和内容并抓住客户，同时整合各种营销资源，开展营销服务？

提示：5～8人一组，先分组讨论，再由1人向全班简要阐明本组的观点。

四、大力发展数码技术

2000年后，数码相机和数码照相技术迅猛发展，为了顺应这一技术发展的大潮，从2001年开始，柯达公司大力发展数码照相技术，其网站内容较之以往有了较大的改变，逐渐转变为以宣传数码技术为主。

（一）2000年后的柯达公司网站

2000年前后，柯达公司网站开始改版。柯达公司网站改版后的一个最明显的变化是增加了数码照相技术和内容（如图5—6所示）。

（二）细分市场后推出的各项功能

经过市场细分，柯达公司为了给不同客户提供更专业化的服务，为普通摄影爱好者、专业人士、影视娱乐界人士、医疗界人士、商用印刷界人士等开辟了专门的栏目（如图5—7所示）。下面介绍其中的几个栏目。

1. 大众影像

根据大众摄影爱好的特点，分设数码相机、胶片相机、数码伴侣/附件、

图 5—6　改版后的柯达公司网站主页

图 5—7　柯达（中国）公司细分市场后推出的各项功能页面

数码打印机、影像网络、数码写真馆、照片分享、拍摄小技巧、摄影爱好者专题、数码冲印、手机影像处理/冲印、网上冲印等栏目。

2. 专业影像

根据专业摄影人士的特点，分设柯达数码单反相机、彩色反转片、彩色负片、黑白胶片、柯达相纸、专业冲印药液、热升华打印机、数码印相机、扫描仪、柯达专业数码通、专业客户市场、专业客户园地、增值服务、专家通信等栏目。

3. 娱乐影像

根据影视专业人士的特点，分设 imagecare 计划、影视摄影培训班、摄影新人计划、Ektachrome 64T 彩色反转片 7280 问答、在奥斯卡奖上的辉煌历史、赞助中国金鸡百花电影节、娱乐影像产品技术支持、16 毫米胶片拍摄

MTV 大酬宾、Vision2 系列电影底片、Vision2 250D 5205/7205、Vision2 100T 彩色底片、5212/7212、Vision2 200T 彩色底片 5217/7217、Vision2 Expression 500T 彩色底片 5229/7229、电影底片后期制作、数码及特效、胶片拍摄长度计算器、业界链接等栏目。

4. 医疗影像

根据医疗照相的不同用途和特点，分设医疗成像、医疗解决方案、牙科/骨科/胸部成像、分子成像、医疗学习中心、技术服务与支持、医疗数字成像、医用成像设备等栏目。

5. 商业印刷

根据冲印行业的特点，分设专业冲印和印刷设备、冲印材料、技术发展论坛、技术服务与支持等栏目。

（三）柯达公司的案例给我们的启示

柯达公司网络营销的成功案例给了我们多方面的启示，其中最重要的一点是：如果想通过网络达到营销目的，则营销网站的内容一定要满足顾客需要，能长久地抓住顾客；如果抓不住顾客，则再好的营销创意与网站设计也只能落得“孤芳自赏”和“竹篮打水一场空”。

所以，在网络营销模式中，柯达公司给我们的启示是：

- 传统广告和策划的目的是引起公众的关注，提高网站的知晓率，增加访问量。
- 网站内容必须满足客户需要，目的是持久地抓住顾客。
- 只有抓住了顾客，才能宣传企业的经营理念、强化品牌效应和引导消费趋势。

第 3 节　驱动市场型的网络营销策略

以往总是宣传：客户是上帝，企业营销策略一切都要以满足客户需求为宗旨。为什么目前一些优秀企业（特别是高新技术企业）在营销传播策划（特别是网络营销）中并未一味地迎合或满足客户和市场现有的需求，而是主动出击，大多采用驱动市场型营销策略，并且获得了很好的效果？

那么，这两种不同的营销驱动模式在理论和实践上到底存在哪些区别呢？

一、驱动市场型与市场驱动型的区别

满足需求只是企业营销的手段，目的是谋取利润。营销是帮助企业实现盈利的手段。所以，营销策略制定的目的是促进销售、驱动市场发展，帮助企业

实现盈利目标。这已成为企业营销实践和从业人员的共识。

但是，从理论层面上讲，关于企业的营销策略到底应该是由市场驱动，还是应该着眼于驱动市场发展，一直存在争议。

（一）部分学者的观点

这两种以产品和研发来驱动的市场营销策略同时得到了部分学者的肯定。相关观点归纳如下：

- 早在 20 世纪 60 年代，世界管理学大师彼得·德鲁克就曾提出：公司营销的首要任务不是简单地"满足需求"，而是要努力"创造顾客"。①
- 戴和温斯利（Day and Wensley，1988）指出：如果企业营销策略过分关注顾客或竞争对手，将会导致"一个片面的现实图像"。
- 加尔布雷思认为：生产者可在营销中通过超越传统的市场分析、产品选择等引导消费者，而并非一味地屈服于市场和消费者的压力。②
- 菲利普·科特勒认为：营销是一种有利益下的满足需求。③
- 贾沃斯基等人认为：市场驱动型的营销模式是要努力理解市场的特征并做出反应；驱动市场型的营销模式是要积极改变目标市场的特征。④
- 纳瓦等人认为：市场驱动型的营销模式主要关心的是现有市场，而驱动市场型的营销模式主要关注的是未来或潜在的市场。⑤

（二）顾客导向的局限性

当然，有些学者并不赞同上述观点，他们认为：顾客导向是一切营销活动的源泉。例如，李维特认为：任何一个行业都不应该仅仅是一个生产的过程，而应该是一个使顾客满意的过程。因此，要实行"彻底的顾客导向管理"，以顾客及其需要为出发点。⑥ 这种顾客导向观点代表了 20 世纪市场营销的主流思想，但是这种顾客需求的捕捉在实践中存在一定的不确定性。主要表现有：

（1）消费者的需求一般难以准确把握。消费者常常不能明确地告诉生产者他们到底需要什么（特别是对于高新技术类产品而言），而常规的市场调查会因消费者不经意间提供的不正确信息而使企业很难真正把握市场机会。

（2）生产者与消费者都处于被动状态。生产者被动地跟随市场，消费者被动地接受产品。

---

① 参见［美］彼得·德鲁克：《卓有成效的管理者》，上海，上海译文出版社，1999。

② 参见［美］约翰·肯尼斯·加尔布雷思：《加尔布雷思文集》，上海，上海财经大学出版社，2006。

③ 参见［美］菲利普·科特勒：《营销管理》（第十版），北京，中国人民大学出版社，2001。

④ Kohli，A. K.，and Jaworski，B. J.（1990），"Market orientation the construct，research propositions，and managerial implications，" *Journal of Marketing*，54（2），1 - 18.

⑤ Narver，J. C.，Slater，S. F，and MacLachlan，D. L.，Resposive and Proactive Market Orientation and New Product Success（J）. *The Journal of Product Innovation Management*，2004，21（5）：334 - 347.

⑥ 参见［美］李维特、杜伯纳：《苹果橘子经济学》，台北，大块文化出版股份有限公司，2006。

(3) 简单满足现有的需求，常常会忽视需求是具有弹性的，市场是可以通过培养与引导形成的。

(4) 企业简单地跟随现有的需求，难以创造新的市场空间，也很难抢占先机。

(三) 与传统媒体结合是驱动市场的最佳途径

企业要以自身的产品和研发驱动市场，必须首先让新产品、新功能、新服务或研发的信息在第一时间传递给消费者，并且有效地抓住他们，拉动需求，驱动市场发展。这就是企业制定营销传播策略的目的。

为了更好地达到这一目的，企业必须研究网络环境下消费者购买模式和信息获取模式的变化，分析影响客户购买决定的主要因素。通过营销信息传播模式和渠道的变化，整合多种媒体资源，以最有效的方式将新产品信息（如功能、性能、优势、价格等）传递给最有实际需求的目标客户。由于这些东西都是全新的，需要引导他们知晓，激发公众内心潜在的需求和渴望，因此，营销传播方式对达到企业营销目的尤为重要。

(四) 两者的主要区别

驱动市场型与市场驱动型的网络营销策略定位，在实践中有很大的区别。

(1) 市场驱动型的营销模式以满足客户需求为主，网站内容和宣传的重点多会围绕现实的市场需求展开。这样企业不但很被动、很累，而且在网站内容、研制产品和所制定的营销策略等方面都很容易与其他企业雷同。由于客户并非专家，基本需求都差不多，因此企业没有太多的发挥空间，这是造成产品、功能的同质化和营销宣传的无差异化（雷同）的主要原因。一旦形成这种局面，企业别无他路，要竞争、要生存，只得陷入与竞争对手之间残酷的价格战，最终两败俱伤。

(2) 驱动市场型的营销策略则不同，以企业自身的专业知识和研发能力为主导。在满足市场现实需求的基础之上，主动挖掘客户潜在的需求。这样创建的网站内容和制定的网络营销策略，充分发挥了营销人员的想象力和创意，容易催生创新，创造需求，将市场做大，从而开创多方共赢、共同发展的局面。

用时下流行的说法就是：市场驱动是企业营销中的“红海战略”，而驱动市场是企业营销中的“蓝海战略”。企业的营销观念从市场驱动转向驱动市场是企业发展战略从“红海战略”转向“蓝海战略”的重大转折。

讨 论

1. 营销目的是满足需求，还是驱动市场？请举例说明。

2. 什么类型的企业/产品适合市场驱动型的营销策略？什么类型的企业/产品适合驱

动市场型的营销策略？试设想具体应如何做。

3. 比尔·盖茨说过："未来的竞争不在公司之间，而在模式和观念之间展开。"请结合实际谈谈你的理解。

4. 中小企业能采用驱动市场型的营销模式吗?

提示：5～8 人一组，先分组讨论，再由 1 人向全班简要阐明本组的观点。

点评：

1. 从原则上讲，任何类型的企业/产品都既适合驱动市场型的营销策略，同时又适合市场驱动型的营销策略，关键取决于企业的营销策略定位。

2. 一般来说，功能性较强、技术含量较高、研发和创新较多的产品更适合实施驱动市场型的营销策略；反之，较简单、较实用的产品（如可口可乐、百事可乐等）更适合实施市场驱动型的营销策略。

二、隐性需求和显性需求

根据贾沃斯基等人的观点，之所以产生两种完全不同的营销驱动模式，是因为企业着眼于不同的消费需求。

十多年前，贾沃斯基等人经过研究，提出了驱动市场型营销模式的概念框架，即从市场结构和市场行为两个外部维度对市场导向进行组合分类，给出三种驱动市场结构和两种塑造市场参与者行为的方法。

根据贾沃斯基等人的观点，"市场导向"有两种不同的含义：一是"市场驱动"，即企业被动地接受现有市场的结构、特征、需求而展开的营销行为(李维特更是将此称之为"顾客导向")；二是"驱动市场"，即企业主动地引导市场，改变现有市场的结构、特征、需求，并强调参与者的营销行为。此种模式的要点在于：通过自身努力实现企业战略目标。

这两种不同的营销驱动模式存在的主要原因是顾客需求有两种不同的表现形态，即显性需求和隐性需求。

(一) 显性需求论

显性需求论的观点是：市场驱动的前提假设是顾客需求的现实性和可测性。营销"由顾客引导"（customer-led）（Slater and Narver，1998），"由顾客驱动"（customer driven）（Day，1999）（顾客就是上帝）。要求企业努力地发现、理解和满足顾客现实与显性的需求。

(二) 隐性需求论

隐性需求论的观点是：驱动市场的前提假设是消费者的认知能力是有限的，需要企业去努力发掘。市场竞争的加剧、产品差异化的加大、科技含量的提高，导致顾客需求本身带有一定的模糊性和不可观测性，这会给市场调研工作的准确性带来困难，因此挖掘客户的隐性需求显得特别重要。

（三）市场认知和学习的循序渐进过程

消费认识心理学派认为：人们对商品的需求和看法受环境影响，有一个逐步认知、学习、渐进的过程，并非与生俱来。企业可以通过影响消费者的学习过程去影响消费者的认知、偏好和需求。

从这个意义上看，驱动市场就是要努力发掘和理解顾客的隐性需求，并通过自身的努力去创造市场和拉动需求。

在实践中，企业采取哪种模式取决于企业对所从事的业务，以及市场、顾客、需求类型和自身能力的了解等。

三、创建驱动市场型的营销准则

创建驱动市场型营销策略的思路和过程有别于传统的做法。2004 年，在清华大学召开的首届营销科学论坛上，范晓屏提出了创建驱动市场型营销的五项准则。① 我们在此基础上将其修改扩充为创建驱动市场型的七项营销准则。

（1）建立创新机制，鼓励营销创新。

（2）融入企业特色、文化、核心技术等。

（3）注重对顾客隐性需求的挖掘。

（4）建设企业试探型的营销机制。

（5）超越企业现有的业务和思维空间。

（6）摒弃传统的市场调查方法。

（7）教育未来的市场和消费者。

讨 论

以自己熟悉的某企业为例，按上述准则，群策群力，为其策划一套驱动市场型的网络营销方案。

提示：5～8 人一组，先分组讨论，再由 1 人向全班简要阐明本组的观点。

四、驱动市场型营销准则在中小企业中的应用

驱动市场型的营销策略在中小企业中能否采用？这是许多人关心的问题。在中国的现实社会环境中，中小企业占企业总数的 95%以上。中小企业以不到

① 参见《中国营销科学学术会议论文集》，302～306 页，2004。

45%的资产总量，创造了超过 60%的国内生产总值（GDP），解决了 70%的就业问题，是国民经济发展中一支不可忽视的力量。如果中小企业能使用驱动市场型营销策略，将对整体经济的发展起到巨大的推动作用；反之，其作用和应用将会大大受限。

为了说明驱动市场型模式在中小企业中也能使用，且看以下这则小故事。

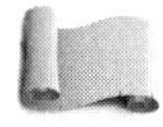 案例 5—1

一位大妈在水果摊前徘徊。一个小商贩问："您想吃点什么？"大妈说："想买点橘子。"商贩拿起一个红彤彤的橘子递到大妈面前："您尝尝，这是刚到的湖南蜜橘，又大又甜。"大妈笑着摆摆手，没尝也没买，就走了。

大妈走到另一个摊位旁，第二个商贩又问道："您想吃点什么？"大妈说："橘子。"商贩追问道："您想要什么样的？"大妈说："要酸的。"商贩挑了一个青涩的橘子递到大妈面前："您尝尝，这是刚到的湖南蜜橘，又新鲜又酸甜。"大妈尝了一口，酸得一激灵，很满意，于是买了几斤。

到了第三个摊位，小商贩又主动搭讪："大妈，好久没见了。哟！怎么买了这么多青橘子啊？"大妈笑着回答："儿媳妇怀孕啦，想吃点酸的。"商贩赶紧接茬说道："酸男辣女，有孙子啦，恭喜啊！""怀孕想吃酸的，是胎儿生长需要维生素C。我这里有猕猴桃，它是公认的维C之王，营养更丰富、更好吃。"大妈一听是"未来的孙子"需要，二话不说，赶紧掏钱，又买了几斤猕猴桃。临走前，商贩还不忘叮嘱一句："如果好吃还要买，您就不用跑了，按塑料袋上的号码打个电话，我给您送去。"大妈拎着两袋水果，心满意足并满怀憧憬地走了。

讨 论

1. 上述案例中，三个小贩各自采用了什么类型的营销策略？
2. 三者的差异（促销结果）为什么会如此之大？

提示： 5～8人一组，先分组讨论，再由1人向全班简要阐明本组的观点。

点评：

1. 了解客户需求的真实目的对营销促销非常重要。
2. 以服务捆绑营销、以知识驱动市场和以理念拉动需求。
3. 通过客户价值实现营销价值。
4. 用电子商务、电话等手段，为日后解决重复购买问题（赚钱和实现销售的主体）做好铺垫。

前两个小商贩采用的是市场驱动型的营销策略，关注的是现实需求，其区别只是一个比较笼统、另一个比较具体（多问了一句），结果，同样的湖南蜜橘，后者的生意做成了。

第三个小商贩采用的是驱动市场型的营销策略，先用客套话黏住客户，然后引导客户关注需求产生的本源和自己的产品，结果拉动了新的需求。

上述例子以一个小得不能再小的企业（个体商户）为例，充分说明了驱动市场型的营销策略能适用于中小企业，能否适用的关键不在于企业规模的大小，而在于企业如何定位、营销策划怎么做。

第 4 节　营销理论及关注重心的转移

随着市场和技术环境的变化，市场营销理论和关注的重心发生了很大的变化。近年来，随着信息技术的飞速发展，企业的市场营销观念发生了巨大的变化。营销作为工具和为目的服务的关系日益明晰。这些都为网络营销的发展奠定了基础。

当代市场营销观念的变化可用表 5—1 来表示。

表 5—1　　当代市场营销观念的变化

时期	20 世纪 80 年代以前	20 世纪八九十年代	1995—2000 年	2000 年以后
观念变化	以产品为中心	以细分和定位为中心	以客户为中心	以驱动市场为中心
营销作用	作为工具 营销组合	作为策略 准确定位	作为服务 客户体验	驱动市场 价值实现
强调的基本要素	● 产品 ● 促销 ● 分销 ● 价格	● 市场细分 ● 差异化 ● 营销定位 ● 竞争 ● 优势	● 感知客户 ● 客户至上 ● 服务为本 ● 产品质量 ● 客户满意 ● 品牌忠诚	● 挖掘客户/需求 ● 客户/企业价值 ● 推拉互动 ● 整合营销传播 ● 理念/知识引导 ● 强调效率/精准营销 ● 驱动市场

一、以产品为中心的营销组合

20 世纪七八十年代以前，市场营销作为企业盈利的工具，基本都是以产品为中心，强调以产品为中心的营销组合的组合模式（即产品、促销、分销、价格），整个企业经营活动的中心都围绕产品和促销展开。在这种以产品为中心的营销组合模式下，网络作为信息传播媒体，在营销各环节上很难有大的作为。

（一）产品

根据市场需求，研发适合顾客所需的产品是市场营销的基础。为达到此目的，企业必须对市场和顾客的需求进行大量的调查与分析，并在此基础上生产出适销对路的产品。在此环节上，网络只能辅助其开展一些市场调查和信息搜集工作。

（二）促销

在企业生产出好的产品后，促销就成了市场营销工作中最重要的一环。为了做好促销，企业必须开展大量的产品宣传和营销策划。在此环节上，网络作为信息传播媒体可以有所作为。

（三）分销

企业有了好的产品并通过营销策划引发了公众购买的兴趣，还必须将产品送到客户最容易接触到的地方，以方便客户购买。这就是分销模式、渠道管理和销售地点的选择。在此环节上，传统的分销模式、渠道管理、销售大卖场、批发市场（或 B2B 交易场所）等仍然是主角，网络只能辅助开展交易撮合和渠道管理工作。

（四）价格

价格对产品的销售非常重要。为不同客户群体的产品制定目标客户能够接受的价格，是企业市场营销的重要内容。只有价格和性能能够博得客户的认可，才能达到营销目的。但是，在此问题上，网络除在采购环节能帮企业降低成本外，对其他并无直接作用。

二、以细分和定位为基础的营销模式

20 世纪 80 年代以后，随着企业的增多和市场竞争的加剧，营销逐渐发展为以企业的营销定位和市场细分为中心。营销作为一种达到企业经营目的的工具，不再笼统地强调产品，而是根据不同的顾客群体、不同的需求并结合企业自身的竞争优势，来研发不同的产品。

网络在特定客户群体的个性化、差异化营销方面有着传统媒体所不可比拟的优势。

（一）市场细分

市场需求是多样化的，一个企业不可能垄断整个行业市场。于是，企业开始从市场细分的角度开展营销。这种市场细分可以根据产品本身的特点（如功能、性能、价格、用途等）来细分，可以根据使用者的特点（如地域、收入、环境、习惯、性别、年龄等）来细分，还可以根据不同的需求行为（如实用/自用、送礼、季节性、炫耀/攀比等）来细分。

（二）营销定位

企业市场细分的目的是营销定位。营销定位的目的是差异化。差异化可避免雷同和价格战等残酷的竞争。

企业应根据自身的企业文化、经营特点、竞争优势和市场细分的结果，准确地进行营销定位。一旦确定目标客户群体和市场，企业应根据顾客和市场的特点，整合各种营销资源，综合制定营销策略（如产品、价格、宣传、渠道、服务、引导等）。

（三）竞争优势

营销定位必须考虑企业自身的特点和竞争优势，只有结合企业自身特点和竞争优势的营销定位，才能占领市场，赢得更大的竞争优势。

例如，前几年在中国的软饮料市场中，各类矿泉水、纯净水、果汁、碳酸饮料（如可乐等）产品充斥市场，市场趋于饱和，竞争激烈。可就在此时，一些企业针对中国消费者喜欢喝茶的习惯，结合各类茶叶和饮料的特点，推出了“冰红茶”、“冰绿茶”等一系列软饮料，同时配合茶叶的保健功能大力宣传，结果大获成功。茶饮料一举成为在中国市场上与可乐、果汁、矿泉水并列的一大软饮料门类。

三、以客户为中心的营销策略

20 世纪 90 年代中后期，由于经济全球化进程的加速和电子商务的飞速发展，客户的视野越来越开阔，产品选择的余地越来越大。于是，企业开始强调以客户为中心，借助网络，将市场营销作为一种服务工具，让客户体验、感知。这时，网络在市场营销传播中开始扮演重要的角色。

（一）电子商务成为一种销售渠道

20 世纪 90 年代中后期，网络作为一种产品销售渠道（或商品零售模式）的电子商务模式开始流行。电子商务以其随时、随地、随意和双向互动的特点，极大地方便了消费者购买，扩大了商品选择范围，满足了当时人们好奇的心理，因而在某些领域（如图书、CD、音像、软件、网络游戏等，特别是在无形产品销售领域）大受欢迎。

（二）网络为企业和顾客之间搭起互通的桥梁

在网络环境下，企业利用营销网站搭建起了一座与市场沟通的桥梁。通过营销网站，企业为客户提供各类知识、信息、技术和售后服务，以服务为本，建立与市场之间的感情联系，博得客户的认同和理解，提高客户的满意度和对品牌的忠诚度。

（三）网络成为感知客户和市场分析的工具

在传统的营销过程中，企业了解市场的主要途径是通过各类问卷调查。但是，在很多情况下，问卷调查难以反映目标客户的真实想法。而利用网络来了解客户的过程是通过互动和流量监控来实现的，因此更加准确。例如，企业利用各种聊天室、俱乐部、博客等来捕捉目标客户关心的内容和兴趣点；利用网络访问流量监控，根据客户在网站不同页面停留的时间分析客户兴趣和公众消费趋势，并以此作为进一步研发新产品的依据。

（四）网络成为客户体验的工具

一些网络游戏、电子游戏、操作软件甚至设备生产厂商，纷纷将自己的产品挂在网上提供给客户进行互动体验；同时，也有一些企业会将自己对未来营销的一些设想挂在网上，鼓励客户按自己的想法构思或设计产品。通过客户亲身体验，在感受产品和营销创意的同时，了解市场的真实想法和大众消费及价值取向。

四、以驱动市场为中心的营销策略

以驱动市场为中心创新，走出新天地，将市场做大，创造更大的价值，实现多方互利共赢，这是当代营销发展的目标。同时，也是市场营销从“价格竞争的红海战略”转向“扩大需求的蓝海战略”的重要一步。

（一）以价值实现为核心的营销创新

传统营销都是以现有市场为基础展开的，我们将这种模式归纳为“市场驱动型”模式。企业发现：这种针对现有市场的营销模式，营销空间饱和，企业竞争惨烈。相反，如果企业的营销不限于在已有、已知的市场空间竞争，而是转向蓝海战略，不局限于已有的产业边界，打破现有的思维观念和市场限制，则会海阔天空，大有作为。

例如，在原本已经竞争非常激烈的咖啡市场，原有竞争对手大都采取低成本策略，大打价格战。而星巴克咖啡采用了完全不同的模式，很快脱颖而出，业务飞速发展。星巴克公司的成功告诉我们：企业营销应以价值实现和创新为中心，而不应以现有市场为中心。

（二）挖掘市场和潜在需求

企业营销要以价值实现和创新为中心，就必须挖掘市场和客户潜在的需求。由于这些需求是潜在的，很难发现，所以企业必须建立一整套制度，从消费者本身的需求和价值链拓展两方面来寻求创新与突破。只有这样，才能挖掘出潜在的需求和市场，在帮助客户实现价值的过程中实现企业价值。

否则，单靠企业家的“灵机一动”、“灵感闪现”，创新的风险很大，也很难持续。原因在于：一是这种做法的创新过程没有什么规律、难以把握；二是这种做法是不是真正有市场前景的创新，事前谁也说不清楚。

（三）推拉互动和整合营销传播

传统营销都是推（push）式的，即企业根据自己的营销策划推出产品、宣传方式等，客户和市场只能被动地选择接受或不接受。这种模式有很大的不确定性，因此必须采用推拉互动的整合营销模式。

拉（pull）式是指客户按照自己的需求主动寻找所需产品的方式。在当代环境下，人们主动寻找信息的方式主要是借助各类搜索引擎上网来查询。这是搜索引擎营销的内容，将在第 10 章具体展开。

互动（interactive）和整合营销是指企业整合各种资源，利用网络提供专业知识和信息服务，展开互动交流，通过持续不断的交流，宣传营销理念，引导市场和消费趋势发展。

本章小结

本章从当代营销关注重心的变化入手，系统地分析了市场驱动和驱动市场两种不同类型的企业营销传播模式。前者是建立在现行、显性需求基础之上的，强调满足需求、成本至上。后者是建立在创新、研发和隐性需求基础之上的，强调观念引导、拉动市场。客户行为模式的变化和市场竞争的加剧是导致驱动市场型的营销模式发展的主要原因。

企业具体采用哪种驱动模式，应由自身的营销战略定位、产品以及对此的理解等来确定。不同的驱动模式会导致不同的营销传播策略定位、不同的实施过程、不同的网站设计和运作方式，产生完全不同的营销效果。

驱动市场型的营销策略也适用于中小企业，关键不在企业规模的大小，而在于企业如何定位，营销策划怎样做。

重点概念和知识点

- 驱动市场型营销策略
- 市场驱动型营销策略
- 隐性需求

- 显性需求
- 营销理论及关注重心的转移
- 宣传定位、心理暗示与客户预期
- 推出式、拉动式和推拉互动式
- 互动营销

练习题

1. 驱动市场型与市场驱动型的营销策略之间的主要区别是什么？

2. 为什么说黏住客户是驱动市场的前提？请举例说明。

3. 如何才能制定一套既能充分展示自我，又能避免给客户以过高心理预期的营销传播策略？

章末案例

如果仅从商业营销的角度来说，鸡精打败味精是一个非常成功的案例。在鸡精出现的时候，商家一方面宣传“味精有害”，另一方面鼓吹鸡精的“天然”。仅仅从名字上，“鸡精”就比“味精”占了优势。所以直到今天，相信“工业合成的味精有各种危害”而“天然的鸡精有营养”的还大有人在。

实际上，味精不是工业合成的。最初的味精是在海带汤中发现的，后来通过粮食发酵来生产。它跟酱油、葡萄酒、米酒等传统食物的生产方式没有本质区别。它的化学结构是谷氨酸钠，而各种蛋白质中一般都含有谷氨酸，被水解释放出来就会形成谷氨酸钠，典型的例子就是酱油、豆豉、奶酪等。而在某些食物中，天然就含有一些游离的谷氨酸钠，这些食物也就具有天然的鲜味，典型代表是海带、土豆、豌豆等。实际上，像海带和奶酪这样的食物中天然含有的味精量比很多时候人们在其他菜里放的还要多。

“味精有害”的说法一直存在，也确实有不少人相信“吃多了味精会有不好的后果”，最离奇的一个说法还在 1968 年登上了一种非常著名的医学杂志。这些传说的危害几乎都被仔细研究过，但是都无法重现。在科学研究中，这就意味着：传说的危害不可靠。另外，学术研究中也有“大量味精对老鼠产生危害”的实验结果，不过那里的“大量”一般都是纯吃味精或者食物中的味精含量高达 10%～20%。这跟我们通常所说的“菜里味精放得太多”不可相提并论。

基于这些科研结论，现在学术界和各国主管部门认为食物中的味精对健康是无害的，即使是在食品安全方面非常保守的欧盟，也把味精列为最安全的一类。

除味精能产生鲜味外，科学家们还发现有一些核苷酸不但自己能产生鲜味，而且和味精一起用的时候还能让鲜味增加很多倍，它们被称为“呈味核苷酸”，最早是从香菇和鱼干中分离出来的。鸡精的关键成分是味精和呈味核苷酸，跟鸡没有什么关系，至于其他成分，则是点缀。早期的鸡精会加入一些鸡肉粉，从而可以心安理得地称为“鸡精”。其实，鸡肉粉对鸡精的味道贡献很小，到后来，加入的比例越来越少，就更是“挂鸡头，卖味精”了。

总的来说，味精和鸡精实际上是同类产品，只是鸡精的味道要丰富一些罢了。如果喜欢味精的味道，用不着担心“有害健康”；如果不喜欢，也用不着勉强自己。它们不会提供任何营养——尽管鸡精的名字暗示着“鸡的精华”。

资料来源：文卫编辑：《味精多吃有害健康？专家：味精和鸡精是同类产品》，载《新京报》，2010-05-04。

思考题

1. 作为消费者，读后会有什么想法？
2. 请结合实际谈谈你的看法。

第 6 章 以服务捆绑营销

Chapter 6

学习要点

知识、信息服务和娱乐是黏住客户、捆绑营销的主要手段

以人为本、满足需要是捆绑营销的前提，满足需求是营销的终极目的

从 4P 到 4C、4R 的营销组合模式改变

营销实践创造市场，拉动需求可能

网络环境下 AIDAS 模型的延伸

中小企业的网络营销策略

第 1 节　强生公司网络营销策略分析

持久地抓住客户是营销传播和捆绑营销的前提。

网络是一种信息传播和沟通的载体，要想通过网络达到营销目的，必须紧紧地抓住客户，而抓住客户的重要手段就是提供各类信息或知识服务。通过服务抓住客户，捆绑营销，将以往被动、守株待兔式的营销过程演变为企业主动出击推销产品的主动营销过程。

本节将以强生公司的案例为背景，系统地介绍企业通过网络服务抓住客户，捆绑营销，将被动推销演变成主动营销、互动营销的过程。

一、强生公司的网络营销

强生公司营销网站是一个在提供网络在线信息服务与营销捆绑方面做得非常突出的网站。早在 20 世纪 90 年代末，强生公司营销网站就利用“婴儿成长日记”与产品营销捆绑的做法，将原本被动、推出式的产品推销过程，演变为主动、互动式的营销过程。这一做法获得了很大的成功，至今仍被人津津乐

道，被许多企业仿效。

（一）案例背景

1. 强生公司简介

1887年，美国强生公司创始人推出了一种无菌、用于伤口或外创伤包扎且单独密封包装的外科敷料成品。由于它便于携带、易于使用，可以大大减少手术或创伤后病人感染和再次得病的机会，因此深受客户和市场的欢迎。以此为契机，强生公司进入了业务和市场快速发展的时期。

到20世纪90年代末，强生公司已经成为世界上规模庞大、产品多元化的生产企业。据《财富》和《商业周刊》1997年公布的结果，强生公司市场价值指标评比名列全球第20位，并位居全美十大最令人羡慕的公司之列。1999年，强生公司全球营业额达275亿美元。强生公司在全球50个国家拥有164家子/分公司，9万多名雇员，产品销往175个国家或地区。其中最为中国消费者熟悉的产品和系列有：婴儿护理系列、儿童护理系列、少女护理系列、妇女卫生保健系列、口腔保健系列、邦迪牌创可贴、西安杨森制药生产的诸多药品、强生便携式血糖仪、泰诺制药生产的诸多药品、强生隐形眼镜系列、医疗用品/设备等。

2. 强生公司在中国的业务发展

作为一家著名的综合性健康护理用品公司，强生公司自20世纪80年代初进入中国市场，先后在华东地区和西安建立了5家独资、合资企业和办事处，总投资额近2亿美元。目前，强生（中国）有限公司已在中国近30个大中型城市设有办事处，向广大用户提供众多的日常护理、保健用品和服务，其中，邦迪牌创可贴几乎成了户户居家必备、人人外出必带的日常用品。

而且，强生（中国）公司还设有健康教育咨询部，为广大消费者提供免费保健指导。

（二）强生公司的网络营销方案选择

1. 强生公司网络营销面临的抉择

20世纪90年代中期，强生公司顺应网络经济发展潮流，准备展开网络营销。但是，对于强生这类企业的营销网站策划要比生产单一产品（如汽车、电脑、牙膏等）的企业难得多，因为按照一般规律，通常在设计单一产品企业网站时，当以纵横捭阖为旨，相对较集中、较容易；而在建立多种产品企业网站时，则以聚敛收缩为要，相对较散、较困难。

面对众多的产品，强生公司网站在创建时有多种可能的选择方案。

方案一：穷举强生公司所有产品，将它建设成全球“医疗保健用品大全或医疗保健用品交流/集散中心”。因为强生公司本身就是一个护理和保健用品王国，只要将其产品全数罗列，就可产生足够大的吸引力。

方案二：学习宝洁公司的做法，建立一系列独立的品牌营销体系和网站，各自展开网络营销。因为强生公司的产品品牌众多、涉及面极广（几乎涵盖人的一生），完全可以建立一个彼此独立的营销网站。这样做要比笼统地建立一个网站更专业、更深入，对特定的客户群体更有吸引力。

方案三：网站不一定要罗列自己的产品，只需坚持“有所为，有所不为”的原则，以“受大众欢迎”为宗旨，找准一个受百姓欢迎的主线和切入点，将主题做深做透，以这条主线来抓住顾客，捆绑营销。

2. 分析抉择

从理论上说，上述三种方案都不错，无论哪种方案都是一个很好的选择。

（1）方案一大而全，对要挑选产品的顾客有很强的吸引力。但是，这最多只能满足客户一时的购买和选择需要（如果暂时没有需要，就不会对此有兴趣），不能引起公众和市场持续的关注与兴趣。对普通大众和企业来说，很难产生持续（长远）的营销效应。

（2）方案二的问题是要建立多个营销网站，企业的营销、宣传、推广投入加大，运作成本会大幅提高，而且如果处理不当，还容易产生营销诉求和思路不连贯、不一致的问题。

（3）在反复权衡利弊后，强生公司放弃了以产品、以自我为中心的方案。选择从方案三入手，以顾客需求为中心，以婴儿成长为主题，通过满足需求，抓住顾客，将所有强生公司产品与人的一生贯穿起来，实现互动和营销。实践证明：强生公司的做法获得了很大的成功。

二、强生公司营销网站特色分析

针对上述分析，强生公司将其网站分为两类：一类是公司网站，主要面对公司内部成员和外界想要了解公司基本概况的人等；另一类是营销网站，主要面对市场和广大消费者。这两类网站由于面对的对象不同，设置的板块和反映的内容也有很大的区别。

（一）强生公司网站简介

强生公司网站主要面对公司内部成员、外界想要了解公司基本概况的人、投资人和应聘者等，相对而言比较简单（所有公司网站的基本内容板块设置都差不多）。由于受到对象的限制，通常公司网站都是以企业自我展示为基础，所设置的板块一般较为“八股”，诸如公司简介、网站内容搜索、站点导航/地图、公司政策和社会承诺、投资或投资关系、相关新闻、产品链接、岗位招聘、企业形象宣传、企业经营业绩等。

强生公司网站（http://www.jnj.com/）也未能跳出这一基本框架，并无太多独到之处（如图 6—1 所示）。

图6—1 强生公司网站首页

（二）以服务为宗旨的营销网站设计准则

企业的营销网站则不同于公司网站。由于面对的是市场和消费者，因此营销网站常常会以主题和创意为主，与公司网站通常没有太多的共同之处（与公司网站从设置到内容都会有很大区别）。

企业营销网站设计一般应以人为本，以服务为宗旨。要多从客户需求的角度来考虑问题，并结合产品特点、企业文化、自身的知识和专业化，只有这样才能吸引越来越挑剔的消费者，实施网络营销。

通常，企业营销网站的设计必须遵循如下几个原则：

（1）网站所展示的内容必须受欢迎，满足需要，能够引起市场关注。

（2）网络技术与企业主营业务、产品特点、企业文化相结合。

（3）要具有特色，不断创新，使他人难以简单模仿。

（4）有助于公众和企业进行持续不断的交流，通过互动和交流增进网站的实用性、服务性、亲和力与品牌感召力。

（三）强生公司营销网站的特色

明确营销网站设计准则后，经反复考虑，强生公司营销网站选择了以当时人们最为关注的健康、保健和婴儿成长为主线，力求将营销网站建成一部记录宝宝成长过程并为大众提供健康、保健咨询服务的电子参考书。所有的营销流程自然就沿着这一主线展开。

网站设计并未刻意强调“公司”、“产品”、“营销”、“销售”等元素，而是着重强调为消费者服务的功能。页面以亲情（如婴儿的盈盈笑脸和其乐融融的年轻父母）化解人们对商业网站和市场营销的敌意（如图 6—2 所示）。

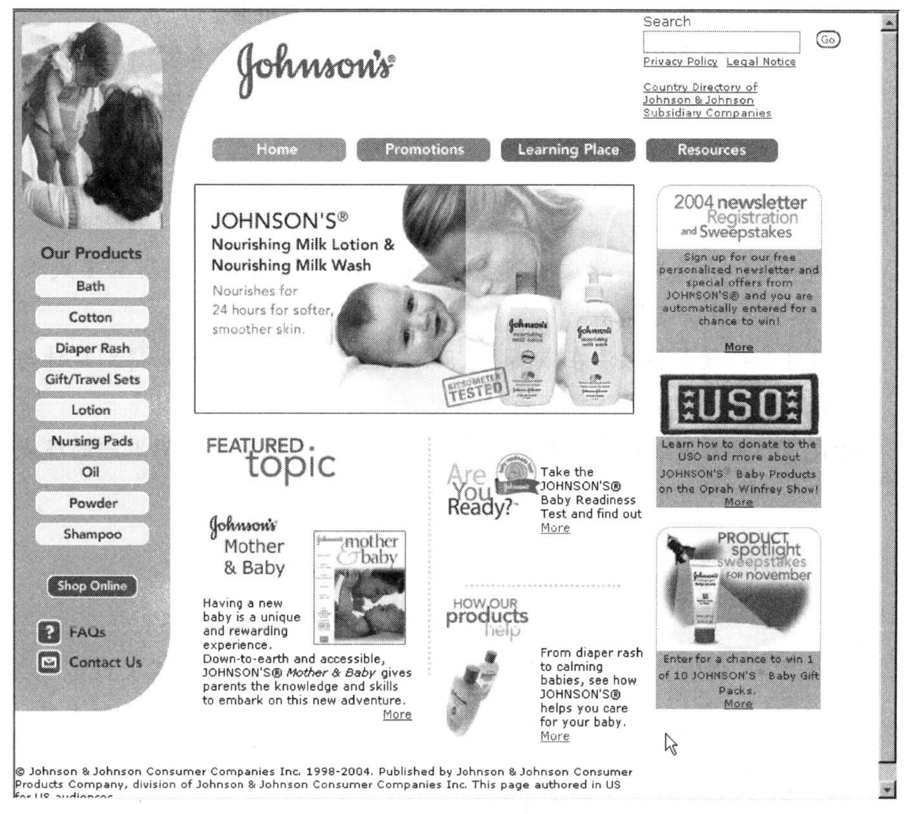

图 6—2　强生公司营销网站页面

网站设有“宝宝的书”、“宝宝与您”、“小儿科研究院”、“强生婴儿用品”、“咨询与帮助中心”、“母亲交流圈”、“网站导航”、“意见反馈”、“育儿答疑解难”等栏目，深受年轻父母的欢迎。

（四）以服务为本的营销网站设计

网站中，“宝宝的书”栏目由电子版的婴儿成长日记和育儿文献组成，为宝宝提供个性化服务。这些功能包括：育儿日记；记事及提醒服务（重要数据与预约项目）；可打印的婴儿保健记录；成长热线（提供与年龄相关的成长信息）；研究文献（输入相应信息或主题词，系统就会自动提供相应内容的育儿文章），等等。

网站上所提供的资料包括：胎儿发育及成长知识，娱乐与情绪控制，旅行与工作，产前准备，婴儿出生，母婴保健……初生婴儿第 1 周、第 2 周、第 3 周……第 2 个月、第 3 个月、第 4 个月……1 岁、2 岁、3 岁、4 岁时的知觉、视觉、触觉、听力、身体、骨骼发育规律，对光线的反应，如何晒太阳，疾病症状，等等。

同时，系统还会给出各项具体操作指导。例如，如何加强营养；如何给婴儿量体温（分解出6个步骤）；如何为孩子洗澡（先论证海绵浴和盆浴的不同原理，然后说明如何调节温度、湿度，再分解出沐浴前准备6步骤和沐浴后处理6步骤……）。考虑之细、之周到，令人折服。

看过此内容的客户（尤其是新生儿父母）都会发出由衷的感叹：这种关怀甚至比溺爱孩子的爷爷、奶奶、外公、外婆还有过之而无不及。

讨 论

1. 如果让你为强生公司做捆绑产品营销策划，你会如何利用宝宝成长日记展开互动和营销？具体的做法是什么？

2. 这种营销模式和做法在市场上/下游哪些方面/领域还可以得到延伸与发展？

3. 在现有的技术条件下，还有什么更好的实现方法？

提示： 5～8人一组，先分组讨论，再由1人向全班简要阐明本组的观点。

三、营销捆绑分析

强生公司通过服务捆绑营销的方式设定“婴儿成长日记”。通过这本电子日记（当时还没有博客这种形式）将强生公司所有产品与人的一生贯穿起来，实现互动和营销。

强生公司在调查中发现，现在的年轻父母工作越来越忙，生活节奏越来越快，越来越重视下一代的培养，同时也越来越没有时间和精力来顾及这些。如果能利用网站形成一本记录宝宝成长的电子日记（以取代传统的纸质日记），不但能长久地抓住客户，而且可以捆绑所有产品的营销。

（一）“婴儿成长日记”的营销捆绑作用

客户只要在强生公司网站注册了宝宝的出生时间、性别、体重、身高等信息，宝宝的“婴儿成长日记”就建立起来了。这本电子日记不但可以像普通相册一样记录宝宝成长的过程，而且可以个性化地为父母提供科学育儿知识、健康咨询、操作辅导、重要信息提示等。

许多客户发现：一旦建立档案，网站就会像一位呵前护后、絮絮叨叨的老保姆，不时提醒年轻的父母应该如何关注宝宝，并告诉父母：这个年龄段的宝宝的睡眠应保持在多少小时；饮食应注意些什么；哭闹表示什么意思；正常体温应为多少度；如何为孩子洗澡；如何注意孩子的保健、护理、健康，等等。同时提供具体的、个性化的操作指导，甚至还可以提供一些重要的记事及程序化的提醒服务。例如，现在保健科技越来越发达，新生儿需要打的预防针越来越多，而且许多都不是一次性的，往往需要在预约的几个月内分几次打完。只要父母在日记中记录了该信息，系统就会自动提醒。

强生公司网站在提供大量深受大众欢迎的服务的同时，当然也绝对不会忘记向客户提供相应的强生护理产品和最佳的问题解决方案。通过“日记”抓住客户，提供服务；通过服务捆绑营销，变以往被动式的产品推销为主动式的营销过程。

对于强生公司的做法，也有人曾经质疑：像强生公司这样一家拥有百年历史和位居《财富》500 强之列的企业，为了营销，将网站建成“您”和“宝宝”的成长园地，变成一部个人化的、记录孩子出生与成长历程的电子手册，是否太离谱了？

但是，指责归指责，任何人（特别是新生儿父母）只要客观地上网浏览一遍就会发现：强生公司的网站的确是个受欢迎和充满育儿文化气息的地方，对新生儿父母有很强的吸引力和黏着力。

（二）日记捆绑领域的拓展

2001 年，为了加强网络营销功能，强生公司收购了以增值服务、育儿知识传播和在线互动见长的宝宝中心（Baby Center）网站。收购后，强生公司将两者进行了营销功能整合，并在此基础上，进一步开发出父母中心（Parent Center）等一系列网站（如图 6—3 所示）。

同时，日记的范围从宝宝成长日记扩展到父母育儿日记和孕妇怀孕日记（如图 6—4 所示）等多种形式，相应的服务内容也有了很大的变化。

讨　论

1. 试对比强生美国公司网站和营销网站（如父母中心网站和宝宝中心网站等），请说明公司网站和营销网站从形式、栏目、板块、内容到设计思想上的不同。

2. 用日记捆绑营销的形式还可以在哪些领域或业务中展开？

提示：5～8 人一组，先分组讨论，再由 1 人向全班简要阐明本组的观点。

（三）个性化服务和主动推销

强生公司提供各类日记的目的是主动出击，展开服务和个性化营销。

为获取客户信息，强生公司需要登录者提供自己与婴儿的基本信息，并说明其与婴儿的关系。所有愿意提供“婴儿皮肤类型”、“是否患尿布疹”、“喂养方式（母乳、人工、混合、固体食品）”者，均可获得皮肤保健、治疗尿布疹和喂养方面的专项信息服务。

同时，对于顾客通过“反馈”栏发来的求助与问询信息，网站的在线服务

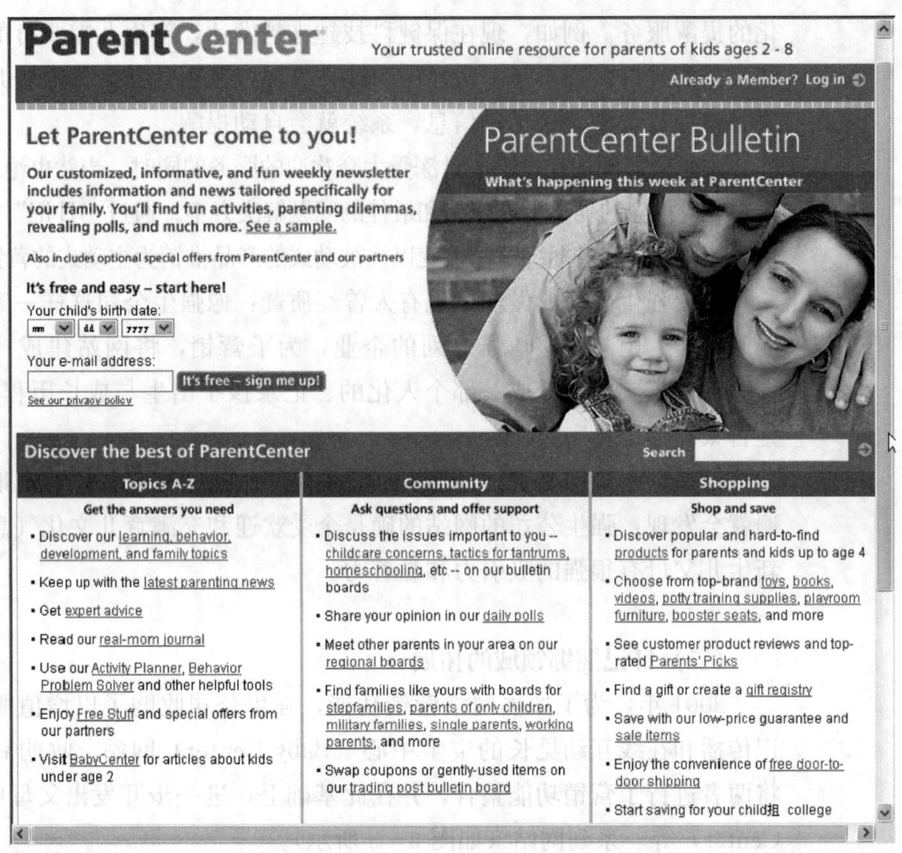

图 6—3 强生公司父母中心网站页面

会给予相应解答，并将信息分类、存入数据库（网站对任何登录的客户数据均有保密承诺，这些信息仅对公司内部公开）。这些数据对于营销来说是一笔巨大的资产，将对企业未来的营销活动产生重要作用。

许多接受过强生公司系统服务的年轻父母都会发现：强生公司网站不但提供个性化的信息和知识服务，而且即使一段时间不上网，网站也会通过电子邮件、短信息、信使服务（Messenger）、个性化网页等方式主动来找自己。

他们还会发现：在奔波劳顿、纷乱繁杂的商业竞争社会中，人们的生活节奏越来越快，越来越关心下一代的健康成长，但又越来越没有时间。人们身边确实需要一个帮手不断指点。

随着孩子的成长，这位“老保姆”在不断提供提醒、关怀、指导的同时，还会有针对性地递来各种解决方案和强生公司产品（如沐浴露、安全棉、纸尿片、围嘴、2 合 1 爽身粉、维生素 E 保湿蜜、洗发水等）。

当源源不断的强生公司产品滚滚而来时，人们有时也会感到厌烦，但静下心来理性地想想，人们会发现：这份建议正是自己和孩子现在需要的。

强生公司正是通过这种个性化的互动服务，抓住了客户，实现了主动出击的推销和网络营销策略。

图 6—4　强生公司宝宝中心的孕妇怀孕日记页面

第 2 节　以人为本、满足需要是捆绑营销的前提

在日常护理和保健领域，人们最关心和最需要的是什么？不是产品，不是品牌，不是信息，更不是企业，而是自身的健康。强生公司正是意识到了这一点，从宝宝健康成长这条主线入手，来吸引客户，捆绑营销。这是强生公司获得成功的“杀手锏”。

一、人本主义的服务思想

在强生公司营销网站的知识服务中，网站所展示的知识、服务内容、表现形式会因人而异。一切内容的编排均围绕“婴儿成长”这一主题展开。例如，育儿日记用文字、照片、图像等记录宝宝成长过程；记事、提醒服务和婴儿保健信息等记录重要数据与预约项目，等等。

同样是日记，用到其他领域，由于人的需求变了，内容会有很大不同。但万变不离其宗，以人为本、准确定位是强生公司能抓住客户的关键。

（一）孕妇怀孕日记

在宝宝中心网站所提供的孕妇怀孕日记中，针对妇女在妊娠期的特点和需求，提供了大量的专业知识和信息服务（如图6—4所示）。此网站的信息服务大致可以分为以下三类。

（1）个性化的健康咨询。只要客户上网定义了自己的怀孕日记（设定孕妇预产时间或宝宝出生日期），今后系统就会根据客户怀孕的时间，提供个性化的专业咨询服务，如：你的宝宝本周的成长状态，孕妇的妊娠反应和感觉，应注意的事项，强生公司的解决方案等。

（2）一般性的知识问答。诸如受孕及胎儿生长过程，正常的妊娠反应和感觉，怀孕知识和常遇到的问题，孕妇的保健、运动和锻炼问题，应注意的事项，强生公司的解决方案等。

（3）其他孕妇和“准父母”关心的问题，甚至还可为将要出生的孩子提供起名咨询。[①]

（二）父母育儿日记

父母中心（Parent Center）网站是针对2～6岁儿童的父母建立的。网站内容多是围绕这一年龄段的儿童特点和家长所关心的问题展开的，例如，幼儿发育、成长的一般规律；如何关注和培养小孩的生活习惯；发掘和启迪孩子的智力和潜能；这一阶段孩子父母应关注的问题，等等。

父母育儿日记为未来强生公司的个性化服务奠定了基础。企业可以通过许可邮件、短信等主动出击，传播各种信息、知识、理念，互动沟通，开展个性化服务。

二、网站担当科学和权威的代言人

对于保健品和护理用品，人们最担心的就是质量和安全。为了打消人们在产品质量和安全方面的顾虑，网站同时还扮演着科学与权威代言人的角色。网站称强生公司的每种产品都是科学研究和试验的结晶，所有产品都有世界权威机构的检验报告为证（在网站上公布各种检验报告）。其目的是使消费者坚信：只需按照强生公司给出的解决方案去做，将是对宝宝成长最有利的。

强生公司深信：通过网站公布质检和认证报告的做法，远比在街头、店面

① 在说英语的国家中，许多名字都源于《圣经》的人物或古希腊、古罗马神话传说中的英雄、先贤或哲人。故系统可以从人物背景、性格、业绩、特点等多方面提供咨询，而这一招对于中国人的起名方式就很难有作为。

设置推销员的方法更加专业、可信、有效，更具权威性。

三、网站成为捕捉和分析市场的工具

捕捉市场热点和分析公众消费趋势是市场营销的重要内容。强生公司发现：年轻的女性一旦生了孩子，她们最愿意谈论的话题就是孩子。但是，现代人居住越来越分散，生活和工作的节奏越来越快，即使越来越想找人聊孩子，也越来越难找到有共同兴趣的人聊天。

于是，强生公司想到了网络。利用营销网站开设一个“全美母亲交流圈”（全美国母亲中心协会）的虚拟社区，为广大分布在全美（乃至世界各地，只要没有语言障碍）的母亲切磋育儿经验、交流育儿心得，营造了一个适时的在线交流平台。此做法深得市场的好评。

（一）从聊天中捕捉市场信息

强生公司不仅仅是为客户简单地提供聊天平台，而且定期派专人了解聊天的内容，并对内容进行归类、整理（如图 6—5 所示）。

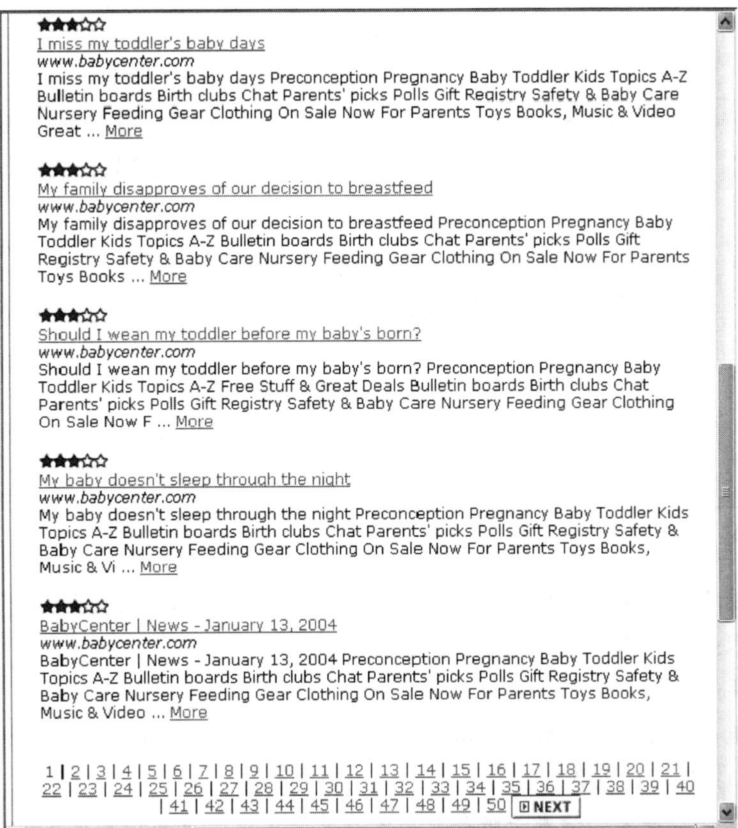

图 6—5　强生公司公众聊天内容分类页面

（二）以公众兴趣支持营销策略

由于这些聊天的参与者都是强生公司产品的目标客户，因此聊天平台有助于企业发现客户兴趣和市场关注的热点，进而调整营销策略。所以，强生公司定期归类、整理这些聊天和交流的内容，在为母亲们提供聊天、切磋、服务的同时，还可以了解客户关注的要点和市场消费趋势，及时地调整产品研发方向、营销宣传策略，加强网站引导的内容建设等。

例如，如果现在母亲们都在谈论某个产品或某项功能，若强生公司没有这类产品，则会立刻要求研发部门开发相应的产品；若强生公司的产品有此功能，但在广告等营销宣传时没有突出它，则会立刻要求营销部门修改其营销传播模式，突出此项功能。

（三）其他用在线交流捕捉市场信息的例子

类似这种用在线聊天与互动交流捕捉市场消费趋势和公众兴趣的例子，在一些优秀企业的网络营销中比比皆是。例如，宝洁公司的潘婷品牌网站用“美丽档案”记录发质（美丽）的改变过程，抓住客户，主动出击，提供解决方案，捆绑营销过程；玉兰油品牌网站则以免费试用产品的名义获取客户信息，形成互动和主动出击营销资源，在提供知识和服务的同时，捆绑营销，引导消费；柯达公司网站通过保存家庭相册、摄影技术论坛和摄影爱好者交流园地等吸引顾客，了解公众兴趣，为产品研发和营销策划提供依据。

（四）其他吸引客户、收集信息的例子

利用在线日志形式为客户提供服务、捆绑营销的做法，在许多长期性服务行业中都可应用。例如，学校网站用校友会形式来黏住校友；游戏网站采用积分和虚拟财产累积的方法抓住网迷/游戏迷；企业网站以企业家俱乐部形式吸引客户；商业企业用优惠券、抽奖、累计积分等抓住客户。

讨 论

类似方法可以运用到你所在的行业/企业吗？具体应如何展开？

提示：5～8人一组，先分组讨论，再由1人向全班简要阐明本组的观点。

点评：

1. 金融、银行、基金、保险企业用此手段抓住投资者，开展进一步的产品宣传，增进沟通，提供增值服务。

2. 保健、美容、健身等服务业用治疗效果记录、重要信息提示等抓住客户。

3. 医疗、保健行业通过记录用户信息、使用状况、变化情况，个性化的提示和进一步的产品或服务推荐等推销产品。

4. 经营、信息、中介服务业以俱乐部形式来聚集人气，展开交流和沟通信息，以及开展业务和技术服务等。

5. 技术、制造业以业务咨询、技术服务、专业及考试辅导、疑难问题解答等形式来聚集人气。

四、互动沟通效果分析

强生公司网站力求按照护理层、知识层、操作层、交流层、情感层、产品层细分市场，全面关心顾客，深入挖掘每户家庭的需求，实时跟踪，互动服务。

在专业知识、研发能力和实体产业链的支持下，强生公司的网络营销一直保持着良好的状况，各网站访问量也相当稳定。以宝宝中心为例，2005 年 5 月的平均访问量在 Alexa 的排名为第 649 位（日均访问量为 1 110 人/百万用户），业绩相当好。

流量分析显示，在宝宝中心的访问量中，各功能模块访问量占整个网站访问量的比例为：在线互动（BBS）占 35%，科学育儿知识占 38%，日记等个性化服务占 14%，在线购物占 13%。①

通过网络媒体，强生公司建立了与公众之间的长期联系，巩固了市场，培养出一代又一代的忠实顾客/消费者，产生了很好的营销效益。

在当今网络时代，谁能够率先将技术与业务融合，从市场和顾客的角度考虑问题、抓住契机，谁就能主一方沉浮，甚至主宰市场。

任何一种新技术产生并引发营销模式变化时，往往都是业界重新洗牌、群雄割据、重新瓜分市场之时。

目前，强生公司已成为婴幼儿护理市场上的第一品牌。从婴儿成长、记事起，这一品牌将伴随其一生。网络营销能做到这一境界，将天下无敌。

第 3 节　强生公司网络营销模式在中国的发展

2000 年以后，强生公司逐步将其网络营销的成功模式引入中国市场。由于中国市场与消费者对下一代关心的重点和方式与美国人有很大不同，因此强生公司没有完全照搬美国模式，而是针对中国市场和中国父母更加注重教育的特点，从不同的主题入手，牢牢地抓住客户，进而开展营销捆绑业务。

① 见 http://www.alexa.com，2005 年 6 月。

一、网站平台的选择

强生公司在中国市场的网络营销业务采用的是与新浪网合作的方式。强生公司没有自行另建网络平台，而是与当时最大的中文门户网站新浪网合作，借用新浪网的品牌和极大的客户资源优势展开网络营销。

这样做的结果是：不但可以省去巨大的网站宣传、推广和营销策划投入，而且可以借用新浪网的品牌优势和庞大的客户群，快速进入中国市场。

点　评

在以往的教学讨论中曾有人质疑：这种做法是否会有损强生这样一个世界著名企业的品牌形象。但事实并非如此。因为这只是进入的途径不同而已。一旦客户进入网站并被其中的内容吸引，记住的还是强生公司。

二、切入主题的变化

针对中国市场特别注重教育的特点，强生（中国）公司网站以婴儿生长各不同时期的教育为主线，吸引中国消费者（如图 6—6 所示）。

图 6—6　强生（中国）公司婴儿教育中心页面

以孕期教育（胎教）为例，网页主推优生、优育方法，胎教计划与胎教方法，音乐、玩具、器具的选择，饮食对婴儿发育的影响等（如图 6—7 所示）。

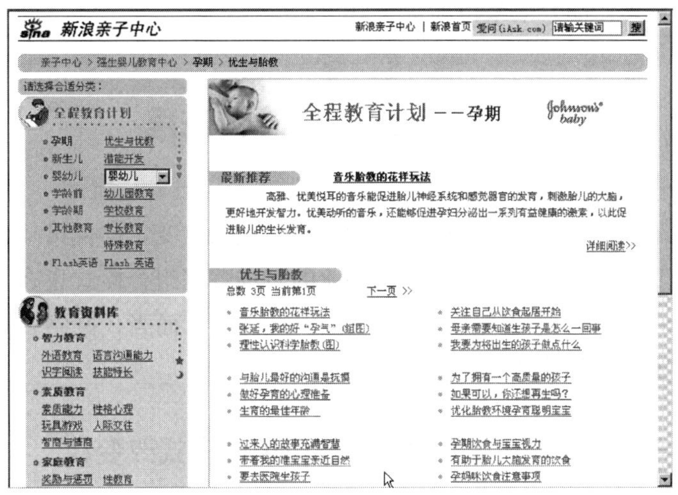

图 6—7　强生（中国）公司网站的全程教育计划页面

三、合作拉动价值链发展

虽然强生公司不生产教育类产品，但这是市场和客户所关注的内容。所以，强生公司不遗余力地提供这类服务，使之成为抓住客户的最佳手段。

在强生公司看来，宣传育儿和教育知识只是为了满足顾客的需求，是抓住顾客的手段，捆绑品牌和营销护理用品才是它进行营销的真正目的。为了满足需求，强生公司可以斥巨资购买知识产权，组织相关内容，介绍下游市场产品，启动整个价值链发展。

同时，强生公司还可以与其他相关企业合作，在为其他企业服务的过程中获得利益，驱动市场，拉动整个价值链发展。

事实上，强生公司的做法/思路在许多企业中都可以举一反三。

例如，用友、金蝶等公司用网站宣传信息技术（IT）和企业资源计划（ERP）知识。如果从受欢迎、满足需要、可持续性和互动等角度来看，效果远不如宣传注册会计师考试知识更能吸引目标客户。试想：如果有一个网站在宣传有利于注册会计师考试的技能和知识，那么不用大规模宣传（人们会奔走相告），很快就能抓住大部分企业的会计师。一旦抓住了会计师，捆绑营销就变得非常容易，只需在宣传应试知识的同时，附带地宣传 ERP 与 IT 产品对经营管理和会计核算的好处即可。如果会计师向老板反映：一定要上 IT 或 ERP，否则这账就没法算，其效果肯定比 IT 工程师反映要好得多。

又如，1999 年马来西亚某大型棕榈油企业拟进入中国市场，当时有想法要建立一个买卖棕榈油的电子商务网站（或企业）。当时，笔者给他们的建议是：建棕榈油网站很难吸引客户（不会有人经常看的），不如针对妇女和家庭主妇建立一个烹调与健康网站，通过宣传烹调与保健知识来抓住客户，间接地宣传产品，效果可能会更好。

第 4 节 网络加速了营销策略的演化进程

由于市场竞争的加剧和技术环境的改变，当代市场营销理论和企业营销实践发生了很大变化。当代企业的市场营销组合模式正在从传统以产品为中心的 4P，向当代以人为中心的 4C、4R 演变，而当代网络技术的发展又极大地加速了这一演化的发展进程。

一、从 4P 到 4C、4R 的营销组合模式改变

强生公司网络营销策略充分体现了当代营销策略关注重心从传统以产品为中心的 4P，到 20 世纪 90 年代后期以人为中心的 4C、4R 的演变过程。

（一）以产品为中心的 4P 组合

传统的市场营销是以产品为中心展开的，早在 20 世纪 50 年代末，杰罗姆·麦卡锡（Jerome McCarthy）就提出了以 4P 为基础的市场营销组合模式。4P 对整个营销理论和企业时间产生了很大影响。4P 是指：

（1）产品（product），即企业营销必须以产品为中心，努力生产出售消费者欢迎、适销对路的产品。

（2）价格（price），即针对市场和客户，为产品制定出消费者愿意接受的适当价格。

（3）渠道（place of distribution），即在适当的地点，通过合适的渠道，销售自己的产品。

（4）促销（promotion），即通过各种营销手段来促销产品。

（二）以人为中心的 4C 组合

1990 年，美国北卡罗来纳大学教授、市场营销专家劳特朋（Lauteborn）针对当代市场和消费者行为的变化提出了以人（顾客、消费者）为中心的 4C 营销组合理论。4C 是指：

（1）顾客（customer），即分析和满足顾客的欲望与需求（customer's wants and needs）是企业市场营销的基础；企业必须从研究顾客入手，根据顾客的需求来提供产品和服务。由此实现“客户价值”（customer value）。

（2）成本（cost），即在满足需求的前提下，消费者愿意付出的购买成本

(cost to satisfy the wants and needs)。

(3) 方便 (convenience)，即方便的购买环境 (convenience to buy)。也就是说，企业在建立销售渠道时，要考虑顾客购买的便利性，这是实现客户价值不可或缺的一部分。企业必须加强销售网络建设，为顾客和市场提供方便、优质的服务。

(4) 沟通 (communication)，即采用顾客乐于接受的方式加强与顾客之间的沟通，激发顾客的购买欲望，寻找顾客更易接受的促销方式。而目前利用网络帮顾客和市场之间展开双向、实时、动态的沟通是一种极好的营销方法。

(三) 以关联为中心的 4R 组合

2000 年前后，由于网络营销的迅速发展，美国学者唐・E・舒茨 (Don. E. Schuhz) 从传播和关联角度提出了以关联、反应速度、关系、回报为基础的 4R 营销组合理论。4R 是指：

(1) 关联 (relativity) (建立与顾客之间的关联)。在竞争性市场中，顾客具有动态性。顾客的忠诚度是变化的，会转移到其他企业。要提高顾客的忠诚度，赢得长期而稳定的市场，就必须通过某些有效的方式在业务、需求等方面与顾客建立关联，形成一种互助、互利的关系。

(2) 反应 (reaction) 速度 (企业对市场的反应速度)。在今天相互影响的市场中，经营者面临的问题是如何控制、制定和实施计划，如何站在顾客的角度及时了解顾客需求，并及时答复和迅速做出反应，满足顾客的需求。

(3) 关系 (relationship) (关系在营销中变得越来越重要)。在企业与客户的关系发生了本质变化的市场环境中，抢占市场的关键已转变为与顾客建立长期而稳固的关系，从交易变成责任，从顾客变成用户，从管理营销组合变成企业和顾客的互动关系。

(4) 回报 (retribution) (营销的目的)。对企业来说，市场营销的真正价值在于它能为企业带来短期或长期收入和盈利能力。

(四) 技术成为加速这一演化进程的引擎

近年来，随着市场竞争日趋激烈和网络技术的发展，信息的传播速度越来越快，企业营销关注的重心开始从产品转向“人”。这个“人”也不再是传统意义上的普通大众，而是有着各自不同需求、不同目的的众多个体。这就要求企业的营销策略个性化、差异化、精准化，能满足不同个体的需求。而这一切如果离开了网络技术的支持，将不可能实现。

强生公司的网络营销策略充分体现了当代营销策略关注重心从传统的以产品为中心的 4P，到以人为中心的 4C、4R 的演变过程，以及技术在这一演化进程中的促进作用。

二、强生公司的案例给我们的启示

强生公司的案例给我们最明确的启示是：企业的营销策略一定要满足客户在某方面的需求；只有满足了需求，才会受欢迎；只有受欢迎，才能抓住客户，捆绑营销策略。

对于上述观点，我们从不同的角度，可以有不同的理解和表达方式，但要表达的本质含义是一致的。强生公司的案例给我们的启示如下：

（1）企业的营销策略总体上要满足需要，具体操作上要引导消费趋势。

（2）在吸引公众和市场关注方面，一定要满足客户的需求；在专业知识和具体产品的使用方面，要主动引导消费趋势和驱动市场发展。

（3）以满足需要为起点，以引导和驱动市场为目的。

（4）笼统地讲，营销一定要满足顾客需求；从策划和制作的角度讲，营销一定要引导和驱动市场发展。

讨 论

1. 在强生公司的案例中，其做法是在满足/迎合市场和客户的需求，还是在引导和驱动市场发展？哪些内容是在满足/迎合市场和客户的需求，哪些内容是在引导和驱动市场发展？

2. 如果请你为公司设计一款公关礼品，如何体现既能满足顾客需要，又能引导市场发展这两个方面？

提示：5～8人一组，先分组讨论，再由1人向全班简要阐明本组的观点。

点评：

1. 在吸引公众和市场关注方面，强生公司充分考虑了客户的现实需求，因而有很强的吸引力。

2. 在护理理念和具体产品的使用方面，强生公司是在主动引导消费趋势和驱动市场发展。

3. 在物品的选择上一定要新颖、有用，在印刷和制作上一定要有利于理念传播与促进销售。

4. 互动是抓住客户、展开持续交流的重要手段。同样的内容，互动营销产生的效果则完全不同。

第5节 以营销实践创造市场，拉动需求

强生公司的网络营销实践告诉我们：企业营销的目的不是简单地满足顾客已有的需求，而是通过自身的营销努力来拉动和创造市场。在营销领域，只要

想到并做到了，一切皆有可能。在许多领域，市场极富弹性和扩展空间，网络营销大有作为。

一、关于如何制定营销策略的讨论

企业的市场营销策略一定要满足需求，这是企业从营销实践中总结出来的一条铁律。但是，关于这里所说的“需求”的内涵颇有争议。它可以是人类生活和工作的基本需求，可以是基本需求的延伸，也可以是受企业营销启示产生出来的一些全新需求。围绕着对需求的不同理解，在实践中产生了许多不同的声音，引发了一些关于营销策略应如何制定的讨论。

（一）营销就是要满足需求

营销就是要满足市场和顾客的需求。

持这种观点者认为：营销一定要考虑和满足市场与客户需求，否则再好的产品和营销策略也不会有人问津，不会产生任何实际效果。

如果企业企图把梳子卖给和尚，那是吃力不讨好，因为和尚都是光头，根本没有需求，满足需求更是无从谈起。这是不折不扣的营销定位错误，根本不具备任何销售的可能性。

持这种观点者都将自己的思维方式局限在“现实需求”的范围内。但是在实践中，企业会发现人们的现实需求是很有限的，如果仅限于此，企业很难有营销创新的余地。

（二）营销传播的目的就是创造需求

也有不同观点认为：营销就是要创造出一些人们原本并不需要的“市场”和“需求”（即潜在的市场和需求），这才是企业营销努力的真谛。而且，如果企业针对的是人们的基本生活必需品或供不应求的商品，从理论上讲就不存在营销问题；如果企业仅限于市场的现实需求，营销也没有太多发挥作用的余地。只有基于创造需求，才有营销发挥的空间。

根据消费理论，随着经济发展和人们生活水平的提高，真正生活基本需求（生活必需品）在总支出中的比例（恩格尔系数）将逐渐减小。因此，附加或营造出来的新市场和新需求，将会成为未来企业营销的主体和竞争的制高点。

二、需求和市场是可以创造的

需求和市场是可以创造的。

众所周知，男士所用的领带就是营销创造出来的典型产物。价格贵且使用不方便的领带是不具备任何必要性和现实需求的，但是，当它被炒作和宣传成男士必备的装饰用品后，就形成了巨大的市场。

领带市场的成功证明了需求和市场是可以通过营销来创造的。

（一）“需求”是一个变化的概念

本书前几章的众多例子都可说明：需求是一个随环境不断变化的概念。在不同的时代，人们的需求来自不同的方面。企业应根据不同的环境，挖掘深层次的市场和需求。例如，在生活困难时期，主要需求是食品、衣物、住所、出行工具等生活必需品。在解决了温饱问题以后，需求主要来自精神生活层面（如娱乐、休闲、教育、学习、享受、健康等）。在一个发达、富裕的社会中，需求主要来源于营销（即由企业营销拉动的需求）。

（二）以营销拉动市场的例子

在我们身边，以营销拉动市场的例子比比皆是。以微电脑行业为例，近几年来，我国笔记本电脑行业的年增长率都保持在两位数，其中相当一部分需求是由企业营销拉动的。[①] 消费者每隔 4～5 年就要更换电脑，究其原因，主要是由营销拉动的。现在的软件和系统容量越来越大，图形越来越多，画面越来越漂亮，但其基本功能并无太大的变化。一个最明显的例子就是：10 年前一台最好的数码相机的像素是 200 万，拍出的相片 200k～400k 字节/张，而现在数码相机的像素基本都在 500 万～600 万（最好的能达到 1 200 万），拍出的相片高达 5 兆～20 兆字节/张。相片存储的容量增加了 20～100 倍，但相片的肉眼直接观看效果并无太大的区别（有特殊要求的除外）。这就导致一台使用了 3～4 年的电脑常常处于“小马拉大车”的状态，容量不够用了，速度跟不上了，需要更大的硬盘、更高速度的处理器（双核、四核）……消费者只能跟着英特尔、微软等企业营销的步调，不断地更换电脑。

（三）一切皆有可能

在营销领域中，“一切皆有可能”，“行动就有可能”。

营销做好了，企业可以挖掘市场潜能，创造出新的需求。“需求”是一个变化的概念，可以通过营销努力来创造、挖掘和拉动。这正是营销宣传的意义所在。甚至有极端说法认为：营销就是要“把梳子卖给和尚”、“把鞋子卖给从不穿鞋的人”。

美国军火商成功地游说新加坡购买 F-15 重型战斗机，就是一个“把梳子卖给和尚”的典型例证，这是美国军火商综合利用政治、外交、贸易压力等营销的结果。

① 参见中国电子信息产业发展研究院（CCID）：《2006 年中国电脑行业研究咨询报告》，见 http://market.ccidnet.com/pub/report/show_11090.html，2007-02-05。

新加坡是位于东南亚马来半岛最南端的一个热带城市岛国，面积仅有682.7平方公里，人口仅400万。据美国《每日航宇》2005年8月23日报道，新加坡将准备购买波音公司的F-15重型战斗机及其携带的武器系统（如AIM-120C中距空空导弹（AMRAAM）、AMRAAM系留式空中训练导弹、MK-82GBU-38联合直接攻击弹、AGM-154A-1联合防区外武器、AIM-9X响尾蛇导弹、夜视护目镜和Link-16系统等）。此次军备购买总金额高达7.41亿美元。[①]

对于新加坡这样一个城市小国来说，有购买F-15重型战斗机的“需求”吗？F-15重型战斗机在新加坡国土上空刚一起飞，尚未达到正常高度，就已“入侵”别国领空，只会导致邻国心惊肉跳，引发诸多的国际担心和外交纷争。

F-15重型战斗机对新加坡不但没有任何必要，反倒是斥巨资买了个“大麻烦”，但这次购买对美国军火商来说确是营销的一大成果。此举如果再能引发邻国之间的相互猜忌、相互攀比、军备竞赛，则更是军火商所期盼的巨大的营销“长尾效应”[②]（the long-tail theory）。

讨 论

1. 试结合F-15重型战斗机的案例和自身实践分析：企业在制定营销策略时，哪些内容应该是由企业来主导和创造需求的，哪些内容是一定要满足（或迎合）市场和客户需求的，并结合企业实际设想具体应如何做。

2. 有观点认为：营销是大众消费品和竞争性行业的事，与设计、医疗、咨询、教育等特殊行业关系不大。你对此怎么看？

3. 有建筑设计单位高管抱怨：其实各大建筑设计单位各有特点，但业主单位根本不知道。所以他们在建设项目设计招标的过程中有很大的盲目性，设计方派出的公关人员工作不好做。问题出在什么地方？

4. 有医疗单位高管抱怨：其实每个医院都有特长，并非大医院、大品牌就是万能的。但患者根本不知道这些，有病就一味地往大医院挤，导致三级甲等医院人满为患，医护人员疲惫不堪，病人得不到应有的服务和治疗；而普通医院的设施、人员和资源却大量闲置。问题在哪里？

提示： 5～8人一组，先分组讨论，再由1人向全班简要阐明本组的观点。

点评：

1. 没有营销、只有销售是造成所谓“公关”、“销售”困难的关键。

2. 一些专治不孕不育、生殖健康的民营小医院为什么业务开展得很快？原因是它们很注重营销，其做法是：(1) 大量投放广告（视频、音频、平面、户外一起上），但很讲

① 参见航空工业科技信息中心：《新加坡考虑购买F-15战斗机及其武器和维护设备》，见http://news.avbuyer.com.cn/Article/2005-8-25/7372_1.shtml，2005-08-25。

② “长尾效应”的概念是由《连线》杂志主编克里斯·安迪生（Chris Anderson）2004年10月在《连线》杂志上撰文提出的，用以形容某事件所引发的持续效应。

究地点，只选择火车站和长途汽车站，不选机场；(2) 网站宣传大肆夸张疗效；(3) 调用多种网络媒体（如邮件群发、搜索引擎）传播。

3. 一些民办高校广告满天飞，人为地夸大宣传效果，虽然师资力量不强，办学效果不好，但是令学生趋之若鹜。这在很大程度上取决于营销宣传策划。

4. 以咨询行业为例。为什么企业一旦涉及境外上市，很容易想到高盛、麦肯锡、美林等公司？为什么上市公司一旦涉及审计业务，很容易想到德勤、普华永道等公司？为什么企业一旦涉及ERP、管理咨询，很容易想到IBM、埃森哲、必博等公司？这都是企业长期营销的结果。

三、网络环境下AIDAS模型的延伸

在传统营销和广告制作中，人们常常会谈及企业的营销传播策划都必须遵从的“知晓产品或品牌→产生兴趣→拥有该产品的渴望→采取购买行动→提高满意度”这一过程，英文缩写是AIDAS（awareness/attention，interest，desire，action，satisfaction），即AIDAS模型。但在网络环境下，AIDAS模型的实现手段会发生很大变化。

（一）提请关注和客户知晓方式的变化

以往企业营销传播要提请市场对品牌或产品的知晓（awareness）或关注（attention），只能通过各类传统广告、宣传策划等来实现；现在还可在原有的基础上增加网络广告、电子邮件、搜索引擎定位广告、电子邮件广告、短信/彩信/彩铃、QQ、即时通信、游戏广告等多种手段和形式。

（二）引发公众兴趣方式的变化

以往企业产品要引发公众兴趣（interest），只能通过赠送礼品、试用、宣传、打折扣、返券、优惠、累积积分等形式实现；现在还可在原有的基础上增加在线客户体验、聊天/论坛/博客、俱乐部/会员制/用户跟踪日记服务、互动沟通、主动营销等多种手段和形式。

（三）激发潜在顾客渴望方式的变化

以往企业要激发公众对产品拥有的渴望（desire），只能通过广告内容和宣传策划，通过精美的广告，使潜在顾客对产品的兴趣转移为拥有产品的渴望；现在还可在原有的基础上增加网站知识传播、在线互动体验、客户参与、应用前景展示、与传统促销手段整合等，进一步强化客户购买的意愿和目的性，达到引导和促进消费的目的。

（四）将渴望转化为实际购买行动方式的变化

以往企业要将公众对产品的渴望转化为实际购买行动（action），所用的手段只能是优惠、抽奖、打折、赠礼、多建立销售渠道和销售网点等；现在还可在原有的基础上增加互动沟通、电子商务、在线渠道和网点管理等（利用网络技术建立渠道管理，是一种使市场销售和渠道体系扁平化的重要手段），以方便客户购买。

（五）增加满意度措施的变化

以往企业要提高公众对产品的满意度（satisfaction），所用的手段只能是通过产品的质量、功能、服务等树立品牌形象和增强顾客满意度；现在还可在原有的基础上增加各类在线服务和互动，树立良好品牌形象和满意度，长久地抓住顾客。

讨 论

1. 在营销中，大企业可通过经营理念传播，引导市场及消费趋势（主导技术标准）。中小企业该怎么办？换言之，若小企业也想炒作一些于已有利的新观念、新概念，该如何宣传？有人信吗？

2. 为什么营销必须强调多方面的整合？试举例说明。

提示：5～8 人一组，先分组讨论，再由 1 人向全班简要阐明本组的观点。

本章小结

本章通过实例分析了客户服务、信息服务对营销传播的重要性。要想通过网络达到营销目的，就必须紧紧地抓住客户，而抓住客户的重要手段就是提供各类信息或知识服务。通过服务抓住客户，捆绑营销，将传统被动式的（守株待兔式的）营销过程变为企业主动出击推销产品的营销过程。所以，企业的营销策略一定要满足客户在某方面的需求；只有满足了需求，才会受欢迎；只有受欢迎，才能抓住客户，捆绑营销策略，拉动需求和市场的发展。

需求是一个弹性、变化的概念，拉动需求靠的是营销策划。如能调动多方面的因素，相互整合和支撑，做好营销，一切皆有可能。

重点概念和知识点

- 营销传播和捆绑营销

- 个性化服务和主动推销
- 以人为本、人本主义的服务
- 合作拉动价值链发展
- 4P组合
- 4C组合
- 4R组合
- 弹性需求
- 营销拉动
- AIDAS模型
- 网络营销需要传统营销的支撑
- 网络整合营销传播

练习题

1. 为什么强生公司在进入中国市场时没有简单复制在国外的成功模式，而是要根据中国国情改变主题？

2. 为什么说满足需求是捆绑营销的前提，客户价值是企业利润实现的基础？

3. 你如何理解需求是一个弹性、变化的概念，营销做好了，一切皆有可能？

章末案例

2006年夏，奇虎公司推出了一款专业查杀恶意软件的产品，将其命名为“360安全卫士”，称可查杀各类恶意软件和流行木马病毒。产品虽自称专门查杀恶意软件，却采用了一种备受争议的方式（即完全免费、插件捆绑和病毒式插入）进入市场。

360安全卫士一开始就打着“免费”的旗号，通过病毒式营销传播方法和电视广告（在中央电视台第2套经济半小时节目中投放）让“360安全卫士永久免费”这一口号深入人心，并迅速占领市场。到目前为止，短短数年，奇虎公司旗下的产品已经包括360安全卫士、360杀毒、360网盾、360隐私保护器、360手机卫士、360安全浏览器、360保险箱、360系统急救箱等，很快击败了瑞星、金山等几个主要竞争对手，成为国内恶意软件查杀效果最好、功能最强大、用户数量最多的安全辅助类软件。

思考题

请查阅有关360安全卫士和奇虎公司老板周鸿祎的发展史，并讨论如下问题：

1.360安全卫士产品真的会“永久免费”下去吗？企业靠什么盈利、维持生存和发展？

2.奇虎公司靠什么赢得消费者的认同？是品牌、产品，还是服务？

3.你是如何理解“只要满足了需求，就能黏住客户；只要黏住了客户，就能发现商机、捆绑营销”的？

第7章 Chapter 7 增值服务

学习要点

增值服务的基本概念
增值服务的途径和模式
增值服务营销
个性化、差异化、创新是增值服务的前提
网络增值服务模式

第1节 增值服务的基本概念

企业都想多盈利，将业务做大。企业卖产品时都想提高价格，谁都不想打价格战。问题是：在激烈竞争的市场环境中，如何实现？

古人云："君子爱财，取之有道"，这是中国人自古就树立起的聚敛财富（赚钱）准则。

在网络环境下，这个"取财之道"就是指增值服务和营销创新（差异化）。充分利用网络环境开展营销创新和新型增值服务，是当代企业盈利和发展的两条重要途径。

企业希望能为市场提供更多的服务或产品，通过服务实现自身经济效益最大化。这是企业存在和市场营销的根本目的。

但是，由于当代市场竞争十分激烈，企业要想通过传统营销方法达到目的，其难度加大，于是开始利用网络手段开展各类增值服务（value add service）和营销创新，并取得了很好的效果。

（一）增值服务的概念

深挖业务内容，提供增值服务，是当代企业经营战略的发展方向之一。

企业盈利常用的方法有两类：一是扩大产量/销量，薄利多销，实行规模经济，以较大的销售额和较高的市场占有率来谋取高额利润；二是从技术上和内容上深挖潜力，在原有产品和服务的基础上为市场提供个性化、具有较高附加价值的服务，从而谋取高额利润。

在传统的商业环境中，产品和服务要同时承担起提高市场占有率与创造高利润的双重责任。在当代这种供大于求且产品和服务竞争十分激烈的情况下，两者很难同时兼顾。

因此，增值服务模式应运而生。

1. 增值服务的定义

在生产、加工和服务领域，增值服务的概念由来已久。其目的是：企业在提供同样的产品和服务的前提下，通过附加劳动和服务，使产品得到升值，企业得到更丰厚的利润，顾客得到更多的满意。

增值服务最典型的应用是在艺术品或首饰加工行业。例如，如果一块璞玉作为产品直接出售，它的价值仅取决于其稀有程度和开采成本；如果将其简单加工成镇纸、砚台、笔架等出售，价值可能会有所提高；但如果将它精雕细琢并使之成器（成为一件艺术精品），特别是由某著名雕刻大师亲自操刀，并且这位大师将不久于人世，则这件产品将变得价值连城。这就是增值服务，增值服务的产品价值可能会达到原产品价值的上百乃至上千倍。

通过上述例子，我们不难理解增值服务的定义。增值服务是指企业通过附加劳动或服务使产品增值，使同样的产品或服务产生更高的附加价值。

传统环境下的增值服务是靠在产品上附加的劳动和服务来实现的，网络环境下的增值服务是靠所提供的新信息和知识服务来实现的。两者呈现的形式和领域可能会有所不同，但增值服务的目的是一致的。

在产品和服务中添加高技术、工艺、知识和服务，使之产生附加价值，是企业追求的目标，也是市场和客户在新环境下的要求。

2. 增值服务的途径和模式

企业提供增值服务的途径会因地制宜、多种多样，但目的只有一个，那就是实现企业经营效益的最大化。常见的增值服务模式如下：

- 通过附加劳动（服务）使产品增值。例如，某实用产品通过增加它的艺术或审美效果来提高它的档次（甚至使其具有某种意义上的收藏价值），以达到企业增值服务的目的。
- 通过营销宣传和炒作使产品独特的价值被市场认可（例如，宣传一些文物、艺术品、工艺品等的唯一性、不可复制性和收藏的增值性等），诱发公众的购买欲望并使之增值。
- 通过产品或服务平台延伸更多的产品、需求和服务（如网络和电信业的增值服务、医疗保健行业的增值服务等），使原有的业务得以拓展和增值。
- 通过启动市场和培育价值链，作为市场运作和价值链中的环节受益（增值）。例如，世界芯片生产巨头英特尔公司，在 20 世纪 80 年代斥巨资大力扶持价值链下游的计算机制造企业，甚至对价值链下游企业的广告和营销进行扶持。如果下游计算机生产企业的广告中出现有“Intel inside”（内置英特尔处理器）的字样，则英特尔公司会补助一部分广告费用。

● 通过各类创新、差异化寻求增值服务。例如，让顾客既渴望该产品或服务，又没有同样可比较的产品或服务，增值服务就很容易开展。

3. 增值服务离不开营销策划

企业的增值服务离不开营销策划。这里所说的营销策划主要包括两个方面：

● 前期的市场分析和产品定位；

● 后期的市场宣传和理念引导。

仍以上述艺术品加工为例。前期的市场分析和产品定位包括对市场需求心理的揣摩，例如：需要什么样的宝石；请什么样的工艺师来加工；加工成什么图案；如何定价；以什么形式、什么渠道出售，等等。

后期的市场宣传和理念引导包括如何将这些增值服务的知识、信息、理念、重要性、意义等宣传出去；如何让有需求的目标客户看见并了解它；如何引发公众购买的兴趣和拥有的欲望；如何体现增值服务的价值实现过程，等等。

（二）网络增值服务

网络是一种信息传播载体，网络与传统信息传播载体最主要的区别就是：网络具有双向，适时，互动和没有时间、空间、地域限制等特性。因此，企业在网络环境下提供的增值服务主要体现在信息服务及其相关领域。

1. 直接型信息增值服务

网络环境下的直接型信息增值服务包括：

● 专业知识和信息咨询。

● 售前/售中/售后和技术服务。

● 互动沟通和信息知晓。

● 信息查询和数字娱乐。

案例 7—1

大规模投入宣传炒作互联网，赚取电话费

1995—1999 年是我国互联网宣传、普及的高峰期。作为我国网络主要运营商的中国电信集团，对此更是不遗余力地加大投入，并积极参与互联网的宣传和炒作，积极宣传和倡导“企业上网工程”、“网络化社区”、“电子商务”等。

表面上，这些投入对启动市场，对ISP、消费者和整个社会都有益处，但中国电信集团并不能直接从中受益。而在市场启动以后，中国电信集团是最大的受益者。根据中国互联网信息中心（CNNIC）的统计：1999 年我国网民人数为 890 万人，平均每人每周上网 10 个小时。按当时中国电信的资费标准计算，仅拨号上网所产生的电话费，当年就高达 300 亿元。这在当时来看是一个非常惊人的数字，而且这个数字已经远远高于当年我国所有企业对互联网产业投入的总和。这就是启动市场后增值服务所产生的巨额经济效益。

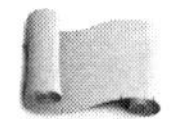 案例 7—2

提供免费培训，开发增值服务市场

2000 年 4 月，IBM 公司声称：为了配合中国企业信息化发展和培养信息化人才，要大力开展培训服务。公司计划在未来 3 年内为中国培养软件人才 10 万人，形成软件人才供应市场的良性循环，使 1 000 家软件合作伙伴和 100 万名软件从业人员受益。

为此，IBM 公司将提供教学课件、技术资料、开发工具软件、项目管理和开发技术等。同时，还为开发人员（developer workers）专门开设网站和“天才孵化”（Extreme Blue）计划，推动中国企业信息化事业的发展。

讨 论

1. 案例 7—2 中企业这样做的目的何在？

2. 这样大规模的培训投资如何产生回报？

提示： 5～8 人一组，先分组讨论，再由 1 人向全班简要阐明本组的观点。

点评：

IBM 公司此举的目的非常明确，就是将培训作为直接服务方式，“免费”抢占市场。一旦中国软件开发人员熟悉了 IBM 公司的软件开发模式、开发工具、软件产品和项目管理方法，今后在选择产品、合作伙伴、供应商时，一定会优先考虑 IBM 公司及其产品。

所以，它们的“免费”培训实际上是一种产品推介和营销手段。而且，与传统的营销方式相比，此举对中国软件人员有好处，因而比较容易被接受，最终投入的回报会在长远的经营业绩中体现。

2. 延伸型信息增值服务

网络环境下的延伸型信息增值服务包括：

- 按价值链向产品或服务的上下游市场延伸。
- 沿着人们的需求和相关联程度横向或交叉延伸。
- 研发新的产品或服务。

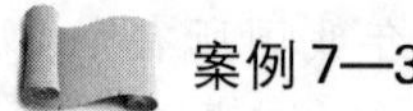 案例 7—3

赠手机，开发深层电信增值服务

1999 年 3 月 1 日，香港开放电信竞争市场。为了鼓励竞争，香港政府决定允许顾客携号转换运营商，此举在市场上引起了强烈反响。以往顾客对运营商的服务不满意，但往往不愿意改换其他运营商，其根本原因是：如果改换了运营商，手机号码就会改变，原有的客户会失去联系，业务也会随之流失。

为了抓住这一机会，抢占更多的业务和市场，几大电信运营商都想到了赠送手机这一招。于是，1999 年 3 月 1 日这一天，在香港的大小街道，电信运营商一字排开，大张旗鼓地宣传，并赠送手机。路人只要拥有香港身份证和港币信用卡，都可以填写一张表格，将手机拿回家。而且，为了打消公众的顾虑，各商家都宣布手机通话费并不会因此而上涨。

讨　论

上述案例中，电信企业大规模地赠送手机，通话费又维持不变，靠什么收回成本和赚钱？

提示：5～8 人一组，先分组讨论，再由 1 人向全班简要阐明本组的观点。

点评：

为了解企业此举的真实想法，笔者走访了几家香港的企业。香港的电信运营商算过这样一笔账：一部手机当时的价格是 400～500 港币，一般可用 3～4 年。而一个手机用户平均每年的通话费至少在 2 000～3 000 港币。增加新用户对运营商在移动通信机站建设和系统投入等方面的固定成本几乎不会有额外的增加。

赠送手机以后，拥有手机的人多了，人们之间相互联系更方便了，电话打得更多了，通信量会猛增。同时，运营商还大力开发股市、楼市、有奖竞猜、信息查询、在线委托证券交易、在线赌马下注、社会福利募捐等各项增值服务。这些增值服务业务的开展，一方面方便了客户，增加了客户对手机的依赖和使用频率，导致通话时间和流量费的激增；另一方面，公司可从股市、楼市、马市、有奖竞猜、社会福利募捐等各项活动的收益中分成。

这种增值服务模式的成功运作，导致了 1999 年以后香港电信业的迅猛发展。

3. 客户关系管理增值服务

网络环境下的客户关系管理增值服务包括：

- 客户信息管理和信息咨询服务。
- 在线互动沟通和即时通信服务。
- 客户数据挖掘和市场价值发现。

 案例 7—4

报纸变相免费赠送，钱从何处赚回

1998 年，香港媒体报道：某著名的华文大报为了追求发行量，一方面让工人加班加点工作，拼命扩大报纸印刷数量；另一方面，又将其中的相当一部分报纸免费赠送或秘密销毁。这是一种商业欺诈行为。消息揭露以后，引起了轩然大波，企业老板为此被起诉。

类似现象在中国内地和国外比比皆是。

讨　论

上述案例中，企业拼命印报，又秘密销毁或大量免费赠送报纸，其目的何在？钱从什么地方赚回？

提示：5～8 人一组，先分组讨论，再由 1 人向全班简要阐明本组的观点。

点评：

除个别娱乐类和流行类报纸外，大部分报纸的主要经济收入并非来自产品的受众（即卖报纸给普通消费者所得的收入），而是来自商业信息的发布者（即广告收入）。于是，报纸发行量的大小就成了广告版面定价的重要依据。这就是造成上述现象发生的重要原因。

报纸通过赠阅等方式将直接服务利润转让出去，从而抢占市场和捞取增值服务的资本，靠广告版面费来赚取利润。

第 2 节　现代信息服务模式及其在营销中的应用

利用网络随时、随地、随意、双向、个性化等特点，开展在线信息增值服务，是网络营销的特点之一。本节将通过联邦快递公司成功的业务模式，来理解现代企业的网络增值服务和运作模式。

一、联邦快递公司的增值服务模式

世界知名的物流快递企业——联邦快递（FedEx）公司是其母公司联邦快递集团（FedEx Corp.）的下属公司。相对于联合包裹速递（UPS）公司、中外运敦豪国际快递（DHL）公司和全球快递（TNT）公司等，FedEx 公司可以说是物流快递行业中的后起之秀。FedEx 公司在 20 世纪 90 年代以来发展速度极快，服务遍及世界各地，目前已经成为物流速递行业的龙头企业之一。

(一) 企业背景简介

FedEx公司成立于1971年，1973年4月17日开始速递业务运作。公司总部设在美国田纳西州的孟菲斯市。公司成立后，业务发展很快。在FedEx公司发展的历史上，有两次重大的跨越。

- 一次是在1989年，FedEx公司收购了一家名为“飞虎航空”的航空货运公司，组建了自己的飞机货运机队。此举使公司业务不再受限于其他运输企业和合作伙伴，业务覆盖范围和运输能力都得以大幅拓展，公司进入快速发展阶段。

- 另一次是在1996年，当互联网开始迅速普及和发展时，FedEx公司敏锐地抓住了这一难得的发展机遇，将信息流、货运物流、业务流程和客户需求通过网络牢牢地连在了一起，通过互联网为千百万用户和企业之间搭建起了一座空中桥梁，使公司业务又上了一个新台阶。

截止到2001年底，该公司在中国的香港、加拿大的多伦多、比利时的布鲁塞尔、美国的迈阿密分别设立了亚洲、加拿大、欧洲和拉丁美洲四大分部，实行门到门的服务，业务遍及全世界。

2002年以后，FedEx公司在中国的服务网络已经延伸到213个城市，并且计划在未来的5年中继续扩大服务网络。通过与其合作伙伴的协作，FedEx公司向广大顾客提供快捷可靠的取件送件服务和快速清关服务，通过其自有的物流系统将中国与全球各国紧密联系在一起。凭借每周11个航班，通过北京、上海、深圳三个口岸进出中国的专属密集机队及强大的“亚洲一日达”服务网络，FedEx公司为中国众多企业提供与亚洲各主要城市以及世界各主要城市之间的快递服务。①

(二) 机构和运能状况

截止到2001年底，FedEx公司员工总人数已达144 000人，拥有全球航空业中第二大飞机编队，机队运能每天高达2 650万磅。机队共有飞机640架，其中空中客车A300型运输机37架（7架正在订购中），空中客车A310型运输机46架（7架正在订购中），麦道MD-11型运输机34架（27架正在订购中），麦道DC10-10型运输机51架（6架正在订购中），麦道DC-30型运输机24架，波音727-100型运输机52架，波音727-200型运输机95架，西斯纳208型运输机258架，福克F27型运输机32架，Shorts SD3-60型运输机11架。

公司还拥有庞大的运输车队，各类FedEx公司专用速递车的总数高达45 000辆。车队运能每天超过6 000万磅。

公司的业务范围遍及全球211个国家或地区、数千个城市。有关FedEx

① 本案例数据大多来自联邦快递公司网站和年度报告，下同。

（中国）公司的基本情况，请参见公司网站（http：//www.fedex.com/cn/）（如图 7—1 所示）以及其他相关文献。

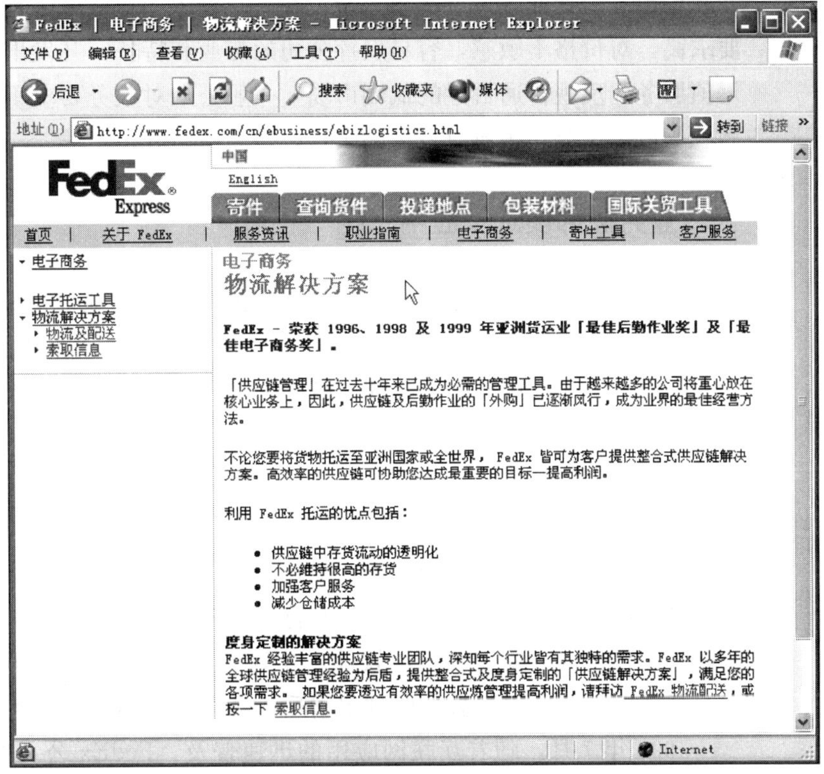

图 7—1　联邦快递（中国）公司网站页面

（三）业务状况

据有关资料统计：FedEx 公司平均每个工作日有 330 万个包裹需要门对门地发送或处理，而且在这 300 多万个包裹中 90%以上是限时发送的邮件。邮件发送的范围包括全球 211 个国家或地区（其中大部分在经济发达地区），涉及数千个城市，45 800 多个投递点，业务量和业务范围巨大。那么，它是如何得到，又是如何完成这么大的业务量的呢？FedEx 公司靠的是通过互联网将信息流和物流有机结合。

从承接任务到执行快递，FedEx 公司靠互联网获取任务（下达或提交任务），靠与信息系统的结合执行配送业务。一旦有了速递业务（包括取件和送件），立刻通过其庞大的信息系统和手持移动终端设备，通知距离最近的工作人员来执行。据统计，有多达 2/3 的业务都是通过网络在线委托方式完成的（其他由客服电话完成）。

在物流和实体配送业务中，FedEx 公司靠的是以灵活分拣和批量配送方式，实现规模经济运营；靠移动终端设备与信息网络的结合，随时掌握所有人员和设备资源的状况，实现最佳组合和优化配送。

(四) 战略定位

FedEx 公司业务发展的重点定位在高端商务用户，原因是这类客户对服务要求高，对价格不敏感，容易发挥公司的专业和特长，开发出具有高附加值的增值服务。反观普通百姓的低端市场，一般公众对服务要求不高，对价格极为敏感，FedEx 公司很难有发挥的余地，费力不讨好。

二、业务捆绑模式及应用举例

为了配合上述业务获取模式，使客户能够很方便地提交速递业务，FedEx 公司采用网络服务和软件捆绑的方法，这是一种类似“业务捆绑”（binding）的营销模式。实践证明，业务捆绑既能为用户提供方便，又能牢牢抓住业务方式，十分有效。

(一) 运作模式

为方便客户在网上提交业务，早在 1995 年以前 FedEx 公司就开发了一个名叫“FedEx Ship”的软件工具，并将这一软件免费在高端商务用户群中大范围赠送。任何人只要安装了该软件，今后一旦有速递要求，可以随时打开它，提交任务申请。FedEx 公司收到申请后，会立刻启动物流和速递程序。

1996 年 7 月，随着互联网应用的迅速普及，FedEx 公司在原 FedEx Ship 软件的基础上，进一步开发了 FedEx Internetship 软件，并将这一软件放在公司对外的网站上，任何人都可以登录该网站免费下载。用户一旦下载并安装该软件，就会在电脑屏幕桌面上形成一个小小的图标。今后如有速递业务，只需用鼠标点击该图标，便会弹出任务单。用户填入具体要求后，通过互联网传送到 FedEx 公司，开始执行速递操作。

(二) 动态监控和货品跟踪

如果用户下达任务单后，还希望了解该邮件的速递状况，则可再用鼠标点击该图标，给出任务号，这时系统立刻会告知该业务当前的执行状况。例如：几点几分，已按要求取到物件；几点几分，已到某地分拣中心；几点几分，对方已经签收，等等。

FedEx 公司通过其庞大的信息处理系统（如 FedEx Ship Manager at fedex. com、FedEx Power Ship、FedEx Shipping Assistant 等），每天与全球近千万客户随时保持实时联系。

由于有了这一系列方便快捷的服务，虽然 FedEx 公司的价格相对并不便宜，但是只要接受过 FedEx 公司服务的用户，都会将以后的速递业务交给 FedEx公司，很少有客户因价格问题而改换其他运营服务商。

（三）增值服务应用举例

为了说明 FedEx 公司随时可以跟踪邮件的递送状况，下面用笔者所经历的一次邮件速递过程来举例说明。

2001 年 6 月初，笔者应邀赴美国某大学进行学术交流。美方将邀请函和 IAP-66等表格文件通过 FedEx 公司递送给笔者。在任务下达后，FedEx 公司美国总部的信息系统自动给芝加哥德保罗大学（任务提交方）和笔者（邮件接收方）各发了一封电子邮件（如图 7—2 所示）。如果想随时了解文件递送状况，只需用鼠标点击带有文件任务号（tracking number）的超链接即可。

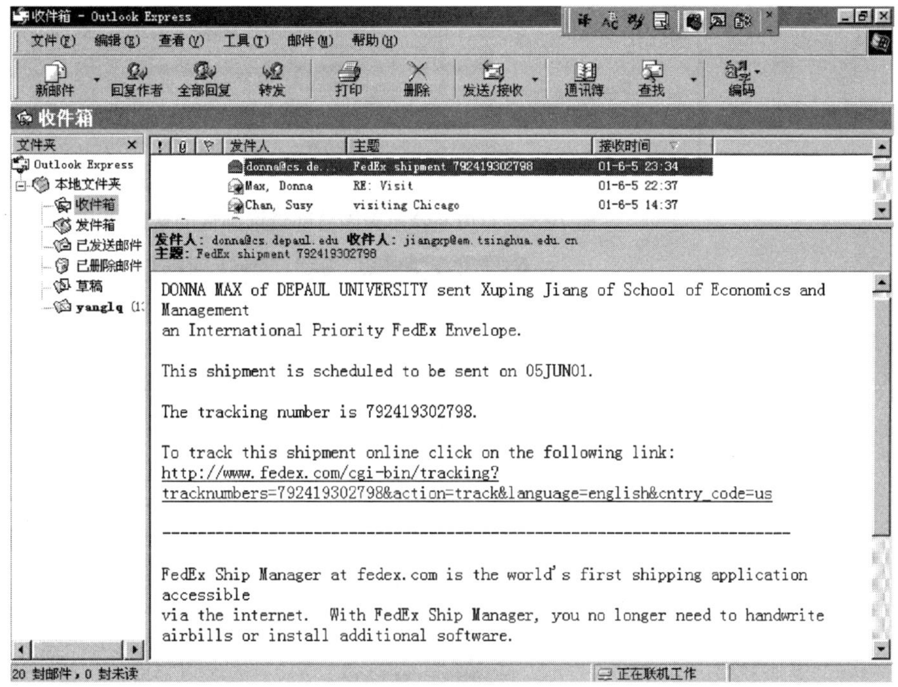

图 7—2　FedEx 公司美国总部通知邮件接收方的电子邮件形式

在任务下达后的第二天，笔者点击电子邮件中的美国网址，系统立刻显示出该邮件的递送状况（如图 7—3 所示）。

在图 7—3 中的下方，系统给出该邮件到达的每个分拣中心、配送中心的具体时间和当前的运送状况。

（四）增值服务的价格体现

从此以后，笔者凡有重要的物品或急件，都会交给 FedEx 公司来执行（如图 7—4、图 7—5 所示）。FedEx 公司给人的感觉是既快速又安全，服务十分周到，令人满意、放心。但满意归满意，到结账时，近 200 元人民币/次的服务费确实令人咋舌。

这就是 FedEx 公司的网络增值服务模式。

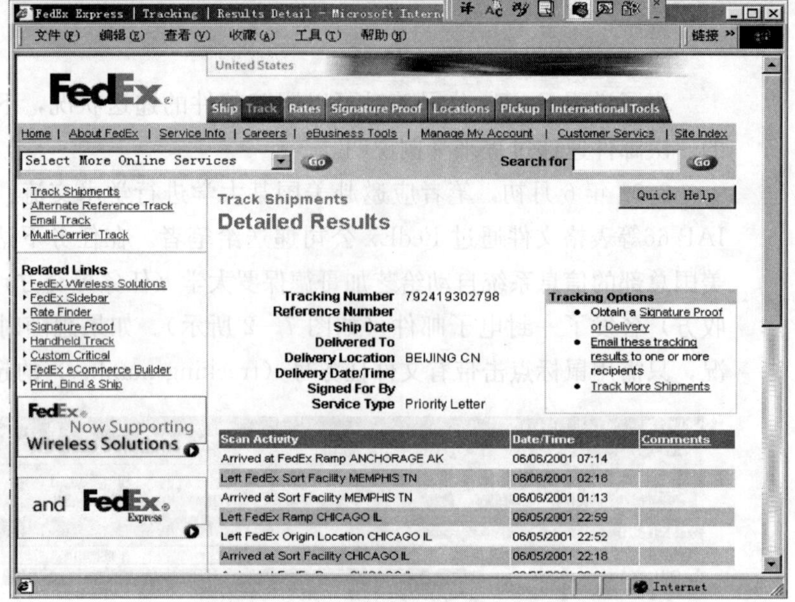

图 7—3 FedEx 公司美国总部查询邮件的递送状况页面

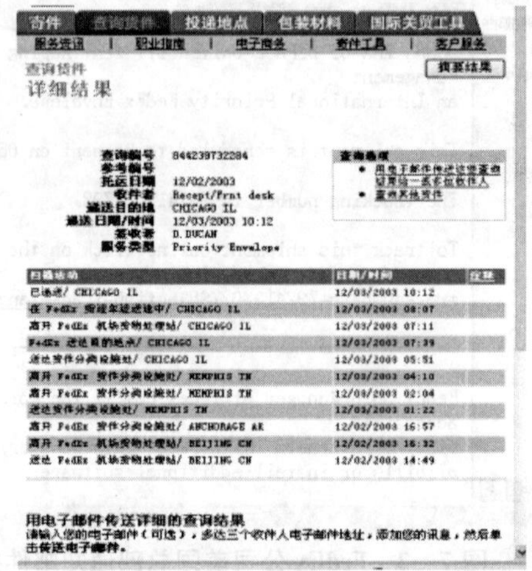

图 7—4 FedEx（中国）公司寄往美国快件的跟踪过程页面

讨 论

1. 在上述案例中，你认为导致 FedEx 公司成功的关键因素有哪些？换言之，FedEx 公司有什么独特而又富有成效的做法，导致它能在同行业中脱颖而出？

2. FedEx 公司的服务不打价格战的基础是什么？换言之，FedEx 公司的价格并不便宜，但为什么客户仍偏爱接受其服务，很少因价格高而改换服务商？

3. 我们的企业可开发类似哪些具有前景的在线增值服务，提高产品/服务的附加价值？

提示：5～8 人一组，先分组讨论，再由 1 人向全班简要阐明本组的观点。

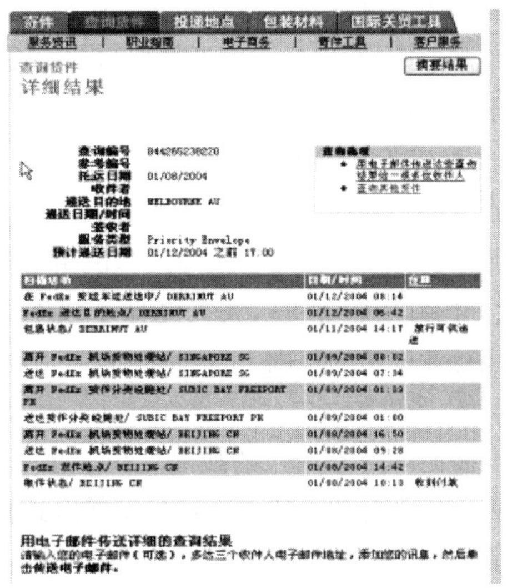

图 7—5　FedEx（美国）公司寄往澳大利亚快件的跟踪过程页面

三、关键成功因素分析

关键成功因素（critical success factors，CSF）分析方法是美国麻省理工学院的约翰·F·洛柯克（John F. Rockark）于 1978 年提出的一种企业关键成功因素分析方法。该方法目前在业务流程重组（business processing re-engineering，BPR）、企业咨询、诊断等活动中普遍使用。CSF 分析方法就是要在生产、经营、营销、管理、战略等因素中，通过系统分析找出使得企业（或某项业务、某个业务流程）运作成功的关键因素。

那么，在 FedEx 公司案例中，哪些是 CSF 呢？本书认为有如下六点。

1. 独立的运能

自从 1989 年收购飞虎货运、组织起庞大的货运飞机编队以来，FedEx 公司的业务发展完全不再受制于其他运输企业，可以方便、灵活、自主地开发业务和组织业务流程。这一点是早年其他许多物流配送企业和竞争对手难以相比的。

2. 赠送的软件

FedEx 公司赠送软件，是营销策略和抢占市场的关键一招。通过软件赠送，不但顺应了当代人们工作的习惯，为客户提交任务提供了方便，而且通过软件将客户的快递业务牢牢地捆绑在 FedEx 公司这条大船上。只要客户对 FedEx 公司服务的感觉还可以（不是太不满意），就会“懒得”再去更换其他供应商。

3. 周到的服务

在服务上加大投入，不打价格战，这是 FedEx 公司出奇制胜的另一招。通过赠送软件，让客户能够很方便地提交任务，并随时了解货品递送的状况。

通过为终端送货人员配备手持移动通信终端，物流配送人员与客户、系统保持动态联系，就近取货/送货，提供门到门的服务。优质的服务是 FedEx 公司快速发展和不打价格战的基础。

4. 物流与信息流相结合

网络服务的加入使得客户可以很方便地下达任务，了解货物的运送状况。同时，企业可以将信息流与物流配送队伍相结合，实现资源的优化组合，就近取货/送货、门到门服务等，大大降低了成本。这一点是所有国际知名物流、配送和速递行业成功的基础。

5. 精准的发展战略定位

重点发展高端商务用户的战略定位，是 FedEx 公司成功的重要基础，因为高端商务用户具有如下特点，容易发展出具有高附加价值的增值服务。

- 对服务要求高，易于发挥企业特点和专业创新优势。
- 对价格不敏感，只要服务满意，即使价格高一点也影响不大。
- 通常业务量较大且具有持续性。

6. 网络环境下的全方位服务

FedEx 公司充分利用网络没有时空和地域的限制，以及双向、实时、动态的特点，在企业、物流配送与每天近千万客户之间架起了一座“空中桥梁”，展开全方位、跨时空的增值服务。

第 3 节 类似网络增值服务方法的发展与延伸

类似利用网络开展增值服务的例子还有很多。这些应用案例中，有些是受到 FedEx 公司的案例分析启发联想而开展的，有些是企业基于自身的业务发展而实施的。它们都有一个共同的特点，那就是：利用网络开展营销增值服务，实施过程则结合实际业务具体展开。这些应用案例极富创意并卓有成效，在自身获得丰厚回报的同时，给人以无限的遐想。

一、延伸出的一些创意

1. 用高档手机/PDA 捆绑客户

某大型远洋运输企业总裁在课堂讨论中曾经设想：在自己的业务中也可以采用类似 FedEx 软件捆绑业务的做法，去定制一批高档手机或掌上电脑/PDA 送给客户。在定制手机或掌上电脑时，将本企业的 WAP 网址和任务提交软件固定在醒目位置，并告知客户，今后如有货运要求，只需点击图标，然后下达任务指令即可。

定制一部高档手机的成本是 2 000 多元，但如果能通过该手机抓住一个大客户，捆绑该客户的主要业务，那真是太划算了。

2. 传呼机＋网络捆绑个体运输户

2000 年，一个名叫“亚之桥”的小企业曾尝试过定制 600 台传呼机，送给个体卡车司机，以此捆绑个体卡车司机，发展公司业务。其具体做法是：一方面，将定制的传呼机送给个体卡车司机，并告诉他们今后不管在什么地方，只要回程空驶，希望寻找货源，都可以翻看传呼机的上下键，查看是否有可顺道捎带的货物；另一方面，多方联系货源（四处寻找运输业务、网站随时组货等），然后通过网络和传呼台向这 600 台传呼机发送信息。

此方案的好处在于多方均可受益。对个体卡车司机而言，既无成本支出，又无使用和技术要求，还可解决回程空驶问题，提高经济效益。对货主而言，可降低运输费用。对组织方（亚之桥公司）而言，收取佣金，仅花费 6 万元（定制一台汉字显示的传呼机当时价格是 100 元左右）就“掌握”了一支拥有 600 台车的庞大车队。

3. 为客户提供全程供货跟踪服务

某微小轴承生产企业老板了解 FedEx 公司的案例后，马上想到：他的企业今后完全可以利用 FedEx 公司向客户发货，同时充分利用 FedEx 公司现有的监控功能为自己的客户提供全程供货跟踪服务；告诉客户，其产品的发货和交货过程可以随时掌握、动态跟踪、全程监控，同时还可纳入采购企业的供应链管理或与 ERP 系统对接，以此提高顾客满意度和服务的附加价值。

事后，该企业走访客户，客户反映：这样做非常方便、非常满意；向该企业订货，过程可以随时掌握，安全、可靠、放心。

4. 以营销提高产品的附加价值

某中央空调生产企业在设计新产品时，在主机中加入一个调制解调器（modem），将系统运行参数通过互联网随时传回公司总部，以远程监控该系统的运行状况。

此产品创新后，在营销环节大力宣传“高科技”、“远程控制”、“智能预警”等概念，称该系统可实现远程控制、智能故障预报、提前维修等功能。

以往空调电器维修服务再好，一旦系统出现故障，用户也必须在严寒或酷暑中苦等一段时间，这是不可回避的事实。这也正是该营销创意的最大卖点。企业在营销宣传中称：未等该产品出现故障，公司就通过运行参数预知了故障发生的可能性，提前告知客户并立刻启动维护程序。同时，确保了产品的维修和配件市场的安全。

结果，一时间顾客趋之若骛，争相购买和安装该产品。区区几百元的投入，就实现了数百倍的增值服务利润。

二、业务延伸型的增值服务

通过网络，将企业的业务范围沿价值链向上下游或周边延伸，也是一种很有前景的增值服务发展模式。下面通过一个具体企业（美兆健康体检网）的做法展开案例分析。

（一）美兆集团及美兆健康体检网简介

成立于我国台湾的美兆健康体检中心是一个面向世界所有华人的体检、健康咨询机构，是与英国保柏（BUPA）、日本PL公司齐名的世界三大健康检查机构之一。美兆健康体检中心的产品和服务获得ISO 9001国际品质认证，检验仪器及健康检查流程一流。美兆集团目前拥有的体检和健康诊所在台湾有4家，在香港有1家，在北京有1家，服务的对象已超过100万人，是目前全球最大的华人体检和私家健康顾问机构。

2002年以后，随着业务的不断扩大和服务层次的不断提升，业务和服务开始逐步进入网络平台，建立了美兆健康体检网（http：//www.mjlife.com.cn）（如图7—6所示）。这是融身体检查、健康促进、保健记录管理、健康咨询于一体的网络在线保健服务机构。

美兆健康体检网提供了一系列很有特色的增值服务。这些服务引发了市场的高度关注，对消费者有很大的吸引力。

图7—6 美兆健康体检网首页

（二）美兆健康体检网的服务特色

美兆健康体检网实行会员制管理，要求每个会员必须网上提交申请，并提供详细联络电话、正确地址、电子邮箱等，以便提供体检后的护理咨询服务。

会员申请得到批准后，即可在美兆健康体检网上建立个人专属健康网页（如图 7—7 所示），接受各种个性化的专业保健服务。服务主要包括：

- 预约体检、价格优惠。
- 在线获得各项检查结果、体检报告书和个性化的健康咨询建议。例如，解释体检报告中项目检查结果的意义；提供相关应注意事项咨询，等等。
- 提供个性化的专业咨询。对于体检后经医师确认有异常，须尽快做进一步明确诊断和治疗的受检会员，护理咨询人员将在最短时间内与当事人联络，提供相关医疗流程及专业咨询，帮助会员尽早得到确诊和治疗。对接受治疗的会员，将由专科咨询人员提供为期半年的跟踪服务，及时提醒会员复查和治疗；若会员的家人患有疾病，需要帮助，美兆健康体检中心同样提供咨询服务。
- 提供个性化的营养建议。专业的注册营养师向受检者提供饮食卫生健康教育，并结合个人体质及健康状况等做出饮食、运动等多方面的评估及建议，改善受检者的健康状况。
- 定期举办各项健康讲座和健康促进活动，针对每个会员家庭状况选定健康管理员。定期开展健康促进和预防知识的培训，使每个会员家庭都能得到良好的健康指导。
- 在线保存会员的体检记录，分析总结会员身体状况的发展变化趋势，提供个性化的健身、保健、锻炼、食疗/食谱和医疗指导。

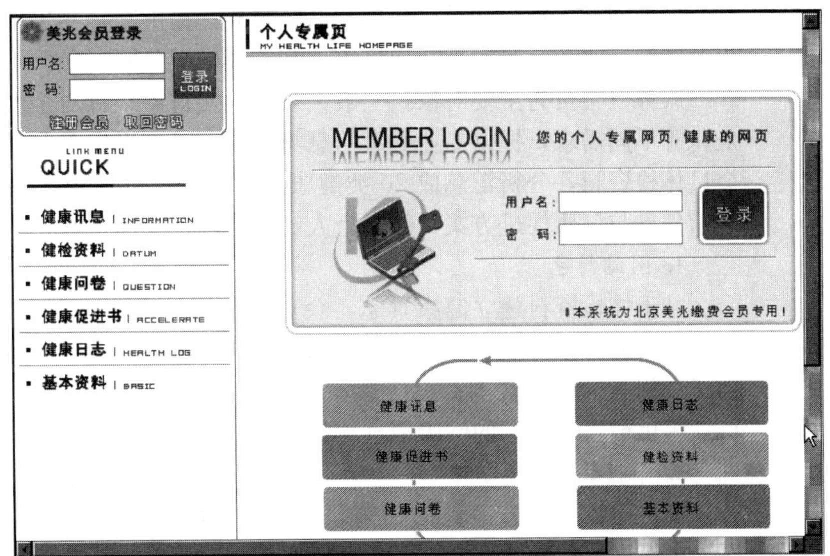

图 7—7　美兆健康体检网个人专属健康页面

（三）个人保健指导举例

为了展示美兆个性化的健康咨询指导，在此选取了某人（隐去真实姓名）体检后得到的健康指导和保健建议书（如图 7—8 所示）。

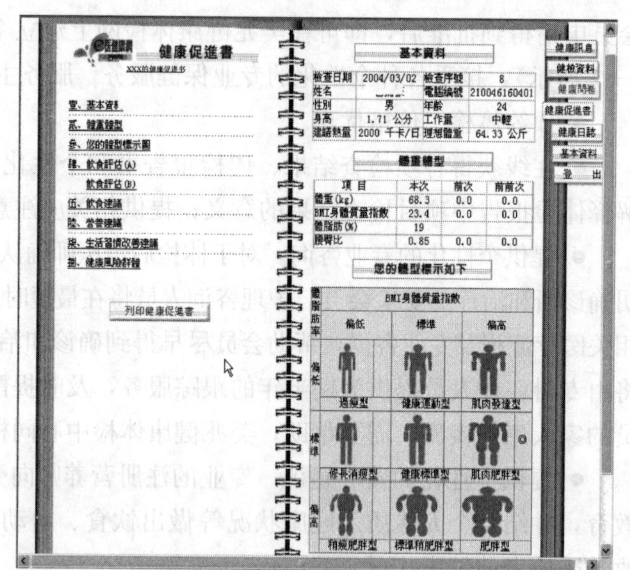

图 7—8 美兆健康体检网健康指导和保健建议书页面

（四）美兆健康体检网的增值服务模式

美兆健康体检网的经营理念是：通过个人健康与数码生活的结合，提升 21 世纪个人健康管理概念，让每位被服务者皆能拥有健康、快乐的生活。

为此，公司将业务定位于：提供大众数码化健康管理界面，构建专属个人健康管理网站，承接会员体检后的后续服务，提供与美兆生活与美兆诊所业务相关的健康服务，紧密结合成完善便利的健康服务网。

服务以会员为主要对象，一般大众为次要对象。针对个性化、社群化与大众化等不同需求，提供专业健康信息与解决方案。根据美兆健康体检网的庞大会员体检资料，分析汇总成 20 类健康风险社群，方便个人在专属网页上获取需求信息与健康促进方案，落实个人健康管理，发挥预防胜于治疗的目的。

1. 网站特色

基于体检资料建立健康日志，会员可利用日志记录个人就医、用药历程，追踪过去的看诊结果及医生诊断。系统为会员存储最近三次体检结果，会员可在线调阅个人体检资料。系统会参考一般规律，依照个人所属的健康风险族群，提供最符合需求的健康信息与健康促进方案。

2. 个性化服务

个性化信息和方案包括相关健康医疗新闻与信息，如：医学百科（如西医、中医、另类疗法），生活指导（如旅游、运动、营养、养生膳食、美容、瘦身、健康检查），保险及医疗法规，健康状况和发展趋势评估，个人生理、心理、社会健康生活状态监测，星座与健康，养生法及减压方式等。同时，还包括健身器具，健身场馆/俱乐部，保健用品，食品，药品，专家，医院，自检工具，电子商务交易平台，最适合、最经济的商品等信息。

延伸多种形式的增值服务，例如：

- 提供饮食、锻炼、保健、用药、就医方案建议等。

- 推荐产品、药品、器械、场馆、俱乐部、医院、专家等。
- 宣传各类健康和保健知识、理念等。
- 提供各种预警信息，如各项体能特征、指标发展趋势及可能带来的危害等。

从上述各种建议、关怀、指导中产生与此相对应的各项增值服务。美兆健康体检网与相关厂商合作，定向推销各类产品、药品、器械、健身模式、服务、医院、专家，甚至与专业厂商合作生产药品/保健品等，以获得丰厚回报。

第 4 节 创新思维和差异化战略

个性化（personalization）和差异化（differentiation）是增值服务的前提与基础。如果企业的产品或服务都高度同质化，则增值服务无从谈起。企业只有加大对技术研发和营销的投入，实施差异化战略，才能期望获得更高的利润，避免陷入与竞争对手之间残酷的价格战。

一、“苹果与苹果比”，还是“苹果与猕猴桃比”

“定质优价”是价格战的基础，差异化是增值服务的基础。

前面几章中分析过宝洁、强生等企业的产品差异化战略，请注意：这些差异化战略都是针对市场和顾客而言的，其目的是打消消费者横向比较的可能性，从而谋取高额利润。但如果针对的是采购商或供货商，策略则完全不同——会一味地强调“定质优价”，千方百计地降低采购成本。

下面来分析这种差异化营销方法。

（一）企业营销基准设定理论

常言道：“在商言商”，上述做法已经是许多企业在商场上惯用的方法。本书将其称为企业营销基准设定理论，即对产品、市场、顾客，让企业在“苹果”与“猕猴桃”之间做出比较和选择；对原材料采购、供货商，只允许企业在“苹果”与“苹果”之间做出比较和选择。

苹果是人们日常生活中高度认同的水果，“请拿‘苹果’与‘苹果’来比”，这就是在企业采购活动中实施的“定质优价”战略；苹果与猕猴桃是两种口味、营养成分完全不同的水果，“请你在‘苹果’与‘猕猴桃’之间做出选择”，这就是在企业营销活动中（面对客户时）实施的“差异化”战略。

（二）差异化是附加价值产生的基石

差异化是附加价值产生的基石。没有个性化、差异化，就没有增值服务。

在前面几章中，我们已经分析过许多产品差异化的应用案例，下面再从服务的角度展示几个差异化战略的应用实例。

1999年11月2日，在一年一度的美国底特律车展上，福特和通用两大汽车生产企业同时宣布要开展电子商务与网络营销业务。除组建网上零配件交易市场和电子采购业务外，两大汽车生产企业的另一个宣传卖点就是要充分利用网络功能，大力开展差异化和个性化营销。福特公司宣布：准备效仿戴尔公司的个性化服务模式，让用户参与个性化汽车配置。福特公司在北美市场上推出的车型有45个，型号（产品）有279种，加上功能、动力、内装修（配置）等，可以形成无数个组合，这为汽车销售个性化服务提供了基础。通用公司甚至提出："我们可以像电脑游戏一样来一场模拟实验。路况、气候、对手、安全、价格等全由自己设定。系统提供可选择方案，不满意可以反复修改，直到下订单为止。"其目的是："我们如此迁就客户，无非是要让客户乐意掏钱。"

2001年1月，日本马自达公司推出了日本首家定制汽车服务网站（http：//www. w-tune. com/）。客户可以针对Roadstar与S-wagon这两种车型选择自己喜爱的发动机型号、内部配置和外部装饰、颜色等。厂家根据客户要求提供个性化的产品。马自达公司总裁费尔兹认为：个性化是未来购车的重要因素，同时也是未来厂商营销竞争的焦点。

二、案例分析：某饮料企业的差异化营销

在第6章中，我们强调过：许多消费观念（"需求"）是营造出来的，靠的是企业的营销策划；营销策划需要网络和传统媒体的有机整合。

饮料同样也是一个非常古老、长期以来都被少数几个大品牌垄断的市场，其他新兴企业、品牌很难进入。但是，有人硬是靠着差异化的营销创意，成功地进入了这一市场。

（一）令人拍案叫绝的思维创意

传统的饮料都是按照产品功能或饮用者年龄来划分的，如果汁饮料、碳酸饮料、乳饮料、运动饮料、营养饮料、保健饮料、儿童饮料、老年饮料等。如果依照传统的思维和营销定式，则其他企业很难有作为。

一位叫周子炎的女士却另辟蹊径，从另外一个完全不同的角度来思维。饮料为什么只能按"功能＋年龄"来划分？为什么就不能按"功能＋性别"来划分？于是，她创造性地打出"饮料要分男女"的旗号，推出了脉动"他＋她"系列产品。这是一个令人拍案叫绝的营销创意，拉开了产品的差异化程度，创造出新的市场需求。

（二）差异化的营销理念

在"饮料分男女"的理念指导下，该企业将产品设计分为两种，分别命名为"他＋"和"她－"饮料，目标锁定在15～35岁青年人群，并大力宣传：

饮料是不能随便喝的，要分男女。由于产品和理念令人耳目一新，一时成为年轻人群追求的时尚，极具卖点，非常成功。

“他＋”为男士饮料，“＋”隐喻男士们有很强的获取欲望，什么都希望多一点（例如，希望薪水多一点，希望力量大一点，希望位置坐得再高一点……）。“他＋”饮料瓶设计成浅蓝色，象征着男士的高贵。在产品包装和宣传材料上宣称：此种饮料结合男性需求，添加了肌醇和牛黄酸，帮男性补充体力和能量。

“她－”为女士饮料，“－”隐喻女士们追求永远年轻漂亮，什么都希望少一点（例如，希望年龄小一点，希望体重轻一点，希望皱纹再少一点……）。“她－”饮料瓶设计成浅粉色，象征着女士的典雅。在产品包装和宣传材料上宣称：此种饮料结合女性需求，添加了水溶性膳食纤维和芦荟，可以帮女性减去岁月的痕迹、减轻体重……

然后，通过各类媒体大力宣传这种“饮料要分男女”的理念（如图 7—9 所示），做法和创意都极具特色，拉动了市场和需求的快速增长。

图 7—9　“他＋”和“她－”饮料在中央电视台的广告画面

（三）恩威并重的渠道激励模式

当市场需求和好奇心被调动起来后，在招募代理商和渠道建设方面，则是恩威并重。

该种饮料的批发采用“销量保证金”制度，即对于一个每年 1 000 万元销售额的市场，只选择一家代理商，且代理商必须预交 20 万元保证金。如果代理商能够很好地完成销售任务，则不但可以得到全额退款，还可以从公司得到订货额度的 18 个返点作为激励；反之，如果经销商不能完成任务定额，则将 20 万元作为罚金。

（四）取得的骄人成果

由于成功的营销策划，2004 年春季在成都举办的中国糖业、酒类、饮料订货会上，“他+”和“她-”饮料大出风头，以其独特的创意成为整个会场的焦点。最终结果是：在市场趋于饱和、竞争十分激烈的中国饮料市场上，“他+”和“她-”饮料居然捧得4.7亿元的现金订货款（其他竞争对手大多拿到的都是赊销订货单），满载而归。再加上在此前举行的中国重点城市招商会上得到的1.6亿元订货额，该企业赚得盆满钵满，成为2004年春天“最幸福的公司”。

（五）最终遭遇“滑铁卢”

“他+”和“她-”饮料的创意者在营销策划方面非常成功，但在随后的运营管理和执行过程中，因其他措施跟不上等多种原因，惨遇滑铁卢，导致昙花一现、风光不再。

讨　论

1. 为什么说个性化、差异化是增值服务、避免价格战的基础？请结合企业实践和自身的体会进行说明。

2. 为什么说差异化的营销策划需要网络和传统媒体的有机整合？

3. 有观点认为：个性化、差异化同时也为中小企业营造了一个与大企业、强势品牌竞争和发展并存的平台。你认同此观点吗？为什么？

提示：5～8人一组，先分组讨论，再由1人向全班简要阐明本组的观点。

点评：

脉动的例子说明：营销是一项综合的系统工程，需要多方因素的整合。

本章小结

深挖业务内容，提供增值服务，是当代企业经营战略发展方向之一。企业盈利常用的方法有两类：一是扩大产量/销量，薄利多销，以较大的销售额和市场占有率来谋取高额利润；二是从技术上和内容上深挖服务潜力，在原有产品和服务的基础上为市场提供个性化、具有较高附加价值的服务，从而谋取高额利润。

本章结合实例讨论了在网络环境下，在产品和服务中附加更多的价值是使产品得到升值、企业得到更丰厚的利润、顾客得到更多的满意的方法。产品差异化是开展增值服务的前提，服务差异化是附加价值产生的基石。

重点概念和知识点

- 增值服务
- 增值服务营销模式
- 差异化营销
- 直接服务和间接服务盈利模式
- 现代信息服务产业
- 营销捆绑模式
- 关键成功因素

练习题

1. 为什么说“产品或服务的差异化是附加价值产生的基石”?

2. FedEx 公司的服务收费较高，但目标客户仍钟情于它的服务，原因是什么?

3. 差异化营销有什么共同的规律? 怎样才能建立一套差异化的营销战略?

章末案例

全球连锁咖啡店巨头星巴克公司是目前世界公认的最成功的企业之一。在短短不到 40 年的时间里，就从一个名不见经传的街头小店，发展成为如今年营业额过百亿美元、店面过万家的行业龙头企业。

1. 企业发展历史回顾

1971 年，一家名为“星巴克”的小咖啡店在美国西雅图派克市场开业。当时，星巴克的规模很小，员工也不多，主要经营咖啡豆业务。10 年以后，公司遇到了一位贵人，命运开始发生转折。1982 年，职业经理人霍华德·舒尔兹加入了星巴克公司，担任市场和零售运营总监。在舒尔兹的管理下，星巴克公司的产品、运营规模和营销模式都有了很大的改观，业务开始蓬勃发展。

1987 年，不满足于企业发展现状的舒尔兹斥资收购星巴克公司，正式成为星巴克的老板。随后，在舒尔兹的倡导下，星巴克开设了第一家销售滴滤咖啡和浓缩咖啡饮料的门店。店面一改以往的咖啡店模式，以优质的品位、休闲的方式、高雅的氛围创造出一种全新的休闲和体验方式，深受人们欢迎。有舆论认为：星巴克模式从一杯咖啡开始，改变了美国人喝咖啡的习惯，开创出一种全新的休闲、娱乐和人际沟通的生活方式，将咖啡店演变成了一种社交场所。至此，星巴克开始在美国各地迅猛发展。

1992年，借星巴克公司飞速发展的东风，星巴克在美国纽约纳斯达克上市，随后又开始了全球化的快速发展进程。1999年，星巴克进入中国，在北京国贸开设了第一家分店。目前，星巴克仅在中国就有超过500家门店，在全球共有13 000多家门店，拥有员工数量超过145 000名，年收入过百亿美元。①

2. 思维观念和经营模式上的改变

星巴克公司上市以后，在资金、实力等方面都大为改善，开始谋求更大的发展。正在此时，互联网出现了，并且以极快的速度在世界范围内普及。星巴克的管理层敏锐地抓住了商机，迎来了企业发展的鼎盛时期。

经过长期的市场调研和客户及消费行为分析，星巴克公司发现：自己店面的主要客户群是25～40岁的年轻人，多数客户平均每月光顾星巴克18次左右。在这一客户群中，绝大多数都是爱上网一族，来星巴克喝咖啡并非主要目的，聊天、约会、社交、休息和环境对他们来说更为重要。

于是，星巴克公司开始顺应市场发展的需要，大规模地改造店面设施，提供免费的上网冲浪体验，以期吸引更多的顾客，增加客户的上门次数，让顾客每次停留更久、喝更多的咖啡，最终提高公司业绩。此举果然收获奇效，星巴克公司迎来了业务发展的黄金期。

2002年后，随着无线局域网技术的普及，星巴克公司又在所有门店推出了快速无线上网的免费服务，为顾客聊天、休闲、收发邮件、娱乐、沟通、移动办公等提供服务。至此，星巴克已经变成一个怡人、舒适、轻松、上网无极限的社交场所，其产品线也从过去单纯的咖啡，发展到甜品、零食、快餐（如三明治等）、早餐、酒水、饮料、糕点等，深受顾客（尤其是青年学生、白领和职场人士）的青睐（如图7—10所示）。

图7—10 星巴克公司中文网站页面

① 星巴克公司的财务年报显示：2008年，公司收入为104亿美元；2009年，公司收入为98亿美元。2009年公司收入下降的主要原因是席卷美国的金融危机导致美国本土直营店的营业额普遍下降。

思考题

1. 你认为互联网在星巴克公司成功的道路上起到了什么作用?
2. 星巴克公司提供免费上网的目的和作用是什么?
3. 星巴克公司的差异化和增值服务体现在哪些方面?
4. 分组讨论，并列出你认为导致星巴克公司成功的关键因素。

M

第Ⅲ篇

营销网站创建

营销网站在企业网络营销架构体系中有着重要的地位，是网络整合营销传播的枢纽。由于营销网站面对的多是目标客户，因此，抓住客户的兴趣，提供有用的信息，展示产品和营销战略，使客户对产品（品牌）产生好感甚至购买欲望，是营销网站创建的主要目的。这就决定了企业营销网站创建的难度和特殊性。

由于一般网站设计和技术实现内容在其他书籍中都有详细的介绍，因此本篇仅围绕营销网站创建这一主题做简要的展开。

第8章 企业营销网站的创建与运作

Chapter 8

学习要点

网站创建的一般过程

域名资产的注册和保护

网站主题的选择

脚本设计与网站建设

营销网站的创建与运营

第1节 网站创建的一般过程

一、企业商务网站分类

出于不同目的，通常企业商务网站在面对的对象、设计思路、栏目内容、主题选择等方面会有很大的区别，可分为以下几类。

（一）公司网站

（1）面对的对象：公司员工、投资者、希望了解公司或想来公司就职的人、企业利益相关者。

（2）主题：展示企业形象。

（3）主要功能：宣传企业文化，建立对外信息沟通的桥梁等。

（4）特点：栏目、板块、内容都相对固定，有规律可循，创建比较容易。

（二）行业门户网站

（1）面对的对象：业内人士、投资者、希望了解或进入该行业的人、行业利益相关者。

（2）主题：行业信息交流和展示的平台。

（3）主要功能：展示行业特点、现状及发展趋势，建立行业信息沟通的桥梁，发布行业产品供需信息，建立产品或数据交换平台，等等。

（4）特点：栏目、板块、内容都相对固定，有规律可循，创建比较容易。

（三）购物网站

（1）面对的对象：消费者。

（2）主题：展示商品和竞争优势。

（3）主要功能：展示商品信息，强调竞争优势（如价格、方便、信用、优惠等）和服务配套措施（如在线支付、物流配送等）。

（4）特点：栏目、板块、服务内容都相对固定，有规律可循。

（四）营销网站

（1）面对的对象：大众、客户和消费者。

（2）主题：针对客户感兴趣的内容，提供服务，抓住目标客户，并在此基础上传播企业营销理念，促进销售。因此，营销网站的主题通常会因产品、行业、创意而异，因人而异，没有什么规律可循。

（3）主要功能：提供有益于客户的信息、知识、娱乐、互动沟通平台，在服务客户、满足客户需求的前提下，传播企业营销理念，引导公众对产品或服务的关注。

（4）特点：可以采取游戏、娱乐、参与、互动、活动、俱乐部、社区、品牌专区、咨询、营销网站等多种形式。通常没有什么规律可循，要根据企业营销定位和策划创意而定。这是企业商务网站中最难创建，但对企业最有用的一类网站。

二、营销网站的创建过程

企业建立自己的商务网站，需经历如下三个基本过程：

- 首先，申请网络域名。
- 其次，设计网站页面内容。
- 最后，设置网络服务器（或租用他人服务器上的虚拟空间）。

一般网站的创建过程相对比较简单，大致过程如图 8—1 所示。首先，必须明确目的、确定网站类型，然后设计脚本和技术细节，最后是程序实现。

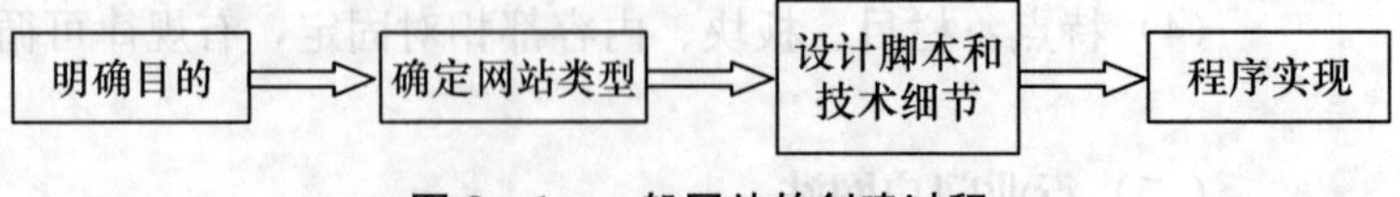

图 8—1　一般网站的创建过程

营销网站的创建过程则较为复杂。首先，需要明确目的，然后根据营销战略和策划创意确定网站主题，最后才是围绕主题展开网站设计（如图 8—2 所示）。

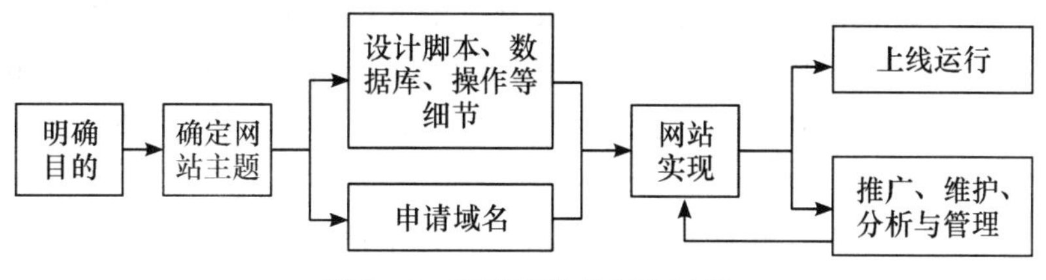

图 8—2 营销网站的创建过程

第 2 节 域名资产的注册与保护

域名（uniform resource location，URL），也称网址，是系统和网站识别并访问网站的唯一标志。国际统一规定的域名分类方式如图 8—3 所示。

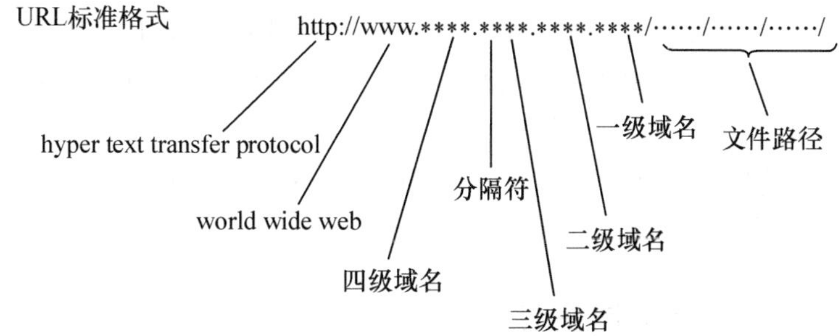

图 8—3 URL 标准格式

在推出营销网站之前，企业必须到互联网域名管理机构（或其代理机构）申请并注册域名。域名与商标、品牌、标志等一样，是企业无形资产（品牌资产）的一部分，企业一定要慎重选择并加以保护。

一、域名创建的原则

域名是企业连同品牌在网络环境下的延伸和发展，因此创建一个好的域名对企业来说非常重要。通常，创建一个好的域名要掌握以下几个原则。

1. 域名要尽可能地继承和保护企业原有的产品资产

企业域名的创建要尽可能地继承和保护企业原有的产品资产。这是因为，企业原有的品牌就很有影响力，申请域名可以充分利用这种影响力来宣传商务信息和开展电子商务。现今绝大部分企业都采取将原品牌名直接注册成企业域名的方式。

例如，美国通用汽车公司的域名为 http：//www.gm.com/，福特汽车公司的域名为 http：//www.ford.com/，通用电气公司的域名为 http：//www.ge.com/，IBM 公司的域名为 http：//www.ibm.com/，等等。

2. 域名一定要短，而且便于公众记忆

在设计域名时，一定要分析企业产品市场和目标客户群的特点（如语言、文化、风俗、习惯等），根据市场和目标客户群的需求与记忆特点来综合设计域名，而且应尽可能短、有利于记忆。一个冗长、不便记忆的域名会阻碍客户与企业建立联系的通道。

例如，北京大学科技园早年曾申请域名为 www. pkusciencepark. com. cn，结果一通宣传后才发现，此域名形同虚设，根本没人能记得住。

3. 域名可用多种形式

域名可以使用本单位商标、品牌的英文名称、汉语拼音、易记数字、中文字符等多种形式。如果某种形式已被占用或由于其他原因而不便使用，则可考虑其他形式。

例如，中国工商银行在市场上非常有名，几乎人人知道。但是，它的英文名称 ICBC 很少有人知道。于是，中国工商银行注册了多种形式的网络域名，如 http：//www. icbc. com. cn/，http：//www. 95588. com. cn/(95588 为中国工商银行的客户服务电话)，http://中国工商银行．中国/。

又如，由于一些通用、好记的域名大都已被他人抢注，因此有人开始使用谐音或多种文字/数字混合方式，如 http：//www. 51job. com. cn/(招聘网站使用谐音“我要工作”)，http：//www. 5i5j. com. cn/(租房/购房网站使用谐音“我爱我家”) 等。

二、域名申请注册

域名申请过程十分简单，只需登录到相关域名管理机构或其代理机构网站（如中国万网（http：//www. hichina. com）等)，注册、查重、登记、交费即可。

域名申请应遵循如下步骤：

- 事先按上述原则想好域名，并准备好企业的营业执照（申请在“. cn”下的域名有此项要求；对申请国际域名无此项要求，可以是个人申请)。
- 登录中国互联网信息管理机构或其代理机构的网站，了解域名申请注意事项，并在线填报申请表格。
- 填写申请表格并通过网络查实有无重名。
- 提交申请表格并缴纳域名注册费。

三、域名资产的保护

品牌资产是企业重要的商务资源。根据 1997 年《财经世界》杂志统计：万宝路（Marlboro）公司的品牌价值高达 446 亿美元，可口可乐公司的品牌价值高达 434 亿美元，麦当劳的品牌价值高达 189 亿美元，IBM 公司的品牌价值高达 185 亿美元。而另一份著名的国际杂志《商业周刊》2001 年 7 月公布的全

球十大品牌资产价值评估的结果是：可口可乐为 689.56 亿美元，微软为 650.7 亿美元，IBM 为 527.56 亿美元，通用电气为 424.6 亿美元，诺基亚为 350.4 亿美元，英特尔为 346.7 亿美元，迪士尼为 325.96 亿美元，福特为 300.9 亿美元，麦当劳为 252.9 亿美元，美国电话电报（AT&T）公司为 228.3 亿美元。这说明，一些强势品牌企业的无形资产规模已大大超过其实物资产价值。

域名又是企业品牌资产在网络环境下的延伸和发展，投资注册保护域名资产非常重要。即使不展开网络营销，也要实施保护性的域名注册。

下面是一些没有注意保护域名资产，而被他人抢注，对企业经营造成影响的例子。

（一）品牌域名被他人抢注的例子

自互联网和网络营销模式出现以来，在不同的语言、技术、商业环境下，域名被他人抢注的例子比比皆是。这些由于未注意域名资产保护而带来的问题，给企业的网络营销体系构建造成了很大损失。

案例 8—1

20 世纪 90 年代中后期，中关村一些著名企业几乎同时收到了一封信函，内容是它们的国际品牌域名已被注册，如果需要它们的域名，可以高价转让。一时间引起了轩然大波。

以四通公司为例，“stone”和“stone-group”名下的各类国际域名均被抢注，无奈最终只能用“stone-group”取而代之。就是因为这一点小小的变化，导致许多熟悉“四通”品牌的客户最终找不到四通公司的网站。

国外有花旗银行（CitiBank）和旅行者集团（Travelers Group）合并事件的例子。1998 年，这两大金融机构酝酿合并，事件轰动全球。经过一段紧张的运作，新公司宣告成立，正式定名为花旗集团（CitiGroup）。作为当时的轰动性事件，消息立刻传遍全球各大媒体。就在新公司成立消息发布后仅仅几个小时，公司接到了一个电话，称“CitiGroup”的域名已被他人注册，如果需要可高价转让。公司立刻陷入尴尬境地：购买吧，要价太高；改名吧，广告费投入会更高，而且效果未必好。按当时《华尔街日报》的说法：“当新花旗集团高管彻夜不眠地思考对策时，抢注者已经在加州海滩上悠闲地享受着温暖的阳光，做起了千万美元的美梦。”最后，新花旗集团不得不使用合并前两公司各自的域名“Travelers Group”和“CitiBank”，并在网站中再加以说明。

（二）缺乏适当的域名资源对营销传播的影响

2000 年后，ASP（application service provider）概念在我国兴起。用友公司作为当时国内最大的应用软件企业，立刻想到了要以此种方式来服务于广大中小企业，于是成立了专门的部门来推广此项业务。

结果发现，用意很好，可惜晚了一步。www. asp. com，www. asp. com. cn，www. bsp. com. cn，www. bsp. com. cn，www. coo. com，www. coo. com. cn，www. myasp. com，www. myasp. com. cn，www. mycoo. com，www. mycoo. com. cn，www. mybsp. com，www. mybsp. com. cn 等域名都已被他人注册。无奈只得匆匆改用 www. asponline. com. cn，www. mynetasp. com. cn，www. wecoo. com. cn 等域名代之。

这些域名宣传运作起来非常困难，人们很难记住，阻碍了业务的正常发展。

（三）老字号遇到的新问题

由于我国在 20 世纪五六十年代进行了一次汉语拼音方式的改革，一些传统老字号企业在域名选择时也遇到了问题，即到底是沿用以往用老拼音注册的品牌名，还是遵照现代人的习惯，用现行拼音注册品牌域名的问题。

例如，用现在人们习惯的拼音方式拼写中华铅笔名称中的“中华”是“Zhonghua”，但它实际注册的汉语拼音商标是“Chunghwa”。

又如，用现在人们习惯的拼音方式拼写青岛啤酒名称中的“青岛”是“Qingdao”，但它实际注册的汉语拼音商标是“Tsingdao”等。

如果沿用以往老拼音注册的品牌名，则不便于宣传和公众记忆；如果按照现代人的习惯，用现行拼音注册品牌域名，则有可能导致原有的品牌资产流失。所以这是一个需要企业认真思考的问题。

（四）一些恶性诈骗案例

由于域名和网络营销的特殊性，一些不法之徒利用形似、音似等手段来注册一些虚假域名，实施诈骗。这些也是要特别提醒企业和消费者注意的。

例如，一些不法之徒注册“www. 1cbc. com. cn”，仿冒中国工商银行域名（www. icbc. com. cn），企图达到诈骗的目的；一些不法之徒注册“www. bank-of-china. com. cn”，仿冒中国银行域名（www. bank-china. com. cn），企图达到诈骗的目的，等等。

（五）解决方案

以往域名系统的一级域名只有七种分类，即“. com”、“. gov”、“. edu”、“. net”、“. org”、“. mil”、“. 国名简称”，资源极为有限，特别是“. com”成为人们争抢的焦点。为解决 URL 资源限制问题，2000 年以后，互联网国际域名注册管理机构（ICANN）作出了许多努力。

1. 域名系统的扩展

新增设了“. biz”（商务）、“. coop”（公司或合作社）、“. info”（信息服务）、“. museum”（博物馆）、“. name”（姓名）、“. pro”（程序）、“. aero”（空间）、“. me”（个人）等多个一级域名分类。

2. 多语种域名

自 2003 年起，ICANN 推出多语言域名注册管理系统，允许使用包括汉、英、日、韩、俄、希腊、阿拉伯、希伯来、法、德、丹麦、西班牙及葡萄牙语来直接注册域名。

 案例 8—2

始建于康熙八年（公元 1669 年）的北京同仁堂药店是驰名中外的中药企业。历经 300 多年的经营，其产品在全球华人中拥有很高的知名度，只要谈及中药产品，首先就会想到北京同仁堂药店。但对于同仁堂药店来说，如何让身在境外的华人了解同仁堂的产品，如何对外宣传自己的产品，却是一件头疼的事情。

为了更好地对外宣传自己的产品，方便客户了解，同仁堂药店想到了建立商务网站，开展网络营销。于是，同仁堂药店很早就建立了自己的网站并注册域名为 http：//www. tongrentang-yaodian. com. cn/。结果是：这个域名太长、结构太复杂，而且还有个连字符，不但港澳台人（包括海外华人）根本无法记忆，就连大陆熟悉汉语拼音的人也很难找到，更别说外国人了。

为解决外国人和海外华人记域名难的问题，该企业又以英文方式重新注册新域名为 http：//www. bj-trt-pharmacy. com/。这个域名虽较前者稍好一些，但仍有许多问题（如太长、太复杂、宣传运作难、不便记忆），导致点击率还是上不去。

直到语言域名服务系统推出后，给企业注册了中文域名（http://www. 北京同仁堂药店．中国/）并加上网络实名、搜索引擎链接后，才较好地解决了网络品牌的推广问题，访问量大增。

讨　论

1. 北京同仁堂药店的案例给我们的启示是什么？

2. 对传统老字号企业来说，如何既能借用原有的品牌知名度，又能便于宣传和公众记忆？

3. 如果域名被他人抢注了，该怎么办？

4. 在你所了解的案例中，有什么更好的域名注册案例可供大家分享？

提示：5～8 人一组，先分组讨论，再由 1 人向全班简要阐明本组的观点。

第 3 节　营销网站设计

一、营销导向的商务网站创建过程

企业营销导向的商务网站创建首先要解决的是网站定位和性质的问题，即企业建立网站到底是要树立公司形象，还是要开展在线交易，抑或抓住消费者建立营销网站。

换言之，首先要解决的是创建网站给谁看的问题，即给关心公司的人看(如公司员工、投资者、应聘者等)，还是给关心产品的人看（如消费者和一般大众)。面对不同的对象，其实施方法、过程、涉及的内容、采用的技术都有很大的区别。

创建营销导向的商务网站，应遵循如下过程。

- 网站定位是营销网站、销售网站、公司网站、门户网站，还是行业网站等。
- 深入了解企业文化、经营理念、产品和市场特点。
- 按产品、市场、客户等因素细分市场，细分过程可从人口特征、地理变量、环境条件、行为动机、心理变量等多个角度展开。
- 明确营销网站的主题以及吸引客户、展开持续互动的切入点。
- 抓住客户，从消费者的需求和关注的热点入手展开服务。
- 组织内容，从客户需求和营销战略展示两方面综合考虑。
- 设计脚本（网络营销体系和具体实施方案)。
- 综合网络环境应用（网络＋移动＋话音＋服务)。

营销网站对市场必须具有吸引力，能增进企业与客户持续不断的交流，增强亲和力和品牌感召力，影响客户和市场消费趋势。只有这样，才能达到企业营销目的。否则，单凭一个干巴巴的模板“套制”出来的企业网站，是很难引发顾客兴趣，进而达到营销目的的。

二、细分市场和网站定位方法

细分市场过程可用图 8—4 来表示。企业通过确定市场变量、变量细分、选定目标市场、营销定位、产品/服务研发、渠道建设和宣传策划来实现细分市场。

在图 8—4 中，关键是确定市场变量和变量细分。

(一) 确定市场变量的方法

市场变量可根据企业产品的特点和市场环境情况综合确定，通常可从如下

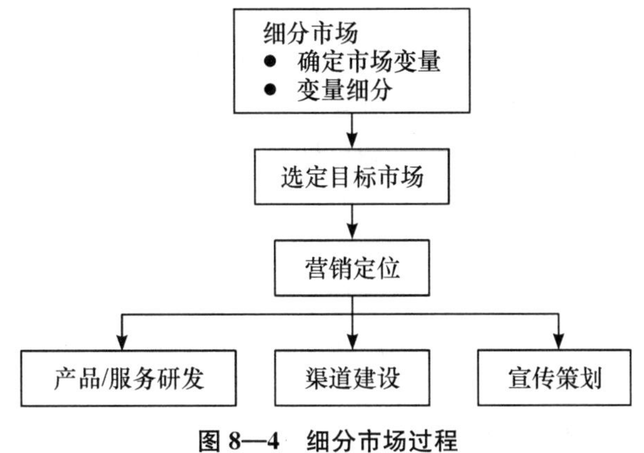

图 8—4　细分市场过程

几个方面来分析：

● 人口变量，如年龄、性别、家庭（婚姻、有无子女）、收入、教育、职业、宗教、民族等。

● 地理变量，如国家（地理、经济、政治、法律、文化）、地区（东北、华北、华中、华南、华东、西北、西南、民族自治区域）、城市规模（人口总数、人口密度、城市、郊区、农村）、气候（北方、南方、东部、西部）等。

● 行为变量，如购买时机（常规、特殊）、寻求利益（质量、服务、经济、方便、速度）、使用情况（不使用、曾经用、可能用、首次用、经常用）、使用率（很少使用、一般使用、大量使用）、忠诚度（强烈忠诚、一般忠诚、不忠诚）、购买阶段（不知、听过、了解、感兴趣、希望买、打算买）、品牌崇信（热情、肯定、无所谓、否定、反感）等。

● 心理变量，如社会阶层（老板、高管、高工、白领、蓝领）、人生状态（成功者、努力者、奋斗者）、个性（冲动、爱交际、雄心勃勃、喜欢发号施令）等。

（二）市场细分

通常可以根据市场和客户特点，从如下几个方面展开：

● 人群细分，如按年龄（如麦当劳、路易威登、兰蔻、欧莱雅等）、性别（如各类手机、汽车的设计等）、收入（如雅诗兰黛、蜂花、大宝等）。

● 行为细分，如按购买时机（如鲜花、巧克力（圣诞节、情人节）等）、寻求效益（如保健品寻求经济性、医疗作用、美容效果、口味等）、使用率（如频繁使用、日常使用、偶尔使用等）、忠诚度（如沃尔玛、航空俱乐部（积分、比较宣传、特价）等）。

● 地理细分，如按区域特点（如星巴克等（营业时间）、服装企业（档次定位）等）、地区气候（如服装、抽干机、加湿器等）。

（三）选定目标市场

进行市场细分后，企业就可以根据细分结果来选定目标市场。以与我们日常生活联系较为紧密的商品为例，通常可按如下几种方式定位：

● 广泛市场营销（如西式快餐、可乐型饮料），对所有顾客采取一种服务模式，产品单一，适合所有消费人群。

● 细分市场营销（如拉杆箱），会根据商务、家庭、收入、用途（如：坐火车、乘飞机；托运、手提）等来研发不同的产品，制定不同的价格，使用不同的营销传播模式。

● 技术、知识、专业型市场营销（如金融、保险、药品、保健品、教育产品、知识产品、服务类产品）采取个性化、专业化、人本化的营销方式。

三、脚本设计

在企业商务网站的设计中，脚本（script）是网站设计的图纸，在网站设计过程中起着举足轻重的作用。脚本集系统开发过程中的开发思想、营销模式以及最终实现方案于一体。企业要围绕着营销战略来设计网站脚本，所以，脚本是企业营销战略在网络上的延续。

下面从脚本的定义、脚本表现的内容、脚本设计过程等方面展开讨论。

（一）脚本的定义

“脚本”一词最早来源于影视作品及专题报道或纪录片的创作过程。众所周知，影视作品创作过程的第一步就是把所有的故事情节和主要画面构思写成剧本（也称脚本），然后由导演、演员和摄影师等在脚本的基础上最终完成影视作品的创作过程。所以，脚本是影视作品的根本；没有好的脚本，就不会有好的影视作品。

在此讨论营销网站脚本设计时，也要用文字和图形来表达网站的主题、展现形式及要表达的内容。脚本是今后建立和开发网站的基础。

（二）脚本表现的内容

脚本表现的内容实际上就是设计者希望网站所展示的全部内容。从对外宣传的角度来看，脚本是企业对外展示自己的一扇窗口，是企业形象、产品品牌、服务承诺等的综合体现。从营销的角度来看，脚本是企业营销战略和经营战略在网络上的实现载体。从使用和操作的角度来看，脚本是用户使用操作界面设计的具体模式。通常，脚本包括如下几方面的内容：

● 网站结构，如系统主题、系统的划分、连接和调用的关系等。

● 屏幕形式，如屏幕风格、操作方式、主要图像画面等。

● 文本描述，如有关企业、产品、服务等内容的详细文字描述。

● 超文本链接，如定义所有文字描述、图形图像、按钮选择中的各类超文本链接。

- 活动策划、互动沟通、客户参与的形式。
- 信息的存储、管理以及处理方式。
- 产品及文本内容的分类。
- 宣传（广告）和促销手段。
- 拟传播的理念以及与产品促销的关系，等等。

（三）脚本设计过程

脚本设计过程可分为如下几步：

- 确定主题。
- 明确对象。
- 设计角色。
- 安排情节。
- 设计结构。
- 确定处理过程。

四、客户需求和营销展示构成营销网站的内容

营销网站对客户和市场一定要有吸引力，可持续、不断地交流，能影响客户和市场消费趋势，增进亲和力和品牌感召力。为达到此目的，网站内容必须首先考虑满足客户需求，然后考虑企业营销的展示，合二为一，构成营销网站的主体内容。

- 客户需求是指要从市场和客户的角度来考虑问题，即要充分考虑到客户在浏览你的商务网站时，最看重什么，最担心什么，最关心什么。对于客户最看重的内容，要充分展示给他；对于客户最担心的内容，要设法打消他的顾虑；对于客户最关心的内容，要通过网站充分满足他的需要，提供更多的客户服务、客户交流和娱乐与互动的平台。
- 营销展示是指当企业的营销人员在面对市场和客户时，最想传递的营销理念是什么，如何表达受众才能接受，最希望向客户展示的是什么，最想回避的问题是什么，对宣传产品和促销信息最有利的是什么……这些都是营销网站要考虑的重要内容。

第 4 节　营销网站的管理与维护

一、营销网站的运营管理

营销网站的运营管理主要包括以下几方面的内容：

- 客户访问行为分析与流量分析。

- 客户感兴趣的话题和内容分析。
- 对客户反馈和要求的即时反应或回复。
- 对市场兴趣、关注热点和感兴趣话题的引导。
- 主导互动和客户体验的过程。
- 与传统营销媒体的整合。
- 让客户能很方便地找到你。
- 开展个性化服务（如群发、推送相关信息）等。

二、营销网站的维护

企业出于以下两方面的目的，一定要建立网站运营制度，定期维护系统内容。

（一）从营销展示和吸引客户角度

（1）要定期更新网站内容，保持对客户的新鲜感和吸引力。

（2）随时反映企业最新的经营理念、产品、功能和服务。

（3）根据客户兴趣调整网站栏目和相应的内容，等等。

（二）从安全角度

（1）数据库备份和安全维护。

（2）对电脑病毒、流氓软件、恶意攻击、商业欺诈、黑客攻击的防范，等等。

讨 论

1. 一方面，一些IT公司将网站设计的价格压到了几千元（已触及底线），却揽不到生意；另一方面，许多企业苦于花钱都找不到人来建立一个好的商务网站。这是什么原因？如果是你，会怎样确定网站的主题和内容？

2. 有企业反映：我们已建立了商务网站，也花了不少钱来做宣传和推广，但访问点击率仍然很低，且抓不住客户，客户往往看一次就不再访问了。这是什么原因？如果是你，如何抓住客户/增加访问率？

3. 请针对中国移动通信公司的多个品牌（ChinaMobile、移动梦网、全球通、动感地带、神州行）网站的定位和内容展开分析。

提示：5～8人一组，先分组讨论，再由1人向全班简要阐明本组的观点。

点评：

归根到底是网站设计定位的问题。

本章小结

本章系统地介绍了企业营销网站的创建过程，包括域名注册与域名资产保护，营销网站主题选择，网站设计，网站的运营与维护方法等。

本章特别强调：域名是企业品牌资产的一部分，是品牌资产在网络环境下的延伸；营销网站面对的是客户、公众、消费者，因此，抓住公众兴趣，在服务和价值的基础上黏住客户非常重要；企业应根据营销定位、市场分析来确定网络营销的主题以及营销网站的形式。

重点概念和知识点

- 域名资产和品牌资产
- 脚本和脚本设计
- 营销网站创建
- 市场细分和网站定位
- 网站主题

练习题

3～5 人一组，分组设定主题，设计一个创建企业营销网站的模拟方案。主题内容如下：

1. 网站定位和主题；
2. 域名设计；
3. 脚本设计；
4. 系统实现方案。

章末案例

上海一佳一是一家提供网络在线教育产品（在线互动课件和交互式学习平台）的企业，其产品以其独特的互动形式和技术力量深受客户好评，在国内同行业中独树一帜、傲视群雄，但市场营销做得不太好，为此，该企业曾在组织销售团队、建立营销体系等方面下过一番工夫，但始终不见有大的起色。

为了解其中的原因，2010年初，该企业走访了部分客户，对用户需求及其市场营销体系进行了分析。在分析过程中发现，客户一旦对在线培训产品有了需求，常常会主动上网去寻找，结果是：常常找不到，即便找到了，也吸引不住客户（因为客户反映网站内容并没有充分反映出产品的特点）。另外，客户还反映：即使他们接受了他人（或推销员）对该企业产品的介绍，也不会立刻决定购买该产品，往往都会事后自己再上网去仔细了解网站中关于产品的介绍，然后再做决定。但潜在客户登录该企业网站后，往往发现网站首页内容主要都是在介绍该企业的情况，具体产品和支持平台的内容根本看不到（只有注册用户登录进去才能看到）。这是导致客户转向其他企业的关键原因之一。

于是，企业决定对网站进行改版，重新创建自身的网络营销体系。在重建网站过程中，企业内部遇到了来自各部门的各种不同观点的激烈碰撞。

首先是关于网站定位和主题。

观点之一：在企业品牌知名度还不是很高之前，网站要突出宣传企业，建立良好、负责任的企业形象，这对客户选择产品非常重要。

观点之二：网站要凸显需求价值和客户利益，强调自身产品和学习平台如何给客户带来好处并展现客户价值，而不要宣传企业自身。

其次是关于网站所展示的内容。具体包括企业已经建立起的丰富的课程系列（包含300多门课程）和在线学习支持平台要不要挂在公网上让公众直接看到。这些在线学习支持平台的内容包括：辅助学习工具、能力测评工具、技能提高工具、手机课程、动画案例呈现方式、看电影学知识、互动讨论区、管理和监控平台等。

观点之一：我们是该领域的技术创新者和领导者，其他一些规模更大的竞争对手整天都在盯着我们的技术，一旦这些内容发布到网上，会给竞争对手的拷贝和模仿提供可乘之机，导致我们没有技术优势可言，后患无穷。

观点之二：这些是我们的竞争优势，一定要放上去并充分展示给客户，只有这样，才能吸引并抓住客户。如果抓不住客户，则一切优势都无从谈起。至于保密问题，可采用一些技术手段解决（如样本示例等），但要绝对防止他人模仿是不可能的。企业只有永远创新、领先市场，才是根本出路。

最后是关于内容组织和分类问题。

观点之一：新网站内容的组织要按菜单严格分类，给客户一个很有逻辑、严谨的印象，这样有利于多数客户在网站中找到各自所需要的内容。

观点之二：分类不必太严格，菜单可以根据客户的兴趣有所重复、灵活处理。强调部分客户感兴趣的内容，降低客户操作上的复杂程度（例如，菜单操作不会太复杂，客户可更直接地调出感兴趣的内容）。①

---

① 像新浪网等大多数新闻门户网站一样，在网站首页的一级菜单内容分类中，既有“体育”栏目，又有“NBA”、“意甲”等栏目。同时，在“体育”栏目下的二级内容分类中，也有“NBA”、“意甲”等栏目。对NBA感兴趣的用户既可以按“‘体育’→‘篮球’→‘NBA’”路径进入，也可以直接在首页上点击“NBA”进入。

思考题

1. 在上述各有争议的问题中，你支持哪种观点？为什么？
2. 遇到上述不利的问题，在技术上应如何解决？
3. 关于该企业网络营销体系的构建，你还有哪些进一步的建议？请具体说明。

M

第Ⅳ篇

网络环境下的营销传播与运作方法

营销是一项综合的系统工程，网络营销也不例外，需要整合多种网络技术，从各方面给予支撑。

在前面几章中，我们讨论了网站在网络营销体系中的重要性。网站已经成为企业传播营销理念、展示营销战略和吸引客户的主渠道（主窗口），成为整合营销传播的中心枢纽。但是，光有这个窗口、坐等客户上门是不够的，企业必须主动宣传、推广、策划和运作这个窗口，努力让更多的人知晓它、喜欢它、依赖它。为了让企业的营销策划能更多地引起市场关注，让企业的营销服务能够惠及更多的客户，让人们对企业的产品和竞争优势能有更多的了解，就需要对营销网站进行宣传、推广和运作。

在网络环境下，营销传播的方式和技术有多种，而且这些方式和技术正处在不断的发展与变化过程中。本篇分为四章，将围绕现阶段较为流行和实用的几种网络营销推广模式展开讨论。

第9章 Chapter 9 营销网站的宣传、推广与运作

学习要点

营销网站宣传、推广、策划和运作的重要性

常用的宣传、推广和运作方法

域名的宣传和驳接技术

网络广告及其发展

第1节 引导案例：中国外轮代理总公司

本节将用一个实际案例总结出本章所研究问题的重要性。

一、案例背景简介

中国外轮代理总公司（以下简称中外代）是在外轮代理行业很有影响的一家企业。由于该企业的主营业务是与进出口及外轮打交道，所以管理者很早就意识到了网络营销的必要性，并委托一家深圳公司为其建立网站（http://www.penavico.com.cn/）（如图9—1所示）。

1999年底，中国国际船运电子商务大会邀请笔者做一个讲演。应会议举办方的要求，笔者在准备讲稿时仔细地浏览了该企业网站。客观地讲，就当时的情况来看，该企业网站设计得不错。网站设计风格清晰明了，内容较为丰富，较好地反映了企业的主营业务、服务范围和相关专业知识，以及对市场和客户的服务承诺、企业资信状况、营销战略等。

二、业务和市场分析

为了分析该企业的市场和业务环境，以便研讨会上的报告更具针对性，笔

图 9—1 中外代网站页面

者设想了一笔业务，并在特定的环境下（假定面对的是潜在客户和市场）展开分析。

笔者在清华大学经管学院企业高层管理人员研修班的部分学员中展开了调查。前提是他们都是潜在客户，以前从未做过国际贸易，也未与国际远洋运输企业打过交道。请他们设想：如果现在有一笔业务急需将商品运出国，应该怎么办？

结果，多数人反映：尽管我们以前从未与该行业的企业打过交道，但是很容易想到社会上应该有这样一类业务代理公司。我们只要能找到代理公司，了解清楚其业务范围是否满足我们的要求，则可将业务委托给它们来办理。

这说明，尽管潜在客户并不熟悉该行业，但很容易想到社会上应该有这样一类企业，且该企业又以“中国”二字冠名。这种市场环境对中外代来说非常有利。

接下来的问题是：作为一个潜在客户，如何能找到这个公司并与之联系，如何了解该公司的业务和服务范围？这是令潜在客户头疼的问题。

三、存在的问题

当笔者就“如何与该公司联系”这个问题进一步询问时，得到的答案是相同的：设法找到该公司的电话，联系上后再进一步接洽。这说明：在当时(1999 年)，电话仍是人们联系业务的首选方式。

于是，笔者故意将中外代公司的名称说得不是很准确，即将其中不太重要的某个词变了一下，然后设法查找该公司的电话。这种情况对于不知道该公司准确名称的潜在客户来说是完全可能出现的。

笔者一遍又一遍地拨打北京电信查号台号码 114，得到的结果不外乎两种：

一是告知此单位没有注册；二是随便告诉一个电话，结果拨打过去一问，根本不是。这说明：如果不知道该公司的准确名称，要想通过传统方法查到它的电话号码是很困难的。

最后，笔者一字不差地说出该单位名称，这次 114 给出了一个该公司的电话号码。笔者把电话打过去，将事先准备的“业务”描述一番，结果没等笔者说上几句，就被对方打断了：“这是公司行政部门的电话，具体问题需要问业务部门。”于是，笔者再按对方所给出的业务部门电话联系，这回终于联系上了，笔者将事先准备好的“业务”描述一遍，最终对方说：你的问题太细、太具体，电话讲不清楚，希望能到公司来一趟。公司地址是……

啰唆了半天，最终还是没能解决问题。这说明电话联系业务有一定的局限性。

电话联系业务不方便，那么有了网络是否好一些呢？于是，笔者登录该企业商务网站，发现网站较好地反映了该企业的业务范围、服务内容、联系方式等，这正是客户想要了解的内容。

但仔细一想，还是有问题。该企业有一个经营了几十年的传统品牌“Penavico”，在外轮和代理行业很有影响力，创建网站时，为了继承原有的品牌资产，将它注册成了网址（http://www. penavico. com. cn/）。这个网址对于潜在客户（特别是中国客户）来说，不便记忆。有可能在客户天天上班的路上就有一块该公司设立的广告牌，但是如果客户不拿出纸和笔去刻意记下来的话，根本记不住它。

记不住网址，就无法通过网站了解企业和联系业务，于是很多人自然会想到上网搜索。笔者先后用了五六个当时很知名的中文搜索引擎，选择了多个与该公司业务相关的关键词（如远洋、船运、外轮代理、国际运输等），从众多不同的角度进行搜索，结果均查不到该企业。更麻烦的是：不但查询不到该企业的网址，而且很容易将该企业的主要竞争对手——广州外轮代理查出来。试设想：作为潜在客户，看到这种情况，很可能会用鼠标点击广州外轮代理公司网站。进去以后，发现广州外轮代理的业务范围也可以满足其要求，服务也不错，就会直接与广州方面联系，将业务委托给广州公司来做。这种现象将会导致业务流失，从而使竞争对手受益。虽然这是企业经营者最不愿意看到的情况，但很可能发生。

讨 论

1. 出现上述情况的原因是什么？
2. 怎样才能解决问题？

提示：5～8 人一组，先分组讨论，再由 1 人向全班简要阐明本组的观点。

第2节　网站的宣传与推广

在上述案例中，网站设计和创建都不错，问题的根源出在创建后没有进行推广和运作。商务网站是需要运作的，在商务网站建立之后，如何宣传和运作这个对外的窗口，让市场和客户知道它且能很容易地访问它，对企业网络营销战略的实施非常重要。

一、网络媒体解决方案

网站宣传与运作的解决方案之一是利用网络媒体自身宣传网址（域名）。简言之，就是动用多种网络技术，从多个方面强化和宣传网址，使更多的人知道（或很容易查到）企业网站，让企业网络品牌不断升值。这些网络技术主要包括如下内容。

1. 与各种搜索引擎链接

在上述案例中，之所以上网查不到中外代，关键原因是网址与搜索引擎的链接没有做好。如果希望客户特别是那些潜在客户能够通过搜索引擎查到，则必须主动与各大搜索引擎做链接。链接时，有两点必须注意：一是要与企业所在行业比较有名的多个搜索引擎做链接；二是不但要链接企业的网址、名称，同时还要链接与企业业务相关的所有关键词(有关这方面的内容，详见第10章)。

2. 创建一种易于宣传和记忆的网络品牌

由于历史原因，或许企业原有的品牌名很长或不便于潜在客户记住，但是又在老客户中很有影响力。这是一笔重要的资产，开展网络营销时当然不应该放弃（如上述案例中的“Penavico”）。在这种情况下，我们一方面可以用原有品牌名建立域名，另一方面可用各类技术手段（如驳接技术、中文域名等）创造出另一个简单、易于宣传和易记的网络品牌。

3. 网络广告

如果能确定哪些网站是企业所在行业的著名网站且客户和潜在客户经常访问，则可在这些网站最醒目的页面投放网络广告，以广告方式来强化网络品牌的宣传(有关这方面的内容，详见本章第3节)。

4. 信息群发

针对潜在客户群，在合法（许可）的情况下，采用各类信息群发（如电子邮件、短信息、信使服务等）的方式来宣传业务和商务网站(有关这方面的内容，详见第11章)。

二、传统媒体解决方案

宣传网络品牌的另一个途径是借助传统媒体来宣传域名。这不仅是一种强化品牌效应、使网络品牌升值的有效方法，而且是一种覆盖和传播面更广的品牌传播方法。

这些传统媒体的主要分类如下。

1. 传统广告

包括视频广告、音频广告、平面广告（如报纸、杂志）、户外广告（主要是各种广告牌）等。利用各种传统广告同时宣传企业品牌和网络品牌，是当代广告宣传的一种时尚。

2. 企业形象和标志

例如，将颜色（如 IBM 公司的蓝色、柯达公司的黄色、富士公司的绿色、可口可乐公司的红色等）、标志和企业形象认证系统（culture identification system，CIS）与网络品牌结合起来，形成统一的视觉形象。

3. 各类可接触式的宣传媒体

包括各种宣传印刷材料（如宣传小册子、彩色画页等）、产品包装（如纸袋）、信封、信纸、名片、礼品、饰品等。利用这些媒体来宣传企业域名，使得客户只要接触过其中任何一种媒体，就可以很方便地找到并访问网站。

三、网络营销的普适性

对于上述这些网络品牌的运作和宣传方法，企业更关心的是客户是否认可、效果如何。

有人甚至质疑："我们这个行业（或地区）很落后，如果利用宣传册、包装、信纸、名片、礼品、饰品等印上网址信息，向客户宣传他们根本不知道的内容，能奏效吗？"

从营销的角度看，这种说法是站不住脚的。因为在营销领域，没有落后的客户，只有不开窍的管理者（或营销策划者）。抱怨客户思想落后，无法接受企业的营销策划，只能说明企业对此了解得太浅，营销策划不到位。

第 3 节　网络广告及其发展

由于网络的普及，传统媒体广告面临着极大的挑战：企业营销信息的传播成本越来越高，越来越难。在实践中，常听到如下一些抱怨，这些抱怨反映了传统广告存在的许多问题。

- “不知道是给谁看的广告?”（反映了传播的受众定位模糊。）
- “不知道有多少人看了广告?”（反映了成本和性价比模糊。）
- “广告投放不少，但销售业绩不见增长!”（反映了传播的效果和商业目的模糊。）

传统媒体广告自身存在的问题造就了网络广告的发展。

网络广告作为企业网络营销传播策略的一部分，配合网络品牌传播和营销网站推广使用。虽然网络广告在普及面和涉及范围等方面仍受到一定的限制，但是在方便性、互动性和价格等方面是传统媒体无法相比的。

一、网络广告分类

随着技术的发展，现阶段的网络广告主要分为四类，即信息群发和病毒扩散式广告、链接及关键词定位广告、网站页面广告、口碑和诱导类广告。

（一）信息群发和病毒扩散式广告

这类广告通常是利用各类技术手段将企业营销信息或营销网站内容大面积推广传播。群发数量至少是数十万，甚至上千万，其特点是方便、快捷、有针对性、传播范围广（详见第11章）。现阶段常用的工具和手段如下：

- 信息群发（如电子邮件、手机短信、信使服务等）。
- 嵌入式软件。
- 病毒式信息传播。
- 播客（RSS）等。

（二）链接及关键词定位广告

链接及关键词定位广告是网络广告、网站推广和传播营销信息的一种形式，对受众群体来说是一种主动式信息获取模式（详见第10章）。

（三）网站页面广告

网站页面广告是网络广告中最常见的一种形式。通常，网站页面广告的形式有如下几种：

- 通栏标题广告。
- 旗帜型广告。
- 按钮型广告。
- 弹出式广告。
- 悬浮式广告。
- 动画型广告。

- 富媒体、视频流、媒体流广告。
- 主题推送广告等。

（四）口碑和诱导类广告

麦肯锡咨询公司 2002 年 5 月所做的一项调查显示：有 2/3 的商品销售在不同程度上受到口头宣传、口碑等非传统营销手段的影响，而这种口碑又越来越依赖网络媒体的传播。这就给企业营销以启示，口碑营销（buzz marketing）开始流行起来。企业“假借”消费者或名人之口来制作“口碑”（托儿），是企业传递营销信息、诱导消费的一类“隐性广告”形式（详见第 12 章）。现阶段较为常见的有：

- 博客营销。
- 论坛/聊天室营销。
- 专业/兴趣俱乐部、会员制营销。
- 网络社区口碑、评论搜索营销等。

（五）现阶段网络广告存在的问题

现阶段网络广告存在诸多问题，严重影响到广告效果的发挥。2004 年 1 月 21 世纪网进行的一次网站调查中，95%的网民认为目前各大网站的弹出式和悬浮式广告严重地干扰了他们正常的信息阅读。网民表示对此很反感，甚至不愿再访问该网站。

从客户角度看，网络广告存在的问题归纳起来主要有三点。

- 网络广告是一种被动接受行为，过多无关的广告出现会影响公众阅读，易引起反感。
- 弹出式和悬浮式广告给公众带来诸多不便，严重影响用户浏览。例如，在国内一些大型门户网站上，弹出式广告像地雷一样层出不穷，令人应接不暇；悬浮式广告则像雪花一样满屏飞舞，让人眼花缭乱。结果导致相当一部分客户拒绝再访问这些网站。
- 网络广告只是“粗广告”到“细广告”（或称为“画中画”），没有真正实现网络广告与营销网站中内容的互动，因此也就无法体现出网络广告的优势。

二、网络广告的特点及定价方法

（一）网络广告的特点

传统媒体只能间接地通过广告接触产品。也就是说，客户只有接触到广告，才能找到联系方式，再与对方企业联系，从而了解对方企业的业务情况。

网络广告则不同，只要用户看到了感兴趣的内容，直接用鼠标点击，即可进入该企业网站，了解到业务的具体内容。

相对于传统媒体，网络广告的优势可概括为：

- 精准、方便、灵活，不受任何时空环境的限制。
- 双向互动，价格低廉。
- 与广播广告相比，更直观、灵活。
- 与电视广告相比，驻留时间更长、性价比更高。
- 与户外广告相比，覆盖面更广、效果更好。
- 与平面广告相比，内容更多、信息量更丰富、视觉冲击力更强。

（二）网络广告的定价方法

不同的网络广告有不同的定价方法。有关信息群发和病毒扩散式广告、链接及关键词定位广告、口碑和诱导类广告的定价方法，将在后面的相关章节中具体讨论。这里讨论的内容仅限于网站页面广告的定价方法。

网站页面广告的定价方法通常有三种：按页面固定比例定价；按实际点击率（click-through rate）定价；按看到的比例定价。千人广告成本（cost per-one-thousand impressions，CPI）指标是指每产生 1 000 个广告印象数的费用，其公式为：

$$\text{CPI}=\frac{\text{广告购买成本}}{\text{含有广告网站的访问次数}}\times 1\,000$$

企业在操作时，可根据实际情况，与运营商协商选择具体的收费方法。通常的做法有：

- 在网站首页的通栏广告或标牌广告，多采用固定费率制，即按广告图标的大小尺寸、该网页点击率的人次数来确定一个固定收费比例。
- 标牌或按钮式广告多按实际看到的比例收费（CPI 或千人印象成本 CPM），即企业预存一定的费用，运营商按照实际流量分析统计报告，来扣除。
- 精准定位广告、互动广告多采用以点击次数计费模式，即有人点击广告则付费，无人点击则不付费。

（三）与传统广告的性价比较

与传统广告相比，网络广告的最大优势是：价格更便宜，性价比更高，深受企业特别是中小企业的欢迎。

以国内某知名报纸为例（商务类日报，全国发行，发行量 65 万份），假定其持续影响期限为 3 天。一个整版彩色广告价格为 224 000 元，广告成本为 0.12 元/人/天。某商务网站的浏览量为 22.5 万人次/天，网站首页顶端通栏广告价格为 6 000 元/月，广告成本仅为 0.008 9 元/人/天，约为报纸的 1/13。

而且，在报纸阅读者中，有 1/20 的人可能会对该广告内容产生购买意向，3 天内大约会有 50 次来电来访，成本为 4 480 元/次；而在该专业网站浏览者中，会有 83%的人有购买意向，一个月内大约有 270 次来电来访，成本为 222 元/次，不到报纸的 1/20。

传统媒体广告成本的激增和性价比的下降，成就了网络广告的发展。

2003 年 8 月，Jupiter 公司对 579 个美国广告商进行调查。在被问及是否会增加下一年网络类广告预算时，42%的广告商表示会增加，36%的广告商表示会与上年持平，有 12%的广告商表示不会增加这类广告投入。调查显示：越来越多的人对表现力更丰富的富媒体广告感兴趣，计划投入更多的资金。

三、网络广告的发展趋势

近年来，网络广告不但在数量、规模上发展很快，而且在形式上也从以往推式的大众传播逐步走向推拉互动和精准传播。

（一）近年来网络广告规模的发展

据统计：2003 年第四季度，全球网络广告收入达 22 亿美元，比 2002 年同期增长 38%，达到历史最高水平。2003 年全球网络广告收入为 72 亿美元，比 2002 年增长 20%。

2003 年，中国网络广告市场经营额突破 10 亿元（达 10.8 亿元），较 2002 年的 5 亿元增长了一倍多。2003 年中国电视广告经营额达到 255.04 亿元，占总额的 23.64%；报纸广告经营额达到 243.01 亿元，占总额的 22.53%；广播、杂志的广告额分别是 25.57 亿元、24.38 亿元，分别占总额的 2.37%和 2.26%。这表明网络广告尽管所占比例还很小，但相对发展速度很快。

2005 年，美国网络广告收入达 125 亿美元，超过户外和商业杂志广告收入，与广播广告收入并列，创历史新高。2006 年，美国网络广告市场份额达 5.4%。

据 iResearch 公司提供的统计数据：2005 年，中国网络广告的市场规模为 31.3 亿元，比 2004 年增长 77.1%，是 2001 年的 7.6 倍，首次超过杂志广告（18 亿元），接近广播广告（34 亿元）。而 iResearch 公司 2007 年初的统计显示，2006 年中国网络营销市场规模达到 65 亿元，较 2005 年增长 55.9%；预计 2010 年市场规模将达到 257 亿元。

（二）精准定位和营销传播成为网络广告的杀手锏

对目标客户群进行精准定位和营销传播，已经成为时下各大网络广告运营商和企业竞相研发的目标，成为网络广告与网络营销冲击传统广告和营销传播市场的杀手锏。

为此，各大网络广告运营商提出了根据客户兴趣和访问目的匹配、定位与推送广告的新模式。广告内容以人、动机、服务为导向，不再是以企业商务目的为导向出现。例如，在公众选择与旅游有关的新闻信息时，不出现机械、化工、房地产等广告。避免在网民看新闻时强行搭售无关广告。自动为客户选择、匹配相应的广告内容，从而增强广告效果。

广告匹配和客户访问动机的实现路径包括：

- 通过采集通路分析。
- 在网页中搜索分析。
- 采用网络社区行为分析。
- 采用感兴趣话题分析。
- 采用网民访问行为分析。
- 采用博客、聊天、游戏等分析。

（三）网络广告与传统媒体的整合

营销传播是一项涉及多种手段、多个环节的系统工程，需要综合和整合多方面因素，并在整合过程中保持营销诉求和传播目标的一致性，既包括各种网络营销的技术和手段，同时也包括各类传统媒体的技术和手段，两者必须紧密结合，缺一不可。

（四）网络广告的发展趋势

在线互动、精准传播、多媒体网络整合代表了未来网络广告发展的总体趋势。随着技术的发展和企业对网络营销认识的深化，现代网络广告的发展呈现出以下十大趋势。[①]

1. 定向广告

即在网络和数据库系统的支撑下，对目标客户群体进行分析、数据挖掘和准确定位。然后在此基础上，针对目标客户的特点、爱好，定向地推送个性化的广告。这种定向广告由于针对性强，相对于传统的大众广告来说，不会引起受众的反感。

2. 精准传播

根据网络访问行为、主题、渠道，分析消费者的动机和意向，然后根据关键词和相关性来精准匹配并推送相应的广告内容。例如，在顾客浏览旅游主题的栏目文章时，推送旅游产品、景点、服务、酒店等相关广告，以增强广告效果。

---

① 参见姜旭平：《现代广告和网络营销传播的十大趋势》，载《现代广告》，2007（7），92页。

3. 需求拉动

现在的人越来越自我，越来越不关心广告，只在意自己需要什么。一旦有了需求，人们会按照自己的意愿上网寻找。从被动接受到主动索取，消费者行为的这一变化对营销传播来说非常重要。如果客户有需求时找不到你，那么品牌、产品、功能、创意等一切营销要素均无从谈起。这是当今搜索引擎营销、手机搜索营销火爆的基础。

4. 互动营销

互动是网络区别于传统媒体最大的竞争优势。互动营销有如下几种形式：基于网络广告与营销网站的互动营销；基于传统广告与后台网络的互动营销；基于兴趣、爱好与在线交流的互动营销；基于二维码、电子码、移动域名、短信回执与手机识别的平面媒体广告和 WAP 网站的互动营销；基于访问行为与营销目的的互动营销，等等。

5. 强调公众参与和客户体验

网络广告的特点之一是可以强调公众参与和在线客户体验，这就为企业的营销策划和产品功能展示提供了极好的舞台。通过电脑、手机、网络、各类广告，人们可以直接体验数码类产品，也可以直接参与营销策划活动，从而大大增强了广告的效果。

6. 从“企业告诉消费者”到“让大家告诉大家”

传统广告的基点是：“企业花钱购买话语权（广告）来告诉（教育）消费者。”但现在面临的问题是：消费者不愿相信企业的营销宣传，更愿意相信消费者彼此之间的口碑。于是，利用网络来传播对营销有利的信息，就成为当今非常“另类”的一类广告形式，即病毒式营销。病毒式营销的标志性口号是：“把广告变成口碑”，“让大家告诉大家”。

7. 营销传播关注的对象从“消费者”到“人”

以往的广告都是针对消费者的，显示出极强的商业目的性，这类广告越来越不受欢迎。现在的企业开始将广告的关注点提前，从人性、人本角度给予关怀，于是出现了大量不同色彩、不同主题的在线聊天室、俱乐部、网络社区等。这些网站在提供服务，给予人性、人本关怀的同时，也在宣传着企业的经营理念，引导着市场和消费趋势的发展。

8. 以网络为枢纽，整合营销传播

企业逐渐放弃单一大众广告的营销方式，开始根据市场和客户的特点，采用多种媒体的传播策略，同时，利用网络作为纽带，整合企业的营销传播过程。

9. 保持营销诉求的一致性

在多种传播媒体营销整合的过程中，保持多种媒体营销传播渠道的完整性和营销诉求的一致性非常重要。如果这两者掌握得好且使用方法得当，则营销效果倍增；反之，事倍功半，很难达到预期效果。众所周知，营销过程存在着“木桶效应”，即如果其中有一环未能做好，则企业的营销效应将取决于这最差的一环。

10. 从单一互联网走向综合网络环境

现代广告和网络营销传播依托的媒体从单一的互联网走向互联网、电脑、移动通信、数字电视、平面媒体、手机、移动 PDA 等相结合的综合网络环境。

以上十个趋势反映出现代广告和网络营销传播发展的潮流，只要我们能很好地体会和把握这十大趋势，顺应时代发展，就能冲破传统媒体的束缚和思想上的藩篱，引领企业走向营销传播的蓝海。

本章小结

网络营销是一项综合的系统工程，需要多种技术和媒体从各个方面整合与支撑。

本章从营销网站的创建和运作入手，系统地介绍了网站运作的规律，以及网站推广、网络广告等内容。营销网站需要去推广、宣传和运作，才能发挥更大的作用。

重点概念和知识点

- 网站的宣传、推广与运作
- 域名驳接技术
- 网络广告及其定价方法
- 营销定位及精准传播
- 网络广告
- 定向广告

练习题

3～5 人一组，在第 8 章章末练习题（创建企业营销网站）的基础上：

（1）设计网站的宣传和推广模式。

（2）结合营销策划过程，将域名驳接成一种非常容易传播和记忆的形式。

章末案例

通常，产品（网站）的推广和网络广告的宣传都是一项投入巨大，同时又费力不讨好的事情。但是，2008年底，澳大利亚昆士兰州旅游局的一个创意，仅仅花费了几十万美元，就让其产品深入人心，网站点击如潮，达到了“事半功百倍”的效果，至今仍为人津津乐道。该案例获得了业界、专家和市场的一致好评，在2009年戛纳国际广告节上，一举拿下了两项全场大奖和四项金狮奖，被认为是对网络营销、病毒式营销、互动参与式营销、体验营销和口碑营销的最佳诠释。

请看以下报道。

“世界上最好的工作”

在刚刚落幕的2009年戛纳国际广告节上，由澳大利亚昆士兰州旅游局于2009年初推出的旨在推广大堡礁保护工作的突破性营销策划——“世界上最好的工作”，赢取了11项全场大奖中的两项，同时还收获了四项金狮奖。斩获这些奖项，也为之前被不少广告营销人士称为“2009网络营销第一大案”的策划赢得了最好的成功证明。

戛纳国际广告节素有“广告界的奥斯卡”之称，每届都会评选出世界上最好的广告，全场大奖则被认为是其最高荣誉奖项。昆士兰州旅游局的营销案例不但击败了其他400多个参赛者，而且摘取了2009年首次设立的公关类全场大奖，还扳倒了1 000多个竞争对手，获得直复营销广告全场大奖。除此之外，它还夺走了旅行、旅游业和休闲、最佳利用网络、数字媒体和社会媒体四个分类别的金狮奖。

1. 名副其实的最佳工作

说起“世界上最好的工作”，相信很多人并不陌生。该活动由澳大利亚昆士兰州旅游局于2009年1月发起，面向全球招聘大堡礁看护员，宣称这项工作绝对是“世界上最好的工作”。

的确，只要看看这项工作要做些什么以及能获得何等待遇就会知道，这的确是名副其实的最佳工作。

充满阳光、碧海、白沙的大堡礁是世界上最大、最长的珊瑚礁群，也是享誉全球的旅游胜地。昆士兰州旅游局在招聘广告中称，大堡礁岛屿看护员将生活在大堡礁海域中面积最大的居住岛汉密尔顿岛上，工作内容包括四个方面：

（1）探奇和汇报。看护员的工作时间比较有弹性，主要职责是探索大堡礁的群岛，更加深入地了解大堡礁。看护员必须通过每周的博客、相册日记、上传视频以及媒体跟踪访问等方式，向全世界告知其探奇历程。

（2）喂鱼。大堡礁水域中生长有超过1 500种鱼类，试想，各式各样的珍贵鱼类蜂拥而上的场景是多么令人震撼。

（3）清洗泳池。虽然泳池装有自动过滤器，但是如果发现水面上有一片飘落的树叶，那么下水清洗泳池绝对是畅泳的好借口。

(4) 兼职信差。探险旅程期间，看护员可参与航空邮递服务，这将是在高空俯瞰大堡礁美景的绝佳机会。

从这些要干的工作来看，与其说是工作，还不如说是休假和享受。更吸引人的是，昆士兰州旅游局还为看护员提供极为舒适的居住环境和令中产阶级都羡慕的高薪。看护员会居住在汉密尔顿岛上的“蓝色珍珠”小屋中，这座小屋有三个宽敞的卧室、两个洗手间和设备齐全的厨房，并配有精美绝伦的家具，家用电器和娱乐设施一应俱全。看护员还能享用诸如私人游泳池、景观水疗池、日光浴室、大观景阳台以及澳式 BBQ 烧烤设备等。另有一辆高尔夫轿车，供看护员在岛上巡视之用。在为期半年的工作期间，昆士兰州旅游局将向看护员发放总额为 15 万澳元（约合 70 万元人民币）的薪金，还提供往返经济舱机票、合同期内的旅游保险、电脑、上网服务、具备录像功能的数码相机、往来大堡礁岛屿之间的交通费用等。

工作、生活待遇之优厚令人眼晕，被称为“世界上最好的工作”的确一点也不为过。相比之下，昆士兰州旅游局对这份工作的申请者设置的“门槛”却没有那么高：申请者必须年满 18 周岁以及符合申请工作签证资格，具有“良好的沟通技巧”、“良好的英语听写能力”、“喜欢探索、冒险”、“乐意尝试新鲜事物，热爱大自然”、“良好的游泳技巧，热爱浮潜或潜水”等。

申请者需要制作一个时长为 1 分钟的英语求职视频，阐述自己为何是该职位的最佳人选。昆士兰州旅游局挑选出 50 位合格的应征者，然后从中挑选出 11 人并对他们进行面试，最后确定一位最终获得“世界上最好的工作”的幸运儿。

这份梦幻般的工作一经推出，举世瞩目。昆士兰州旅游局收到了来自全世界 200 多个国家和地区的成千上万份申请，其招聘活动的官方网站（www.islandreefjob.com）在开启当天便达到了百万人次的浏览量，甚至导致网站瘫痪，不得不临时增加数十台服务器。最终，经过层层选拔，来自英国的一名义工本·索撒尔从众多竞争者中脱颖而出，被选为大堡礁岛屿的看护员，已于 2009 年 7 月 1 日正式上岗，之后将在 6 个月的工作时间里探索大堡礁的岛屿，并向全世界汇报他的探奇历程（如图 9—2 所示）。

2. 一次成功的网络营销

耗时半年，在全球数万人中进行“海选”，昆士兰州旅游局如此兴师动众，明眼人一看就知道是“醉翁之意不在酒”。的确，“世界上最好的工作”活动称得上是近年来一次非常成功的网络营销策划。

受全球金融危机的影响，大堡礁的游客有所减少，但通过这次看护员的全球招聘活动，大堡礁的品牌影响力大大提升。招聘带来的轰动效应和价值明显超过其付出的成本。昆士兰州旅游局品牌销售总监向媒体透露，这项精心筹划了 3 年的营销活动总投入仅为 170 万澳元，其中还包括看护员 15 万澳元的薪水，而最终的成果却是大堡礁不仅更加为世人所了解，而且创造了多达上亿澳元的广告营销价值。

这项营销策划的最初创意来自昆士兰州旅游局在 2007 年底的一次头脑风暴。当

图 9—2　大堡礁守护者的网络日志页面

时，昆士兰州旅游局管理层以及 18 个国际办事处的主要人员聚集在总部的会议室里，希望能找到一个旅游营销点子，让世人牢牢记住大堡礁。提出的要求是：这些主意必须是放之四海而皆准的全球性创意，同时还得主要通过网络力量进行传播，让更多的人参与进来并进行互动。经过再三讨论，这项提案脱颖而出。

在戛纳国际广告节为这项策划颁发的众多奖项中，有一个类别的奖项尤其值得关注，这就是最佳利用网络的金狮奖。事实上，如果没有网络，这次招聘的影响力恐怕不会如此之大。

我们可以看到，在“世界上最好的工作”活动开展过程中，网络这个新媒体被主办方利用得相当充分。昆士兰州旅游局不但建立了制作精良的活动网站，而且设有英语、日语、韩语、中文（简体和繁体）和德语等不同语言版本。昆士兰州旅游局在全球各个办公室的员工也被要求到各自国家的论坛、社区中发帖，让消息在网友中传播。

此次活动的参赛规则是全世界任何人都可通过官方网站报名，申请者必须制作一个英文求职视频，介绍自己为何是该职位的最佳人选，并将视频和一份需简单填写的申请表上传至活动官方网站。而我们对官方网站的合作伙伴也不陌生，合作伙伴就是鼎鼎大名的YouTube网站。招聘借助YouTube网站在全球的巨大影响，活动本身又得到了进一步的口碑传播。

环环相扣的互联网应用层出不穷，主办方还设计了经网络投票决出“外卡选手”的环节，入选50强的选手会不断拉票，而关注活动的人会为自己心仪的选手投票。来自中国台湾的王秀毓就因远超对手的得票数而成为唯一进军面试的“外卡选手”。

主办方在投票过程中进行了精心设置。与国内常见的点击一个投票按钮不同，投票人要先输入邮箱地址，然后查收一封来自昆士兰州旅游局的确认件，确认后再行使投票权。其实，通过确认，参与投票的网民都会好好浏览一下这个做得很漂亮、实质上是旅游网站的招聘网站，大堡礁的旖旎风光马上让人心旷神怡。更重要的是，投票者的邮箱未来都会定期地收到来自大堡礁的问候。试想，在有钱又有时间的情况下，谁会不动心呢?

同时，主办方还充分利用Twitter，Facebook，Flickr等Web2.0的应用，使活动的影响范围不断延伸。通过这些热门的网络应用，全球更多的人可以看到应聘成功的本·索撒尔所拍摄的照片视频、发布的探索汇报，并与他进行互动和沟通，这无疑又会进一步提升大堡礁在全世界的影响力。

对此，网络营销专家认为：“‘世界上最好的工作’营销推广之所以能够成功，就在于其看到了网络这种新媒体环境的力量，通过内容创新、沟通方式的创新去有效吸引消费者，让消费者主动投入时间与品牌进行互动联系，让其在获得良好品牌体验的同时，最终潜移默化地将品牌或产品的价值点植入心中。”

思考题

1. 这是一则招聘启事吗?
2. 昆士兰州旅游局成功的关键之处是什么?
3. 在该案例成功的背后，有哪些内在规律是可以举一反三、为我所用的?
4. 如何做能使效果更好一些?

第 10 章 Chapter 10 搜索引擎营销

学习要点

搜索引擎的功能和分类

链接方法及收费模式

企业的搜索引擎营销策略及案例分析

从注意力、点击率到业务转换率的八大要素

在当代网络环境下，人们的生活习惯和信息获取方式正在发生变化，越来越多地依赖网络。

2005 年 4 月，赛迪评测对中国东部沿海经济发达地区 18 个城市 1 800 多家企业所做的调查（2005 年《中国网络营销服务市场状况调研报告》）显示：目前，在国内发达地区，已有 80.97%的企业或多或少地使用过网络营销服务。在目前企业所使用的网络营销方式中，搜索引擎营销的比例为 84.49%，中文网址的比例为 6.59%，电子邮件的比例为 3.79%，在线广告的比例为 1.82%，网络黄页的比例为 1.65%。这说明搜索引擎营销已经被企业营销所认可，开始成为网络营销的主要工具。

第 1 节 搜索引擎的功能与分类

要想了解搜索引擎营销，首先需要了解搜索引擎在企业经营和营销中的功能与分类。

一、搜索引擎的功能

对企业和经营管理人员来说，搜索引擎的功能主要有三个方面：一是作为市场信息发现的工具；二是增强企业的信息搜索能力；三是作为营销信息传播的工具。

（一）作为市场信息发现的工具

从营销和信息查询的角度看，搜索引擎是一种重要的市场信息发现工具。企业利用搜索引擎的能力，决定了企业的信息发现和市场搜寻能力。对企业来说：搜索能力就是市场、利润、生产力。

从信息查询的角度看，企业对搜索引擎的利用主要体现在以下几个方面：

- 搜索供货商和原材料货源信息。
- 搜索市场供/需信息、会展信息、相关商务信息。
- 搜索设备、技术、知识等信息。
- 搜索企业、人员、机构、咨询等相关信息，等等。

（二）增强企业的信息搜索能力

目前，搜索引擎产业已经相当发达，仅有记录的搜索引擎就有近千个，用户随便输入一个搜索请求，查到的内容往往都会数以万计（甚至百万计）。但是，在实际工作中，我们常听到有这样的抱怨：人们都说网上的信息多，一查就有成千上万个，但没用的信息一大堆，找不到真正需要的信息。难道真是网上缺乏信息资源吗？显然不是，原因是查询的方法不对。

1. 决定搜索引擎查询能力的三大要素

任何一个搜索引擎所采用的搜索技术、信息分类方式等都有自己的特点，这些都会影响信息查询的效率。通常，以下三个要素直接决定了信息搜索能力：

- 搜索引擎连接信息资源的多少和信息源的范围。
- 所选择的关键词与系统预先设定的信息资源分类方式是否一致。
- 系统自身的技术水平和信息搜索能力。

2. 使用单个搜索引擎查询的局限

近年来，随着网络应用技术的快速普及和网站数量的爆炸性增长，虽然搜索引擎所包含信息资源的绝对数量在增加，但相对数量在急剧减少。1999 年底，在美国新泽西大学的一项实验中，选定当时最著名的 11 个大型搜索引擎，却仅能搜索到给定样本的 16%，其中：NorthLight 的搜索引擎能搜索到 16%；Snap 能搜索到 15.5%；AltaVista 能搜索到 15.5%；HotBot 能搜索到 11.3%；微软能搜索到 8.5%；InfoSeek 能搜索到 8%；谷歌能搜索到 7.8%；雅虎能搜索到 7.4%；Excite 能搜索到 5.6%；Lycos 能搜索到 2.5%；EuroSeek 能搜索到 2.2%。这项实验从一个侧面告诉我们，如果仅使用单一的搜索引擎去查询，结果会存在很大的局限性。

3. 要用不同的引擎、关键词、关键词组合来查询

在实际工作中，我们应根据需求、行业、专业特点及搜索目的的不同，变换或选择不同的搜索引擎、关键词、关键词组合来查询。这样，查询效率、搜索能力和查到的信息会大幅提高或增加。

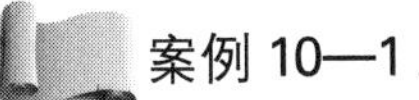

案例 10—1

1998 年春，笔者在为浙江某自行车厂创建营销网站时，企业老板谈及最近杭州来了一家台湾自行车生产企业，对本企业产品的冲击很大。在网站建成后，他让技术人员去查那家企业的背景情况，结果该企业的技术人员反映："到搜狐①上找了，但没有找到。"

当时，笔者分析找不到的原因可能是搜索方法不当，于是让他们改用当时台湾最热门的几个搜索引擎和台湾人习惯的几个词去重新查找，结果查到的信息很多，居然要先给出首个汉字的笔画，搜索引擎再按笔画顺序给出查到的内容。

（三）作为营销信息传播的工具

从营销角度来看，企业展开搜索引擎营销的主要目的有两个：一是引导客户主动来找企业；二是利用网络技术来整合多种媒体的营销传播过程。

根据笔者等人在 2006 年 1 月的调查（见第 1 章图 1—1），当代人（特别是年轻一代）的信息获取方式首先会选择网络搜索，而其他几种传统方式很少有人使用。

几乎同时，在美国的一项调查中也显示（如表 10—1 所示）：美国工业企业在寻找供货商时，有一半以上（52%）的企业会选择使用搜索引擎去寻找新的货源。

表 10—1　　美国工业企业寻找供货商的渠道

采购渠道	被调查者百分比
搜索引擎	52%
行业在线分类目录	21%
同事介绍	14%
制造商的销售电话	5%
贸易杂志	3%
直邮或电子邮件	2%
内部系统	2%
印刷目录	1%

资料来源：新竞争力编译：《搜索引擎成为工业品采购商寻找货源的第一渠道》，见 GlobalSpec 网站，2006 年 2 月。

以上数据显示：如此多的人在对某个商品感兴趣时都会上网搜索。他们按什么规律去搜？会先看到哪些信息？谁先引起他们的注意力？这些问题对营销至关重要。因此，企业做好搜索引擎营销，将是确保有需求的客户企业主动来找企业的重要渠道。

① 当时还没有百度、谷歌等搜索引擎，搜狐是最大的中文搜索引擎。

二、搜索引擎的分类

据不完全统计，目前在网络上运行的各类搜索引擎有近千个，各自的特点、技术、模式和目标对象都不尽相同。本书将从搜索引擎的起源和技术、使用特点和用途、地域范围等几个角度进行归类。

（一）从起源和技术上划分

最早的网页搜索技术构思起源于电话黄页的目录（directory）式搜索，随后又发展到基于机器人（robot）、搜索蜘蛛（spider）、元搜索（meta search）和语义网络（semantic web）等。

● 基于目录式搜索发展而来的搜索引擎有：雅虎，OpenDirectory，MSN，AltaVista，等等。

● 基于机器人或搜索蜘蛛技术发展而来的搜索引擎有：谷歌，百度，Lycos，Excite，Infoseek，Inktomi，FAST，等等。

● 基于元搜索技术发展而来、靠协同模式工作的搜索引擎有：AskJeeves，WebSeeke，MetaCrawler，Lookfor，Cyber411，Digisearch，DogPile，Islcuth，Highway6l，ProFusion 等。这些搜索引擎在自己查询的同时还会自动将用户的搜索请求分发给数十个其他搜索引擎一起来查询，最后将结果汇总后推送给客户。

（二）从使用特点和用途上划分

搜索引擎从使用特点和用途上可分为如下几类：

● 大型综合类搜索引擎，如谷歌、百度、雅虎等。

● 专用搜索引擎，如视频、音乐、娱乐、交友、企业信息、商务信息等。

● 购物搜索引擎，如查商品、查餐饮、价格比较等。

● 用于手机、网络 PDA 或掌上电脑的搜索引擎等。

（三）从地域范围上划分

搜索引擎从地域范围上可划分为：

● 国际综合大型搜索引擎，如：谷歌，雅虎，MSN，Infoseek，Excite，AltaVista，Galaxy，InfoSpace，Lycos，WebCrawler，Magellan，Mckinley，Goto，Hotbot，Overturn，EuroSeek，等等。

● 中国大陆/简体中文（GB 码）搜索引擎，如：百度，中搜，慧聪，搜狗，3721，新浪，天下搜索，八佰搜，Cseek，ChinaWeb，Easy，163，Goyoyo，Tonghua，等等。

● 中国台湾繁体中文（Big5 码）搜索引擎，如：Yam，Todo，Whatsite，

等等。

● 中国香港繁体中文（Big5 码）搜索引擎，如：Search，Hongkong. com，等等。

第 2 节　链接方法及收费模式

在当代激烈竞争的环境下，企业生产出来的产品要向需求转换，才能实现企业价值。在这个转换过程中，营销信息与市场沟通非常重要。如何在茫茫人海中寻找到那些对自己产品感兴趣的目标客户，如何让有需求的客户很方便地找到自己，这些都直接关系到业务的流向。

在传统环境下，大企业可采用大规模广告投放方法，只要达到一定覆盖率，总能将营销信息传递给目标客户。但这种做法耗费财力巨大，且效率越来越低，对没有这种财力的中小企业来说，根本无力实施，只能派推销员四处奔波、劳民伤财。

相比之下，搜索引擎营销更主动，能让客户主动来找你。“让客户主动找到你”的方法就是：要广“修渠道”、多“铺路”、多“搭桥”。这些“路”、“桥”、“渠道”就是关键词，“铺路”的方法就是链接。

一、现有的链接方法

由于现代人一旦对某种商品/信息有需求，大多会上网查询，因此企业必须主动与搜索引擎做链接，否则客户通过搜索引擎是很难查到的。不但要链接，还要尽可能多地利用与业务和产品相关的关键词，按照客户的习惯尽可能多地链接搜索引擎。

（一）一对多的链接

企业在展开 SEM 时，要从客户和市场的角度展开分析，选择对开展业务最有利的关键词和搜索载体，尽可能多地链接。但是，网络上的搜索引擎有近千个，如果企业一一做链接，则工作量很大。因此，可以利用一些网站或工具进行一对多的链接，以起到事半功倍的效果。这些网站往往绑定了若干（一般是十几个，甚至几十个）搜索引擎，且比较专业化。只要一次性地将链接信息提供给网站，网站就会将这些信息自动链接到十几个搜索引擎上。例如：

● 把链接信息提供给 http://www. register-it. com/。

● 把链接信息提供给 http://www. add-me. com/。

● 把链接信息提供给 http://www. submit-it. com/。

● 借助搜索引擎代理商。

● 借助网络营销服务商，等等。

但是在实际中，很少有企业这么大规模且无目的地链接，一般都会根据客户和行业特点，有选择性地展开链接。

（二）现有的几种链接模式

在现阶段，搜索引擎运营商提供的链接模式主要有以下几种。

- 免费链接（free link），即不收取任何费用，允许企业自行将其域名等进行链接注册，在为企业提供有限服务的同时，也为运营商增加了信息资源。
- 付费购买链接关键词。利用关键词链接、查询优化（paid inclusion and key words search optimization）或登录分类目录。
- 购买关键词定位广告（AD words）或通栏广告。
- 链接关键词或关键词定位广告按用户竞价顺序排名（position auction/paid listing/paid placement）。

二、链接及定位广告的收费模式

由于受到种种限制，免费链接对企业营销来说作用有限，但付费链接为企业营销提供了广阔的空间，同时也是运营商收入的主要来源。

（一）收费模式分类

现阶段，链接收费模式主要分为以下四种，这四种模式都与 SEM 策略（如链接关键词的选择、广告定位策略等）密切相关。在实践中，企业具体采用哪种方式，可与运营商协商确定。

- 按点击率（pay-per-click，PPC）收费，即有人点击时才收费，而且是按竞价排名位置和实际点击的次数来收费。
- 按实际看到率（cost per million，CPM）收费，即按有多少人访问该页面并实际看到企业的信息（或广告）来收费。
- 按关键词定位广告位置竞价排名收费。如果对于某个重要的关键词，众多企业都希望在它下面做广告，那么谁放在第一个，谁排在最好的位置，谁先谁后，就成了运营商可以用来赚钱的资源。通常运营商会采取让企业参与竞价的方法，通过竞争决定排名。
- 按页面、关键词热度固定比例收费。运营商通常都会定期公布关键词点击统计（取名为关键词热度排名），目的是告诉企业哪些关键词受市场关注度最高。在不同热度的关键词页面上，广告费用会有很大的区别。于是，运营商也会按关键词热度和广告在页面所占的位置比例收取费用。

根据美国互动广告局（IAB）对 2005 年上半年的市场统计：在美国各类网络广告中，按点击率收费的占 48%，按实际看到率收费的占 40%，按固定比例收费的只占 12%。这说明前两者是最受企业青睐的付费模式。

(二) 链接定位词的选择

不同的搜索引擎关键词的热度统计和收费区别很大，例如，某谷歌代理商提供的报价如表 10—2、表 10—3 所示。有关关键词热度的统计，可参考各大运营商提供的如下网址。要特别提请注意的是：企业不必过于关注这些，而应该以自身的业务、客户、市场和营销业务为主，关键词热度分析仅为参考，以免增加不必要的成本负担。

- 谷歌的关键词定位广告的特定关键词的常见查询及扩展匹配工具为 http://adwords.google.com/select/KeywordSandbox。
- 百度的特定关键词常见查询、扩展匹配及查询热度工具为 http://www2.baidu.com/inquery/ dsqurey.php。
- 搜狐的特定关键词搜索热度工具为 http://db.sohu.com/requrl/pv_price/ query_consumers.asp。
- 网易的特定关键词搜索热度工具为 http://adpsearch.163.com/find_price.php。
- Overturn——使用频率工具（英）的特定关键词的常见查询及被查次数工具为 http://inventory.overturn..com/d/searchinvertory/suggestion。

表 10—2　　采用包年制的报价表

关键词类型	范围	参考价格（月付）	参考价格（年付）
冷门关键词	中国推广	39 元/月	399 元/年
	全球推广	80 元/月	800 元/年
一般关键词	中国推广	100 元/月	1 000 元/年
	全球推广	300 元/月	2 800 元/年
热门关键词	中国推广	350 元/月	3 000 元/年
	全球推广	600 元/月	5 000 元/年
火爆关键词	中国推广	700 元/月	6 000 元起/年
	全球推广	1 200 元/月	10 000 元起/年

表 10—3　　采用竞价开户制的报价表

竞价开户收费标准	预存广告费	开户费	代理商服务费	实际可消费金额	实际付费
某谷歌代理商的收费标准	50 美元	50 元人民币（谷歌收取）	0	485～495 元人民币（具体视美元汇率而定）	399 元人民币
谷歌要求的收费标准	1 500 元人民币	600 元人民币（代理商收取）	300 元人民币	1 500 元人民币	2 400 元人民币
	3 000 元人民币	600 元人民币（代理商收取）	600 元人民币	3 000 元人民币	4 200 元人民币

(三) 竞价收费模式

相对来说，在一些人们关注的或非常专业、精准的关键词上，企业竞争非常激烈。于是，搜索引擎运营商引进了拍卖模式，即确定底价和叫价规则，由企业竞争结果来决定广告位置排名。

可以采取定位广告位置竞价排名收费的方式。如果对于某个重要的关键词，由于资源有限，众多企业都希望在它下面做广告，运营商会采取让企业参与竞价的方法，通过竞争决定排名。

例如，2005 年在百度推出的竞价规则中，起价为每点击一次收费 0.3 元，每叫价一次加 0.3 元。截止到 2005 年 6 月，在一些单件产品或业务价值较高、专业性强、高附加值、业务转换率（conversion rate）高的行业（如工程机械、干洗连锁加盟、医疗器械、塑料机械、化工设备、网络安全、系统集成等行业），某些重要的关键词竞争十分激烈，最高价格叫到了每点击一次付费 5.7 元。

又如，谷歌在中国采用排名竞价模式，从每点击一次收费 0.15 元起拍，每次加价 0.15 元。在美国，一些高附加值产品关键词的排名竞价已高达每点击一次收费十几美元。仅 2005 年第一季度，谷歌产值已高达 1.5 亿美元。

讨 论

请简单介绍你所在企业或你所熟悉的企业的链接情况。

1. 选择了哪些搜索引擎？用了多少/哪些关键词？选择的是哪种链接模式和付费方式？

2. 是否参加竞价排名或定位广告？实际效果如何？

3. 你有进一步的修改或改进意见吗？

提示： 5～8 人一组，先分组讨论，再由 1 人向全班简要阐明本组的观点。

第 3 节 企业的搜索引擎营销策略

从前面的调查结果和我们的切身体会不难看出：在当代企业营销实践中，搜索引擎营销非常重要。企业制定 SEM 策略通常会出于以下两个目的：一是引导有需求的客户主动来找；二是整合企业的多媒体营销传播过程。

前者是从客户和市场角度考虑问题，后者则是从企业自身营销传播的角度来考虑。企业的搜索引擎营销策略就是要设法整合这两个部分，进而达到更好的营销传播效果。

一、客户对商品产生兴趣的诱因

客户对商品产生兴趣的诱因不外乎三个方面：(1) 自身工作或生活的需要；(2) 受企业营销策划和宣传的启示；(3) 受现实环境的激发。客户对商品产生兴趣的诱因和信息获取过程如图 10—1 所示。

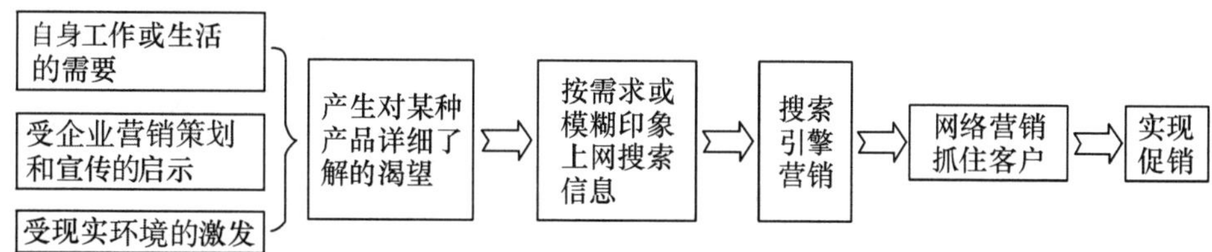

图 10—1　客户对商品产生兴趣的诱因和信息获取过程

从一般意义上来说，顾客无处不在。但是，如果他对你的产品没有需求，则不能称其为顾客。所以从经济学意义上说，顾客是因需求而存在的。如果顾客有了需求，而找不到相关企业的产品，那么这种需求和顾客对企业毫无用处。因此，从企业和营销角度来看，顾客会因搜索而存在。由此可见，目前的营销和沟通离不开网络。

二、关键词将成为整合营销和引导需求的核心

前面分析过，企业制定 SEM 策略的目的是：引导有需求的客户主动来找企业和整合多种媒体的营销传播过程。而这两个目的要通过关键词链接来达到，所以说关键词链接将成为整合营销和引导需求的核心。

企业 SEM 策略的制定过程如图 10—2 所示。第一阶段要考虑的问题是：企业的网络营销和搜索引擎营销应该“给谁看”。这需要企业细分市场，确定营销的目标客户群及其特点等。

第二阶段是从客户角度来思考“客户为什么要查”。上文已经讨论过，客户查找信息的原因有三种：(1) 自身生活或工作的需要；(2) 受企业营销策划和宣传的启示；(3) 受现实环境的激发。于是，企业应从这三个角度选择关键词和搜索载体。

第三阶段是研究“客户会通过什么渠道（习惯用哪些搜索引擎)/方式（可能会用哪些关键词）查”。这是企业展开 SEM 的基础。

第四阶段是根据前面的分析，选择关键词，确定搜索载体，精准链接，统计、分析、优化，创建好营销网站等(图 10—2 中所标注的数字①②……⑩是在本章第 4 节中要讨论的具体方法)。

如果这四个阶段的工作都做好了，则可坐等客户上门，真正达到“客户主动来找”的营销目的。

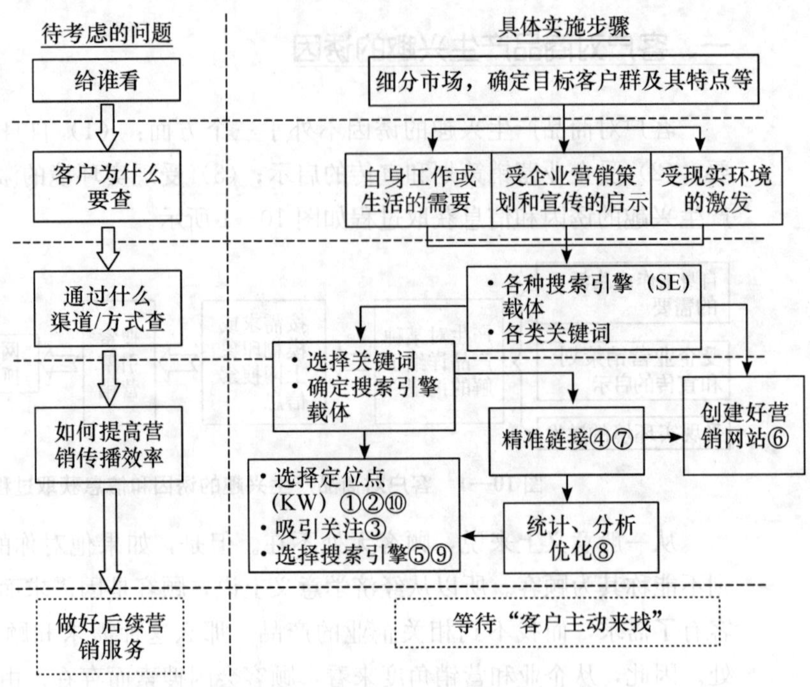

图 10—2　企业 SEM 策略的制定过程

三、利用自然搜索栏的营销传播方法

2006 年 1—2 月，笔者等人针对公众在搜索中的行为，组织了一次大规模调查（如图 10—3 所示）。

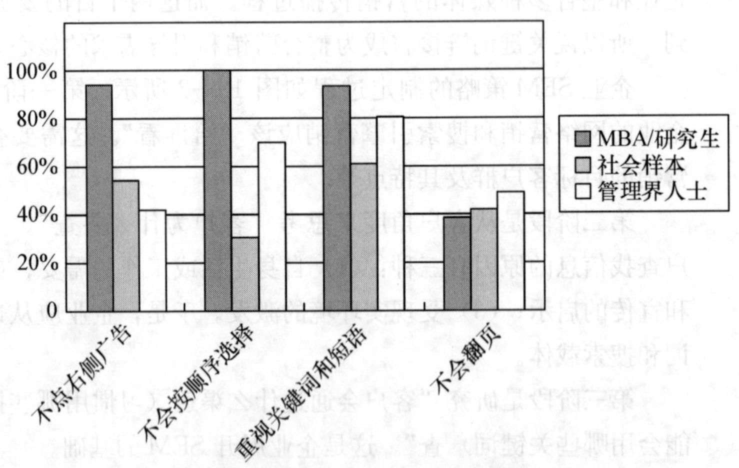

图 10—3　公众搜索行为调查

调查结果显示：有相当一部分人在浏览查询结果时，认为屏幕右侧是企业的广告，不会关注和点击，主要关注的是屏幕左侧的自然搜索栏。这就给企业营销以启示：如果能设法将信息放入搜索结果屏幕的左侧栏（自然搜索栏）中，营销效果将会更好。于是，企业开始在这方面大动脑筋。目前的做法主要分为三类：

1. 企业将广告变成搜索新闻

这是一类非投入广告型（软广告）的营销传播手段。任何一个搜索引擎之所以能够搜到信息，是因为它们都固定链接了许多网站作为搜索的信息源，搜到的信息一般会以时间为序，最新的信息放在最前面。只要企业能充分利用这一特点，就能将营销信息以新闻的形式排放在屏幕的自然搜索栏中，而且能长久地驻留在前面。具体做法如下：

- 撰写相关文稿（软文广告）。
- 设法将文稿收录进搜索引擎检索的信息源网站，创造被搜出的机会。
- 经常更新和变化内容，让信息出现在首页或靠前位置，提高网页排名（pagerank，PR）值（如久无变化，排名会自动降低）。
- 利用有限信息（短语）获得客户关注，提高点击率和业务转换率。

虽然已经有少数企业在这样做，但此种做法被搜索引擎运营商认为是“严重的作弊行为”，一旦发现，会遭到严厉的封杀。例如，2006 年 5 月，谷歌公司曾宣布：因宝马（BMW）公司使用“桥页”技术欺骗搜索引擎和控制用户搜索走向，已将“BMW. de”的搜索结果彻底删除。又如，2006 年 1 月，百度公司也曾严厉封杀了若干控制搜索引擎并作弊的网站，等等。

2. 百度等公司推出的“推广”模式

虽然运营商对企业擅自开发的上述做法深恶痛绝，但是它们自身注意到了“将信息放入自然搜索栏对营销传播的重要性”，于是推出了“推广”模式（如图 10—4 所示）。在图 10—4 中，“推广”实际上就是企业广告，而快照才是搜出的信息。

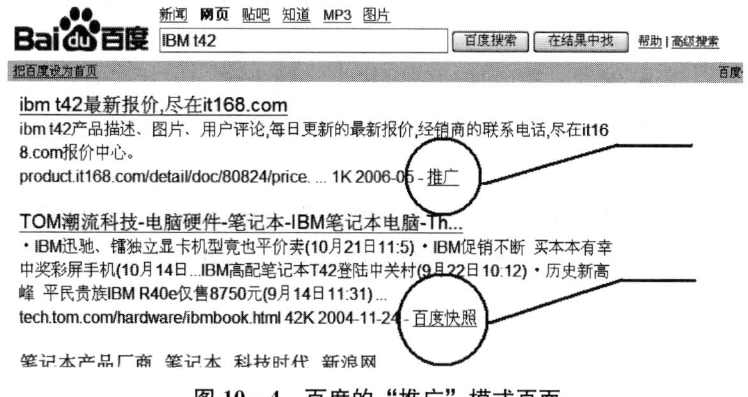

图 10—4　百度的“推广”模式页面

3. 谷歌等公司的左侧上方广告模式

谷歌公司由于受到前几年在美国一场官司的限制（要求必须区别并说明哪些是广告，哪些是搜出的信息），因此无法采用类似百度公司的模式，但也在自然搜索栏上方的最好位置留出了空间登载广告（如图 10—5 所示）。

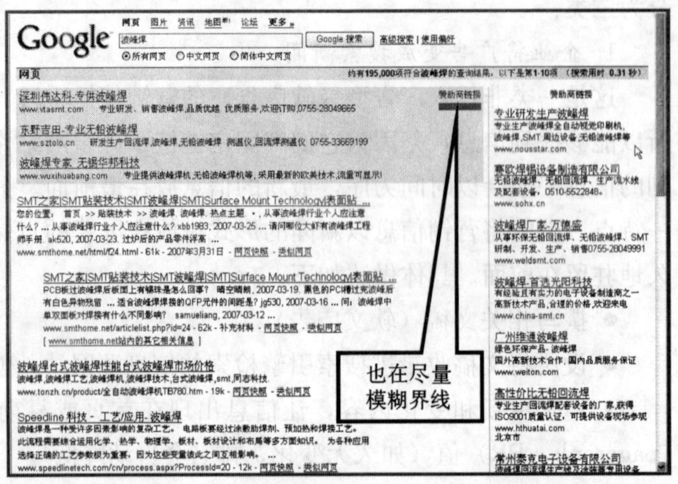

图 10—5 谷歌的左侧上方广告模式页面

四、营销效果分析

自 2004 年起，笔者为许多企业讲授过搜索引擎营销课程，并指导过一些企业的实施策划过程。从实际结果反馈来看，大多数企业能按照本章所介绍的方法规范化展开，效果都相当好。下面的内容是来自部分相关企业应用后的效果反馈。

● 通过搜索引擎营销吸引过来的客户，交易率高达 70%以上（特别是那些通过精准、专业的关键词找过来的客户）。能通过专业术语查找、点击、登录网站，并主动登门或打电话的客户，大多具有真实、迫切的需求，这种客户一般好打交道，成交率较高；而推销员扫街拜铺（随机上门）联系的客户，成交率不足 2%。

● 客户来源的地域范围扩大了数十倍。以往只有销售员能走到的地方或广告能覆盖的区域，才是企业客户的来源地。现在有了网络，地域的限制就彻底消失了。

● 搜索引擎营销带来的都是新市场和新客户，已经形成了企业新的经营空间和利润增长源。原来的业务模式还在照常使用，SEM 成为一块新的市场源。

第 4 节 从注意力、点击率到业务转换率的八大要素

从图 10—2 中可以看出，要想提高 SEM 的效果，把握以下八大要素非常重要，只要掌握了这八大要素，客户就会主动来找，点击率和业务转换率就会大幅提高。八大要素给企业带来的是市场、客户和真金白银。

一、按原则选好关键词

第一大要素是按原则选好关键词。

在 SEM 中，关键词的选择非常重要。通常关键词的选择应该遵循如下原则。

（一）关键词选择的一般原则

- 要从不同角度，选择多个与自身业务相关的关键词。
- 选词既要涵盖所有的业务范围，又要突出核心业务、核心产品、核心竞争能力。
- 针对有实际需求的客户，选词越准确、越专业、越具体越好。能以专业术语查询的客户一般都有真实需求（目标客户），抓住他们是营销成功的关键（通常这类关键词的争抢都很激烈）。
- 针对一般性了解信息、知识及无实际需求的公众，选词越宽泛、越概括，覆盖效果越好。通常，以普通名词查询的客户大多不具有实际需求。

如果企业仅与单位名、域名、产品名、品牌名等少数几个词泛泛链接，只停留在“简单存在”阶段，效果肯定不会太好。

（二）关键词选择的数量

从笔者等人这几年的研究和为企业咨询的情况来看，工业、IT 业、服务业企业选择的关键词一般都在 40～80 个；商业、教育等涉足领域特别宽泛的企业选择的关键词则达成千上万个。总之，要根据市场细分来确定。

通常，越专业、越具体、越精准的关键词，匹配程度越高，竞争越激烈，效果越好。例如，我们在雅虎和谷歌上分别选择“聚苯乙烯”与“波峰焊”这样两个非常专业的词，查出的结果居然有数十万条之多（如图 10—6 所示）。

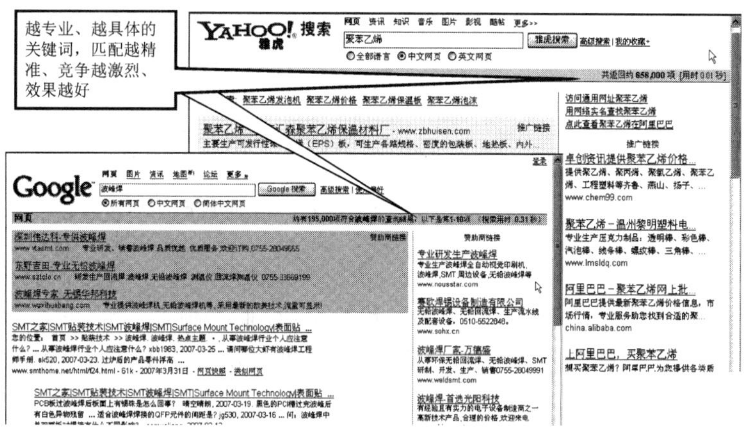

图 10—6　专业词查询页面

(三) 案例分析

2005 年底，在一次企业高管研修班的讨论中，某大型合资机床生产企业的高管人员反映：企业很早就建了网站并做了链接，但实际效果并不明显，希望能帮助找出原因。经当场测试，只有通过公司名/域名/产品名才能查到该企业，而从客户和需求角度查询则根本找不到。

这就出现了“给谁看”的目的不明确的问题。如果只能给自己人看或只给老客户看，则对营销没有太大的意义。他们的链接只停留在基本存在层，无法达到营销目的。

为了解某企业的业务和产品情况，笔者等人进入某企业网站，将主要产品信息拷贝下来（如图 10—7 所示）。

<table>
<tr><td rowspan="9">深孔类机床</td><td>深孔珩磨机床</td><td>2M21系列深孔强力珩磨机床、M21系列深孔强力珩磨机床
2MK2150数控深孔强力珩磨机</td></tr>
<tr><td rowspan="2">深孔钻镗机床</td><td>T2120系列深孔钻镗机床、TK2120型数控深孔钻镗床、</td></tr>
<tr><td>T22系列深孔镗床</td></tr>
<tr><td rowspan="5">深孔钻床</td><td>ZK2101数控（双轴）深孔钻床</td></tr>
<tr><td>ZK2102数控深孔钻床、ZK2102A数控深孔钻床</td></tr>
<tr><td>ZK2103数控深孔钻床</td></tr>
<tr><td>ZKA2102三座标数控深孔钻床、</td></tr>
<tr><td>ZKB2102三坐标数控深孔钻床</td></tr>
<tr><td>深孔钻铣</td><td>ZX2103数控深孔钻铣床</td></tr>
<tr><td rowspan="13">车床类机床</td><td rowspan="4">普通卧式车床</td><td>CD6140B系列车床、</td></tr>
<tr><td>CD6163系列车床</td></tr>
<tr><td>CDZ6140系列车床</td></tr>
<tr><td>CW61100D系列车床、CW61160L系列车床</td></tr>
<tr><td rowspan="9">数控卧式车床</td><td>CK61100D数控车床 、CK61125D系列数控车床、CK61125L数控</td></tr>
<tr><td>CK6120数控车床、CK6126数控车床</td></tr>
<tr><td>CK6140数控车床、CK6146数控车床</td></tr>
<tr><td>CK6146A、CK6156数控车床</td></tr>
<tr><td>CK6163数控车床、CK6163-2×2双刀架数控车床</td></tr>
<tr><td>CK64250数控端面车床</td></tr>
<tr><td>CKD0730系列数控车床</td></tr>
<tr><td>CKD6126系列数控车床、CKD6126A CKD6130数控车床</td></tr>
<tr><td>CKD6132数控车床</td></tr>
</table>

图 10—7 某企业产品列表

然后，请学员讨论：“如果是你，有哪些建议？会选择哪些关键词？”最终选择的词有：机械、机床、工业、制造、航空、汽车、造船、设备、加工机械、设备制造、深孔钻铣机、深孔钻镗机、深孔加工机和深孔珩磨机等。

在上述关键词中：前八个是涵盖企业所有业务范围的关键词，只做一般性链接即可；第九个、第十个词则要给予较多的重视，也可考虑作为广告等；最后几个词则一定要参与竞争，不惜高价排在首页的最好位置。

二、根据目标客户的行为和动机匹配

第二大要素是根据目标客户的行为和动机匹配，即要从市场和客户角度考虑问题，从需求的角度选择关键词。

讨 论

1. 如果你家中刚铺了地毯，你的太太抱怨清扫不便，你会首先想到什么？是地毯清扫、吸尘器，还是某个品牌？

2. 在街上/广告中看到一款心仪的车，你下一步会怎样了解它？是去该车的 4S 店、大型车市，还是上网查询？

3. 想购房时，你是先找某几个著名的房地产品牌，还是上网海量搜索？是侧重品牌，还是侧重地段和性价比？

提示：5～8 人一组，先分组讨论，再由 1 人向全班简要阐明本组的观点。

（一）给我们的启示

上述问题启发我们去思考许多以往营销中容易忽略却又很重要的问题。

（1）消费的初衷是源自自身的需要，而非品牌。当代人首先想到的是“我要什么”，然后才会顾及品牌、产品、服务等诸多营销要素。

（2）在产品高度同质化的情况下，人们最看重的是性价比和偏好（个性化和强调自我价值观的具体体现）。

（3）如果有需求的客户找不到企业的相关信息，则一切营销手段都无从谈起。

（4）消费者强调自我意识是一种理性行为，是时代发展的必然趋势。但如果企业过于强调自身品牌，就成了一种盲目的自恋行为，为营销之大忌。

（二）从需求选择关键词的五个方向

（1）从需求出发。客户并不关心企业和企业的产品，只关心自己需要什么，所以要从需求角度选择关键词。

（2）客户导向。如果客户有这方面需求，会怎么想？

（3）线索导向。如果客户隐约知晓，会怎么想？

（4）专业性。要符合专业/行业规范，符合习惯。

（5）相关性。从客户需求和专业角度考虑相关性。

（三）相关性和需求导向应用举例

位于加利福尼亚州的美国某房地产商开发了一个高档楼盘，为促销和宣传大做广告，首先选择了当地的广告牌、报纸分类广告版、SE 等。

细分市场后，该房地产商不满足于目前的营销方式，于是发动员工去查：最近，在纳斯达克市场上，哪些公司的股票暴涨了，哪些公司刚刚上市或即将上市，这些公司分属于哪些行业，等等。然后根据这些公司和人员特征，将豪宅销售与地产所在地纳斯达克上市公司新贵的兴趣、爱好这样一些表面毫不相干的内容相联系，选择在生物、网络、IT 等和房地产、售房、住宅、高档住宅等多个关键词下做链接或定位广告，取得了很好的营销效果。

事后统计表明：生物、网络、IT 等表面上无关的关键词链接和定位广告的点击率更高，营销效果更好。

此案例充分说明了按需求导向和上述五个方向选择关键词及链接的重要性。

讨 论

请考虑以下两个不同类型的企业和产品的搜索引擎营销策略的制定过程：

（1）某企业代理国外某知名品牌的核磁共振仪。

（2）紫光公司生产的紫薇牌大豆卵磷脂、液体钙等产品。

请从客户动机、可能的搜索行为、需求导向、线索导向、关键词匹配等角度分析：

（1）两者的搜索客户群和客户查询目的有什么不同？

（2）你会分别考虑哪些关键词、搜索引擎？为什么？

（3）你会考虑在哪些词下做定位广告或争抢竞价排名？广告语措辞、定位和诉求分别有什么不同？

提示：5～8 人一组，先分组讨论，再由 1 人向全班简要阐明本组的观点。

点评：

1. 核磁共振仪针对的是医疗设备专业人员，所以选词要尽量精准、专业，符合行业规范。例如，胸、脑外科检测设备，核磁共振，磁共振，医疗设备等和类似 AVANCE、Varian[①] 等知名品牌均可作为关键词。

2. 卵磷脂针对的多数是公众，尤其是中老年人，少数是保健品经销商。对公众，要从关心健康角度选择大众化名词，如高血脂症、胆固醇、心脑血管保健、中老年健康保健、预防老年痴呆、预防动脉硬化、预防中风等；另外，中国人讲究礼仪，逢年过节送礼也是一个重要市场。对经销商则要从行业角度，选用精准、专业化名词或术语，如卵磷

① AVANCE 和 Varian 为两个知名核磁共振仪的品牌。

脂、大豆卵磷脂、Lecithin、Lecithos[1]、液体钙等。

3. 用品牌/产品名（如“紫薇”、“紫光”等）作为链接关键词，对公众意义不大（很少会有人以此查询）。若像施乐（Xerox）公司的产品，已经成为同类商品（复印机）的代名词，则另当别论。

（四）按公众习惯选词的重要性举例

2006 年 4 月，雅虎在网上公布了全球用不同关键词搜索数码相机的统计结果（如图 10—8 所示）。结果显示：

● 客户在选择高度同质化商品时，并不太在意品牌，而是更关心自己的需求(用“digital camera”查询为 1 312 659 人次，而用“canon digital camera”和“sony digital camera”查询分别仅为 62 418 人次与 46 033 人次)。

● 太偏、太专业、太强调自身品牌的关键词，将严重影响客户查询(用“digital camera”查询为 1 312 659 人次，而用“digital camera review”查询仅为 45 901 人次，前者约为后者的 28.6 倍)。

Searches done in April 2006	
Count	Search Term
1 312 659	digital camera
62 418	canon digital camera
46 033	sony digital camera
45 901	digital camera review

图 10—8　数码相机查询统计

另外，ComScore Network 在美国的一项调查（网上购物者的搜索引擎使用行为调查，2005）中证实：客户在检索所采用的关键词方面，采用一般商品名和专业术语的人最多，而采用品牌名的人数比例大为减少，采用“品牌名＋产品名”的人数比例最低。

这说明研究关键词构成规律和按公众习惯来选择的方法十分重要，太偏的选词将严重影响到被客户查询出来的效率。

（五）从他人的市场中分一杯羹

按“以客户/需求导向”原则考虑问题，还可为企业引申出许多新的营销思维模式。例如，戴尔公司在展开搜索引擎营销时，不但选择了“电脑”、“微机”、“笔记本电脑”等做关键词定位广告，而且选择了部分竞争对手的品牌做关键词定位广告，如选择“IBM”、“ThinkPad”、“HP”、“Lenovo”、“联想电脑”甚至“神舟电脑”等做关键词定位广告，效果也很好（如图

---

① Lecithin 和 Lecithos 是卵磷脂的英文（拉丁字符）。

10—9 所示）。

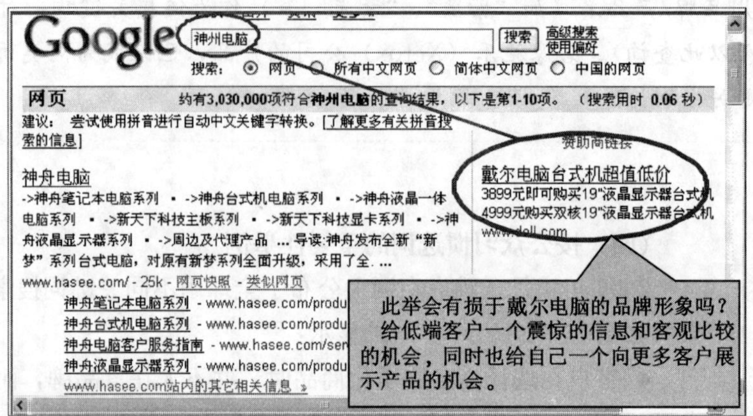

图 10—9 戴尔公司的定位广告

讨 论

1. 戴尔公司的做法有无“违规”、“违法”、“不当竞争”之嫌疑？

2. 此举是否有损戴尔的强势品牌形象？

3. 此举对戴尔公司的利、弊、得、失是什么？

4. 此举对中小企业“傍大款”、“跟随/跟进”、“假冒名牌”、“形似/音似/貌似”、“借牌出货”等策略有什么启示？

5. 今后就可以堂而皇之地向对手展开正面进攻了吗？

6. 未来的竞争是否不再取决于品牌，而取决于搜索引擎营销水平？小企业、小品牌怎样做才会有效？

提示：5～8 人一组，先分组讨论，再由 1 人向全班简要阐明本组的观点。

三、用短句措辞和相关性吸引眼球或注意力

第三大要素是要用短句措辞和相关性吸引眼球或注意力。

在如图 10—3 所示的调查中，我们发现大部分人在浏览查询结果时，不会按从上到下的顺序点击。到底是什么原因导致客户会跳过某些信息而选择其他信息呢？

（一）搜索动机与短语诉求的关联度是影响点击的重要因素

在 2006 年 1 月的调查中，我们以体检为例，制作了统一的实验屏幕，在北京、天津、湖南、上海、香港邀请了 250 人观看，并询问他们如何选择以及选择或不选择的原因。统计结果显示：搜索动机与短语诉求的关联度是影响点击的重要因素（如图 10—10、图 10—11 所示）。

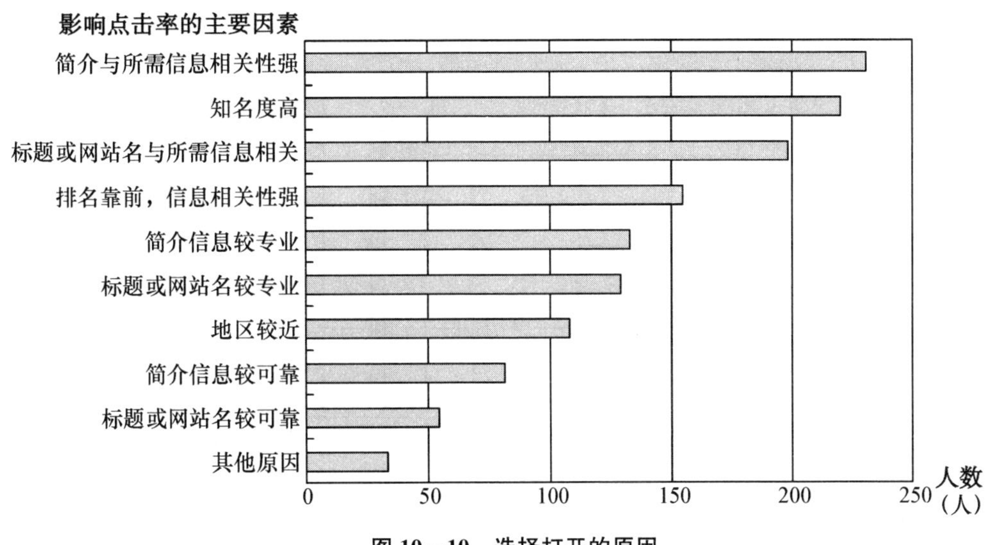

图 10—10　选择打开的原因

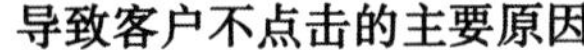

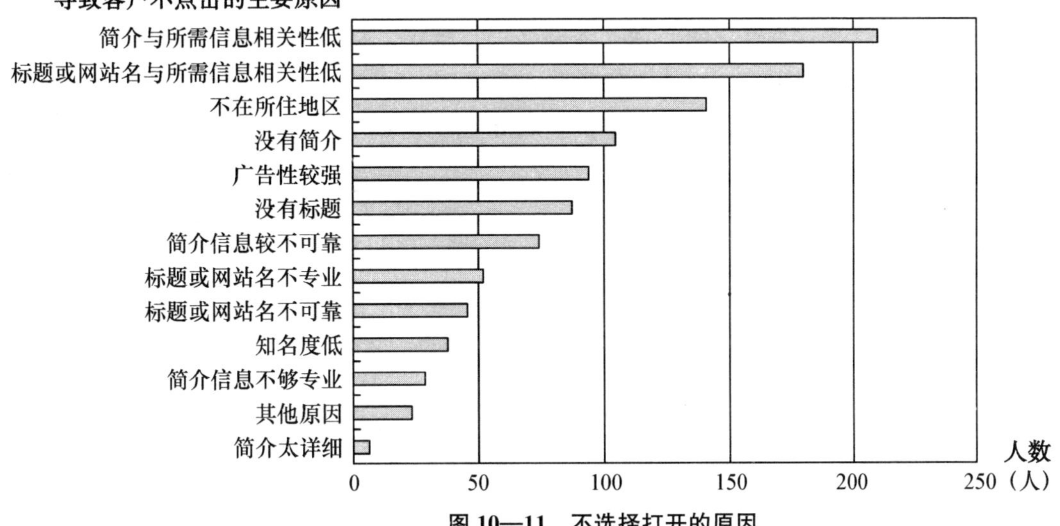

图 10—11　不选择打开的原因

（二）消费者最关注的短语诉求类型

同时，在调查中，我们还询问：在选择搜索结果时，你最关心（或最看重）的是什么？统计结果如图 10—12 所示。

图 10—12 的统计结果显示：消费者最关注的短语诉求类型是价值表现、功能描述、信誉权威。因此，广告短语的措辞应尽量围绕这几个方面展开。只有给人以专业、全面、权威、可信、客观的感觉，才能吸引眼球或注意力，抓住客户，产生点击。

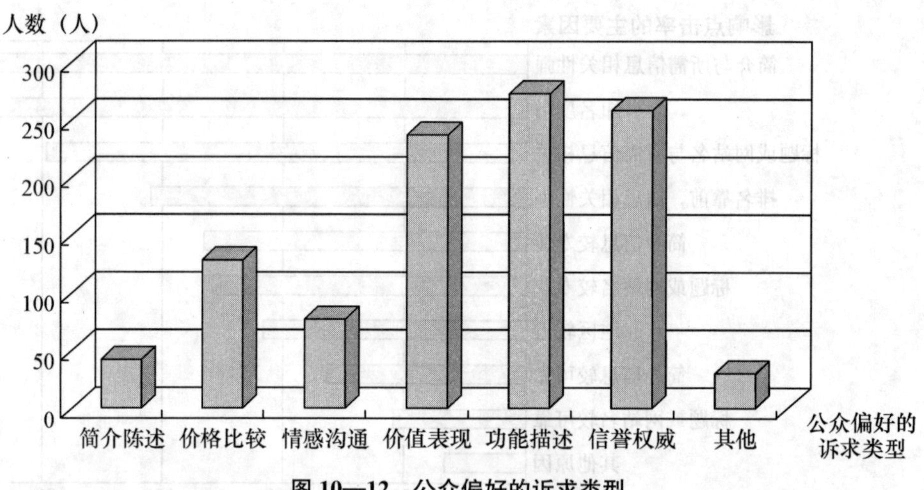

图 10—12 公众偏好的诉求类型

（三）实例分析

例如，在查“领驭”汽车时，“欧宝”和“荣威”的定位广告短语就很好地抓住了这类客户的心理（强调高档、豪华、高性能，但又不太贵），对客户有很强的吸引力。而“克莱斯勒 300C”汽车的定位广告则根本没有考虑到查询“领驭”汽车客户对购车的价格定位，当然不可能引发点击（如图 10—13 所示）。

图 10—13 广告词定位页面

四、争取排在首页

第四大要素是设法将信息排在首页的前几位，这非常重要（甚至比排在绝对第一位更重要）。

图10—13的调查显示：多数人都不会按顺序点击。在这种情况下，如果盲目地去竞价争抢第一位，其他细节做不好，同样是劳民伤财、费力不讨好。

由于很具体、专业的词针对的是有实际需求的客户，因此可以争取最佳排位（一定要在首页）；其他则要根据目的和实力确定，但不必盲目追求第一。

2001年美国Infospace公司的一项统计发现：89.8%的搜索点击发生在首页，这与我们在2006年1月的调查结果（如图10—14所示）基本一致。因此，设法将信息放在首页，对营销结果非常重要。

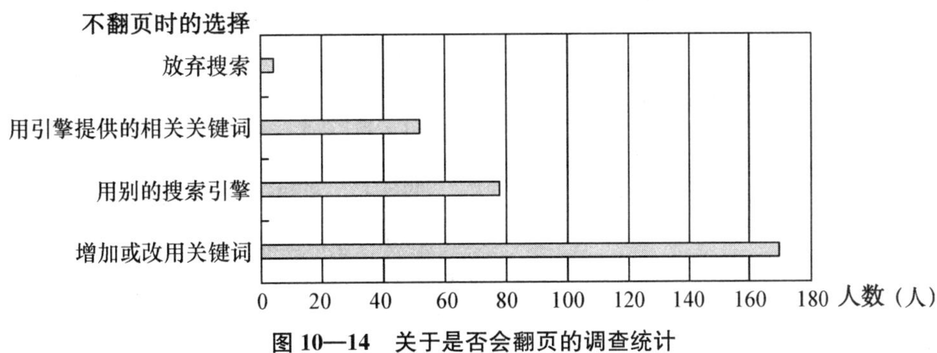

图10—14　关于是否会翻页的调查统计

五、选择适当的搜索引擎载体

第五大要素是根据客户可能的搜索习惯，选择适当的搜索引擎载体。

前面谈到，目前网上的搜索引擎有上千个，而且各有特点，链接的信息有很大不同，公众使用的习惯也不尽相同。所以，企业应从业务、专业、目标客户等角度来选择链接载体，千万不可以盲从。

（一）国内各大运营商的市场份额

据iResearch市场咨询公司的统计：2005年国内各大搜索引擎运营商所占有的市场份额如图10—15所示。

（二）常用的选择

（1）如果客户出于查询资料、国际信息、专业等目的，则可选择谷歌、雅虎、AltaVista、WebCrawler、Hotbot、Excite等搜索引擎。

（2）如果客户出于查询中国信息、娱乐信息、音像信息、新闻等目的，则可选择百度、搜狐、新浪、QQ、163、谷歌、雅虎、MSN等搜索引擎。

（3）如果客户出于商务信息、国际贸易信息等目的，则可选择阿里巴巴、Infoseek、Lycos、InfoSpace、WebCrawler、Overturn等搜索引擎。

（4）如果客户来自港澳台地区，则可选择Yam、Todo、Whatsite、

Search、Hongkong. com 等搜索引擎。

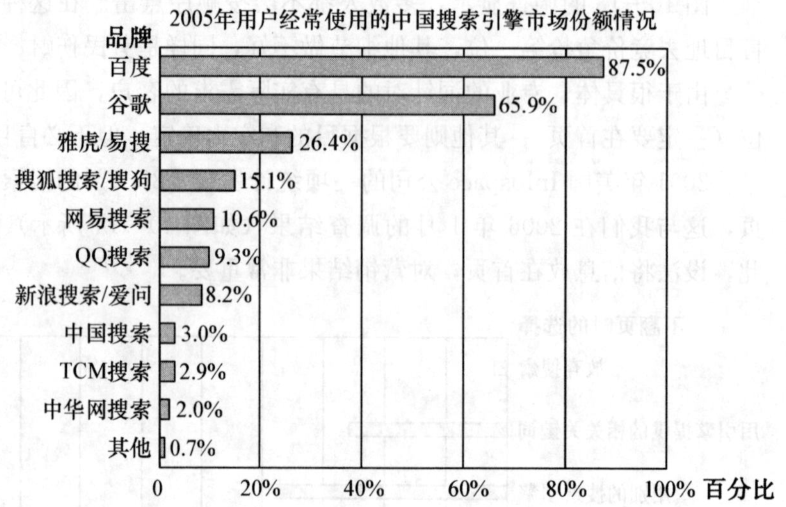

图 10—15 2005 年中国搜索引擎市场份额

说明：用户经常使用的搜索引擎网站中不包含地址栏搜索。样本描述：N=10 788；2005 年 11 月、12 月通过 iUsor Suivcy 在 51 家网站联机调查获得。

资料来源：艾瑞市场咨询有限公司：《中国网络广告年度报告 2005 年市场份额版》，见 http://www.iresearch.com.cn，2006－01。

六、重视营销网站的建设

第六大要素是重视营销网站的建设。

因为搜索引擎直接与网站相连，推送的信息也是直接从网站上获取的，所以营销网站的建设至关重要。有关这方面的内容，前面各章已经讨论过，这里不再赘述。

七、将链接与目的相结合

第七大要素是将链接与搜索目的相结合。

（一）精确链接到相关内容

如果客户用某个关键词搜索并点击，则应链接到相应页面（在进行营销网站页面设计时，每个子主题都应设置标题、主题词、子主题、关键词），用最直接的信息抓住客户。若不痛不痒地链接到公司网站的首页，则效果会很差（甚至会将客户赶跑），因为现在的客户根本不会有耐心去逐项地查找。

（二）与动机、目的相结合

做链接时，一定要注意关键词所面对的对象、可能的搜索动机与链接内容的相关性，以增强营销效果。

八、与其他营销手段相结合，成为网络整合营销的一部分

第八大要素是与其他营销手段相结合，成为企业网络整合营销传播的一部分。

营销是一项综合的系统工程，必要时还需与传统营销手段相结合，利用传统媒体宣传产品/功能，吸引客户眼球和市场关注，主动提供搜索线索，为 SEM 创造条件。

具体做法是：营销诉求→传统广告/营销策划→市场反映→选择关键词→搜索引擎营销→企业整体营销体系。

讨　论

请以某企业为例，回答以下问题。

(1) 企业有过什么营销宣传活动（广告、策划、市场活动等）?

(2) 企业的目的和诉求是什么? 市场反馈获得了什么信息? 如何进一步展开营销? 营销效果如何?

提示：5～8 人一组，先分组讨论，再由 1 人向全班简要阐明本组的观点。

第 5 节　典型应用及案例分析

近几年，SEM 受到了许多企业的热捧，但由于不了解具体细节，企业普遍遇到了许多问题。下面从发现问题的角度，讲述笔者亲身经历的实际案例（电脑遥控演讲笔的营销），并针对上述八大要素展开分析。

一、案例背景简介

2004 年初，市场上出现了一种电脑遥控演讲笔，该产品解决了演讲过程中的电脑遥控问题，很受教师、营销人员和经常演讲者的欢迎。有两群年轻人不约而同地瞄准了该产品，随后，各自成立了自己的公司，准备以此为基础，迅速打开市场，实现创业梦想。

但他们遇到了诸多的困难和问题：首先，他们都是在校不脱产的 MBA 学生，一边学习，一边还有本职工作要做；其次，他们既缺资金，又无生产厂房、设备，如何生产产品成了大问题；最后是如何销售的问题，他们既无品牌，又没有营销经验、销售渠道和市场资源。

思前想后，最终他们利用在校学习的管理知识，找到了切实可行的解决方案。

- 缺资金可通过融资途径（吸纳社会资金、风险投资等）解决。
- 生产可委托其他电器生产企业代工。
- 营销则采用“网络营销＋传统营销”的方法。

二、营销推广模式

由于采用“网络营销 ＋ 传统营销”的推广方案，营销措施得当，很快公司就取得了低成本、高效率的营销效果，业务迅速发展。

在网络营销领域，他们主要采用的方法包括：

- 电子邮件营销方案。通过高校网站大量采集教师信息，针对目标客户市场海量群发产品信息（如图 10—16 所示）。
- SEM 方案。从需求和营销整合角度，分别选择“演示通”、“激光遥控演讲笔”展开搜索引擎营销。

在传统营销领域，主要采用：

- 与投影仪产品捆绑销售，以很低的价格卖给投影仪生产企业，作为购买投影仪产品的附赠品捆绑销售，使得更多的目标客户使用并了解他们的产品。
- 赠送样品，将样品免费赠送给部分经常外出讲课的教师，希望通过他们讲演的机会激起更多人想要拥有该产品的欲望。
- 上门推销（找目标客户、找渠道）。
- 制作、张贴广告和宣传画等。

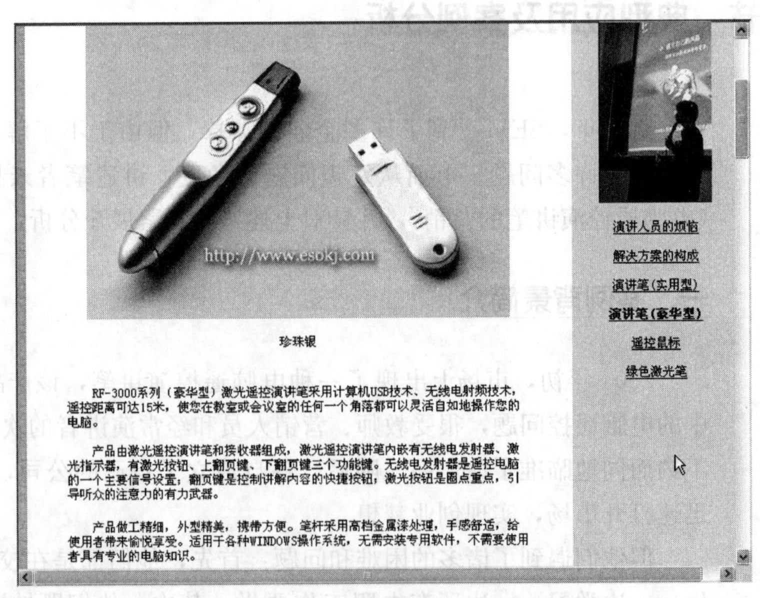

图 10—16 产品及电子邮件营销方案页面

三、实施方法及效果分析

从企业所采取的这两个营销宣传策略来看，最终都必须通过 SEM 来整合。仅以产品赠送部分教师为例，宣传效果确实不错，也得到了很好的反响，常有人在看到宣传演讲后，通过各种途径，千方百计地设法打电话询问：这是什么产品？产品叫什么名字？怎样才能买到该产品？

讨　论

1. 赠送产品的目的是什么？企业期望客户和市场从哪些方面得到哪些信息？

2. 下一步，你会采用哪些网络营销手段？如何进一步展开营销？

3. 试从市场和客户角度设想：如果你在某大型报告会上偶尔看到演讲者使用该产品并很感兴趣，你会怎样去找？如果上网搜索，会联想到哪些关键词？

4. 用户千方百计找人问、找电话，说明了什么？

提示： 5～8 人一组，先分组讨论，再由 1 人向全班简要阐明本组的观点。

点评：

1. 任何一种营销战略/策划的推出都须明确以下三点：

（1）你希望向客户传达什么（信息）？

（2）你期望市场和客户将如何反应？

（3）你打算如何展开后续营销活动？

2. 如果客户在报告会上看到这种笔，会想到什么？激光笔、演示笔、电脑遥控器，还是演讲遥控器？实际查询的结果是：均找不到，而其他企业的类似产品铺天盖地（如图 10—17、图 10—18 所示）。

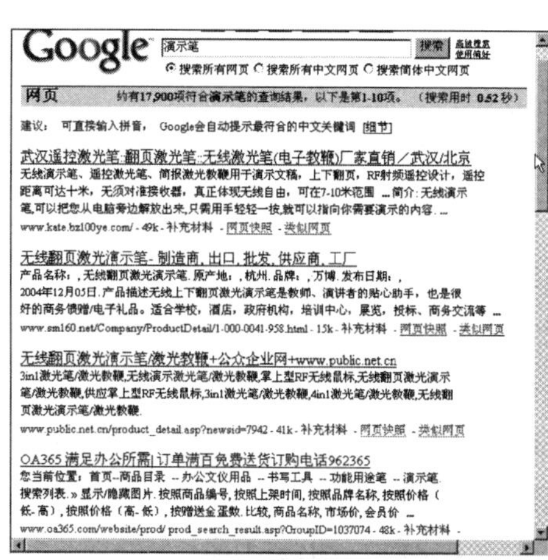

图 10—17　谷歌实际查询结果页面之一

3. 不要以为非找你不可，现在的消费者根本不会有那么执著，客户很容易流失。

4. 链接一定要用“演示通”、“激光遥控演讲笔”吗？这对客户（特别是潜在客户）

的要求太高了，根本不可能实现，结果导致 SEM 形同虚设、前功尽弃。

图 10—18　谷歌实际查询结果页面之二

本章小结

对企业来说，搜索引擎具有两方面的功能和作用：市场信息发现的工具和营销信息传播的工具。搜索能力是市场，是利润，是生产力。

本章从需求产生的本源、搜索引擎的特点、营销战略的展示等多个角度，系统地讨论了选择关键词、做好链接是确保有需求的客户能主动来找企业的具体方法，并在总结笔者多年实践经验的基础上，给出了增强企业 SEM 效果的八大要素。其中，关键词的选择和关键词定位广告（或加强搜索项）的文字特征与搜索动机的一致性是重中之重。

重点概念和知识点

- 搜索引擎
- 搜索引擎营销
- 链接
- 关键词链接
- 关键词定位广告
- 广告的文字特征和营销诉求
- 竞价排名
- 按点击率收费模式
- 按实际看到率收费模式

- 搜索动机
- 营销诉求与搜索动机的一致性
- 屏幕页面注意力分布
- 精确链接

练习题

分组继续第 8 章、第 9 章的作业题，制定一套切实可行的 SEM 方案。

1. 按照关键词选择的原则，选择适当的关键词。
2. 从客户可能的搜索动机和需求来选择关键词。
3. 从一致性的角度，构造关键词定位广告短语的用词、文字特征以及所要表达的营销主诉求。
4. 制定具体营销推广预算方案。

章末案例

2008 年 1—4 月，美国总统候选人奥巴马及其竞选团队，为了宣传其竞选战略和竞选主张，在网络营销方面投入了 347 万美元，其中 82%（280 多万美元）用在了搜索引擎营销方面。

因为考虑到公众可能根本不关心选举，但他们一定会关心自己的工作、油价、伊拉克战争、金融危机、医疗改革、刺激经济计划等，所以竞选团队除选用大量与奥巴马竞选有关的关键词（如"Obama"、"change"、"Barack Obama"等）外，还选用了大量当时美国人非常关心的关键词（如"油价"、"伊拉克战争"、"金融危机"、"医疗改革"、"刺激经济计划"等）。一旦公众上网查询他们所关注的这类消息，候选人奥巴马的政治主张就会铺天盖地而来。

对于奥巴马竞选团队的做法，社会上有一些不同的看法：有人对此大为叫好，认为此举是导致他最后获胜的关键举措之一；也有人并不认同，认为如果将此钱投入户外竞选广告，只要选对了地方，效果也会同样好；还有人认为，如果将此钱用于多办几场竞选晚会，效果同样很好。

思考题

此举会有效吗？还有什么进一步的建议？请谈谈你的看法。

第 11 章 Chapter 11 信息群发及 e-mail 营销

学习要点

信息群发的工具、特点及分类

垃圾邮件的成因分析及解决方案

企业 e-mail 营销策略

针对客户的特点和兴趣是 e-mail 营销成功的关键

企业有了好的产品，希望通过最有效的手段让更多的客户知道，并且能销往更大的市场。这是企业营销的目的，但要达到这一目的却并不容易。

人人都知道广告等手段对营销传播和产品促销的重要性，但在现有环境下，中小企业根本做不起广告。以电视广告为例，一则 10 秒钟的广告，每年的费用几乎都在上百万元甚至上千万元、上亿元，一般的中小企业很难负担得起。许多中小企业年营业额不足千万元，利润仅几十万元，都用来投放广告显然是不可能的。

现在，中小企业可以利用信息群发和 e-mail 营销（亦称电子邮件营销）。从营销传播和产品促销角度来看，这种方法简单易行，其性能价格比要比传统媒体高出许多倍。

第 1 节　e-mail 营销的起源、发展和普及

信息群发和在线沟通是网络最基本的功能之一。利用这种功能让企业的商务信息通过网络大范围地传播，是目前企业常用的营销传播手段之一。事实证明：利用网络群发信息是一种低成本、高效率的营销模式，

只要处理方法得当，可以为企业带来很好的营销效果。

一、e-mail 营销的起源与发展

企业利用 e-mail 群发商务信息、展开营销的想法由来已久，自 20 世纪 90 年代初期互联网产生并普及以来，就从来没有停歇过。

1994 年 4 月 12 日，美国两位移民签证律师把一则“绿卡抽奖”的广告发布到他们能够找到的所有网络新闻组，结果吸引了近 2.5 万个全美各地的客户来电咨询办理移民业务的细节，从而以 20 美元的成本赚取了 10 万美元的利润。由此，开创了利用网络大规模传递商务信息的先河。

20 世纪 90 年代，随着电子邮件应用的飞速发展，有企业开始萌发借此展开营销信息传播的设想。e-mail 群发技术的产生，将这种信息传播方式推向了极致。企业只要以很低的成本，通过简单的技术处理，就可通过 e-mail 群发方式向市场大量（通常都是数十万封甚至上千万封）地发送产品、营销或商务信息，并且效果很好。

由此，e-mail 营销以其低成本、高效率、大范围的特点开始吸引营销从业人员的关注，逐渐发展成为企业（特别是中小企业）营销的新宠。

二、e-mail 的普及

e-mail 是目前互联网上使用最多的功能，近年来得到飞速发展。e-mail 已经走进人们的生活，成为人们日常生活和信息沟通的一部分。

据中国互联网络管理中心和 iResearch 市场咨询公司统计，近年来中国电子邮箱总量的发展如图 11—1 所示。2009 年中国个人电子邮箱用户数量达 2.18 亿个，同比增长 28.2%，占互联网用户数量的 56.8%。电子邮箱始终占据着网民沟通和互联网应用的首位。平均使用 e-mail 收发邮件和邮箱使用频度的情况如图 11—2 所示。

企业群发的商务信函（广告）数量已占到人们日常收到e-mail 总数的一半以上。这充分说明多数企业已经意识到了 e-mail 营销的重要性，并借此展开营销传播，而且发展势头迅猛。

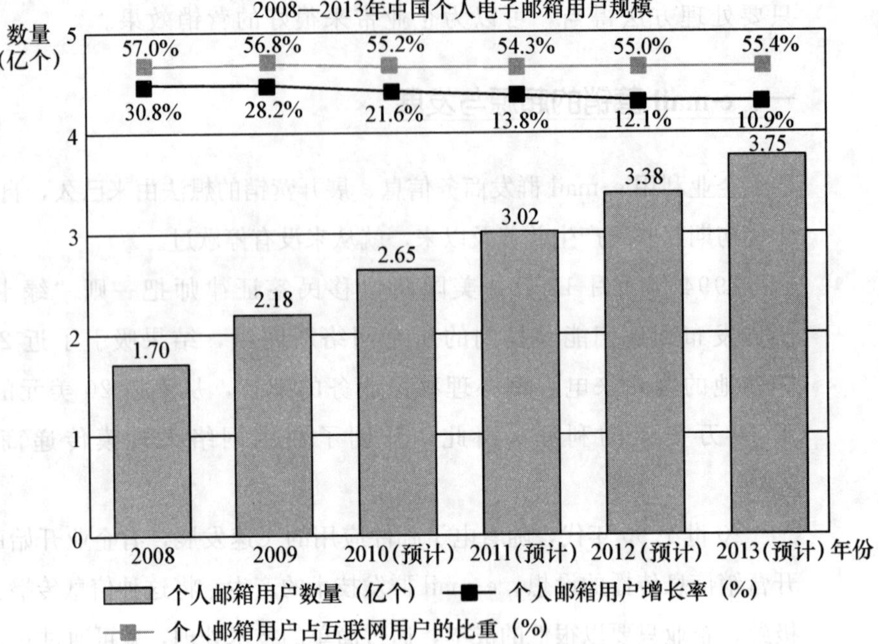

图 11—1 中国电子邮箱总量的发展

说明：互联网用户是指半年内至少使用过一次互联网服务的用户；电子邮箱用户是指半年内至少登录过一次邮箱的用户。

资料来源：iResearch 市场咨询公司：《2009—2010 年中国个人电子邮箱行业发展报告》，见 http://www.iresearch.com.cn.，2010-05-13。

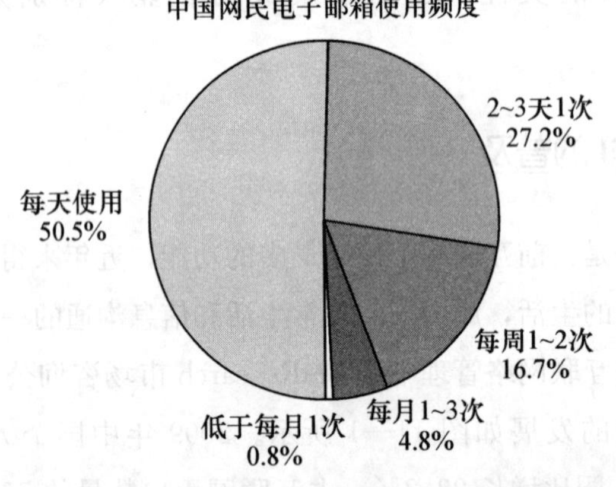

图 11—2 中国网民电子邮箱使用频度

资料来源：CNNIC：《2005 年 CNNIC 网络调研报告》，见 http://irs.iresearch.com.cn/Report/Graph.asp? id=7584，2005-07。

第 2 节 信息群发的方式、特点、工具及成本—效益分析

一、信息群发的方式

现阶段，营销信息被自动地快速复制、扩散或群发的方式主要有：

● 通过电脑和人际网络结合传播。是指充分利用企业商务网站去宣传对产品销售有利的营销信息，然后利用公众的兴趣和人际交流网络，使这些信息在社会上广泛传播。

● 通过纯技术手段传播。是指利用技术手段（如：e-mail、短信、网络信使服务、信息群发、嵌入式软件、博客、论坛帖子、自行下载 DV 短片等）传播企业营销和产品推销信息。

● 现阶段可用的工具有电子邮箱、手机短信、即时通信软件、博客、论坛等。

二、信息群发的特点

信息群发是企业利用网络和各类媒体工具（如：e-mail、手机短信、聊天室、即时通信工具等）有目的地向多人传播营销信息的一种行为。它的主要特点如下：

- 传播有商业目的/价值的产品（或服务）。
- 以低成本、广播方式强制性地向他人传递信息。
- 利用技术手段，使信息传递范围大规模扩散。
- 充分利用现有的技术环境和网络资源。

三、信息群发的工具

在网络上，信息群发的工具很多，可将信息发送到不同的接收终端上。现阶段，这些技术和接收终端包括：

- 电子邮箱，即一次性地发向数十万甚至上千万客户的 e-mail 邮箱。
- 移动终端、手机，即以短信、彩信、彩铃、铃声等形式大量群发。

● 即时网络通信，例如，通过网络信使服务将商业广告信息按 IP 地址大量群发，并自动弹出到电脑桌面上。

● 向公众聊天室群发，通过软件将广告信息群发到 QQ、MSN、ICQ 等聊天室或网络社区。

● 将信息群发到传真机等设备上。

四、信息群发的成本—效益分析

网络信息群发最吸引人的地方是价格低廉且操作简便。以 e-mail 群发为例，按国内目前的价格，一次将信息群发到上百万个邮箱的成本也就是几十元，国外的报价也不到 100 美元。如此低廉的价格是任何一种传统媒体所无法相比的。

案例 11—1

为了使读者有一个定量的概念，下面给出 2004 年国内几种传统媒体的广告参考报价，作为比较的基准。

（1）北京地区的户外广告牌（单立柱，双面，规格为 6 米×8 米）的年租金报价是：

- 机场高速为 45 万～50 万美元。
- 京津塘高速公路（北京段）为 60 万元。
- 北京市二环、三环、四环路的南、西方向环路为 50 万元；东、北方向环路为 100 万元。

（2）地方电视台（以北京电视台第一套节目播一次 10 秒的广告为例）不同时段广告的平均报价是：

- 0:00—6:55　　1 800 元
- 7:00—12:00　　2 600 元
- 12:30—13:00　　3 600 元
- 18:00—18:20　　6 400 元
- 18:20—19:30　　15 000 元
- 19:35—19:55　　18 200 元
- 20:00—22:35（电视剧场、篇头或插播）16 000 元

（3）全国性电视台（中央电视台、每次 10 秒钟、每天播一次）广告的年租金报价是：

- 黄金时段（受众群体约 1.2 亿人）约为 1.2 亿元。
- 非黄金时段（受众群体约 5 000 万人）约为 1 000 万元。

（4）全国性专业报刊（半周刊或日刊、3～5 平方寸、发行量 100 万份左右）广告的平均报价为 15 万～25 万元/月；而一个彩色通栏广告的价格大约是 5 万元/天。在同一份报纸上，通常会有 70～80 条广告出现，每条广告被看到的机会很小。

（5）在北京、上海的中高档商务写字楼，电梯视频每半个月的广告价格大约在 15 万元（如表 11—1 所示）。

表 11—1　商务楼宇广告联播网与主流广告媒体的花费比较

类别	商务楼宇液晶电视联播网	发行量超过 100 万份的报纸彩色通栏广告	电视台收视率 5%左右的节目插播的 15 秒广告
15 天费用	约 15 万元	约 75 万元	约 30 万元
15 天的播放次数	每天播放 102 次，共 1 530 次	每天一条通栏，共 15 条通栏	每天一次 15 秒，共 225 秒
受众结构	平均月收入超过 7 000 元	30%以下月收入超过3 000元	15%以下月收入超过 3 000 元

资料来源：分众传媒代理商。

五、信息群发的竞争优势

相对于上述传统媒体的广告报价，信息群发的竞争优势可归纳如下：

● 范围广，通常一发就是数千万封甚至上亿封邮件。

● 价格低廉，只有传统广告的千分之几甚至万分之几（通常平均每个邮件不到 1 分钱）。

● 强制性发送，而且确保受众能收到。

● 受众可自行分类、收集、订阅、大范围检索。

● 对发布者来说，经济、实用、范围广、有针对性。

● 以电子邮件/短信息为先导，可与后台营销网站互动，配合企业整体网络营销战略。

● 可以直接对应电话展开后续营销。

● 比其他广告形式更有效、更便宜。

正是由于此种营销传播模式拥有这些优势，因此特别适合那些无力投资传统广告的小型企业或初创阶段的企业使用。

第 3 节　垃圾邮件的成因分析

e-mail 营销在英语中有多种说法，正面的说法是：许可式 e-mail 营销（permission e-mail marketing，PEM），客户主动加入 e-mail 列表营销（opt-in 或 double opt-in），等等。

未经许可就直接发送的电子邮件，称为未被要求的商业电子邮件（unsolicited commercial e-mail，UCE），也称为垃圾邮件（junk e-mail）或非法兜售的网络小广告（spam）。

一、垃圾邮件的成因

对企业来说，e-mail 营销是一把双刃剑，处理得当，能给企业带来很好的效益，反之则可能会引起反感、损害品牌形象。

（一）部分学者和咨询机构的看法

2002 年，菲利普·科特勒在《e-mail 营销的黄金法则》一文中指出：通过电子邮件发送广告的公司面临着一条前途光明但又危险的道路，任何错误都可能有损公司声誉。但如果使用恰当，不仅可以以极小代价建立客户联系，而且可以获得超额利润。如果企业能根据规则从事营销活动，很可能使电子邮件成为最热门的新型营销载体之一。

iResearch 公司在 2004 年 3 月公布的调研报告显示：企业认为效果最好的

网络营销活动是发布供求信息，占25.2%；其次是网站建设，占20.9%。

Quris公司在2004年11月进行的一项调查表明：56%的被调查者认为高质量的许可式e-mail营销活动对于企业品牌有正面影响；67%的反映对于自己信任的公司开展的e-mail营销活动有良好印象；58%的被调查者表示会经常打开这些公司发来的e-mail。研究表明：利用e-mail沟通顾客关系并让顾客保持满意，对增加销售有直接的促进作用。

2005年2月，由Jupiter Research公司发布的《如何提高e-mail营销投资收益率》报告认为，只要使用得当，严格依照许可邮件营销规则执行，e-mail仍不失为一种强有力的网络营销工具。

新竞争力公司认为：许可e-mail营销在建立和维持顾客关系、增加客户忠诚、品牌营销、产品推广等方面价值显著。在条件许可时，企业可制定许可e-mail营销策略，并通过专业化手段实施。

（二）e-mail营销举例

以往人们常收到罗列了一大堆客套话和产品宣传的邮件，这种邮件是不会有人打开看的，只会给人增添麻烦和引起反感。请看下面这封邮件（如图11—3所示）。

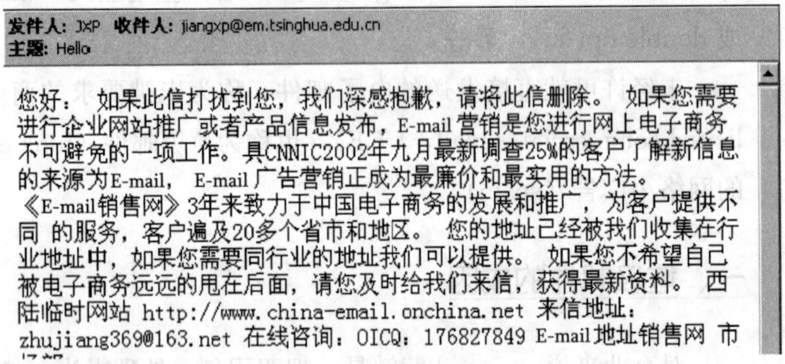

发件人： JXP **收件人：** jiangxp@em.tsinghua.edu.cn
主题： Hello

您好：如果此信打扰到您，我们深感抱歉，请将此信删除。如果您需要进行企业网站推广或者产品信息发布，E-mail营销是您进行网上电子商务不可避免的一项工作。具CNNIC2002年九月最新调查25%的客户了解新信息的来源为E-mail， E-mail广告营销正成为最廉价和最实用的方法。《E-mail销售网》3年来致力于中国电子商务的发展和推广，为客户提供不同 的服务，客户遍及20多个省市和地区。您的地址已经被我们收集在行业地址中，如果您需要同行业的地址我们可以提供。如果您不希望自己被电子商务远远的甩在后面，请您及时给我们来信，获得最新资料。西陆临时网站 http://www.china-email.onchina.net 来信地址：zhujiang369@163.net 在线咨询：OICQ：176827849 E-mail地址销售网 市

图11—3 垃圾邮件举例

讨 论

这种邮件会有人愿意看吗？你会如何处理？

提示： 5～8人一组，先分组讨论，再由1人向全班简要阐明本组的观点。

再看另外一封邮件（如图11—4所示）。

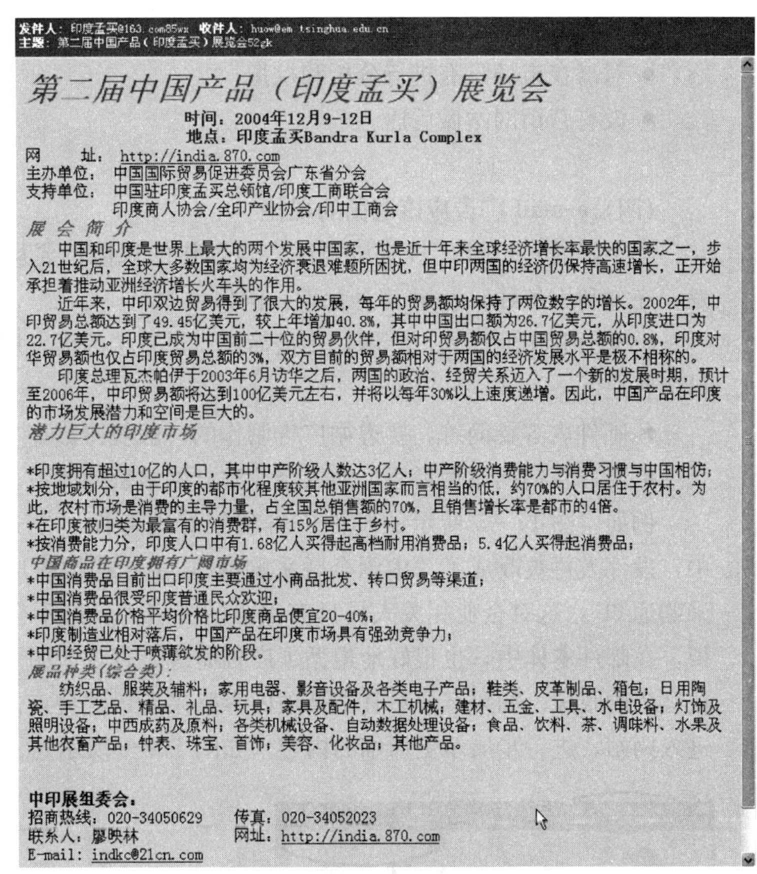

发件人：印度孟买@163.com85wx　收件人：huow@em.tsinghua.edu.cn
主题：第二届中国产品（印度孟买）展览会52gk

第二届中国产品（印度孟买）展览会

时间：2004年12月9-12日
地点：印度孟买Bandra Kurla Complex

网　　址：http://india.870.com
主办单位：中国国际贸易促进委员会广东省分会
支持单位：中国驻印度孟买总领馆/印度工商联合会
印度商人协会/全印产业协会/印中工商会

展 会 简 介

中国和印度是世界上最大的两个发展中国家，也是近十年来全球经济增长率最快的国家之一，步入21世纪后，全球大多数国家均为经济衰退难题所困扰，但中印两国的经济仍保持高速增长，正开始承担着推动亚洲经济增长火车头的作用。

近年来，中印双边贸易得到了很大的发展，每年的贸易额均保持了两位数字的增长。2002年，中印贸易总额达到了49.45亿美元，较上年增加40.8%，其中中国出口额为26.7亿美元，从印度进口为22.7亿美元。印度已成为中国前二十位的贸易伙伴，但对印贸易额仅占中国贸易总额的0.8%，印度对华贸易额也仅占印度贸易总额的3%，双方目前的贸易额相对于两国的经济发展水平是极不相称的。

印度总理瓦杰帕伊于2003年6月访华之后，两国的政治、经贸关系迈入了一个新的发展时期，预计至2006年，中印贸易额将达到100亿美元左右，并将以每年30%以上速度递增。因此，中国产品在印度的市场发展潜力和空间是巨大的。

潜力巨大的印度市场

*印度拥有超过10亿的人口，其中中产阶级人数达3亿人；中产阶级消费能力与消费习惯与中国相仿；
*按地域划分，由于印度的都市化程度较其他亚洲国家而言相当的低，约70%的人口居住于农村。为此，农村市场是消费的主导力量，占全国总销售额的70%，且销售增长率是都市的4倍。
*在印度被归类为最富有的消费群，有15%居住于乡村。
*按消费能力分，印度人口中有1.68亿人买得起高档耐用消费品；5.4亿人买得起消费品；

中国商品在印度拥有广阔市场

*中国消费品目前出口印度主要通过小商品批发、转口贸易等渠道；
*中国消费品很受印度普通民众欢迎；
*中国消费品价格平均价格比印度商品便宜20-40%；
*印度制造业相对落后，中国产品在印度市场具有强劲竞争力；
*中印经贸已处于喷薄欲发的阶段。

展品种类(综合类)：

纺织品、服装及辅料；家用电器、影音设备及各类电子产品；鞋类、皮革制品、箱包；日用陶瓷、手工艺品、精品、礼品、玩具；家具及配件，木工机械；建材、五金、工具、水电设备；灯饰及照明设备；中西成药及原料；各类机械设备、自动数据处理设备；食品、饮料、茶、调味料、水果及其他农畜产品；钟表、珠宝、首饰；美容、化妆品；其他产品。

中印展组委会：
招商热线：020-34050629　传真：020-34052023
联系人：廖映林　网址：http://india.870.com
E-mail: indkc@21cn.com

图 11—4　e-mail 广告举例

讨　论

这种邮件一旦发到想进入印度市场的企业经营人员的邮箱，会有人愿意看吗？

提示：5～8 人一组，先分组讨论，再由 1 人向全班简要阐明本组的观点。

（三）垃圾邮件形成的原因

前面给出了两封效果完全不同的 e-mail 广告，前者（如图 11—3 所示）根本不会有人细看，随手就会当做垃圾邮件删掉。如果将后者（如图 11—4 所示）发到了教师或学生的邮箱，同样会被当做垃圾邮件删掉，但这对企业并无大碍，因为这些人原本就不是企业广告的对象。一旦发到了想进入印度市场的企业经营人员的邮箱，则肯定会引起有关人员的兴趣，达到广告效果。

那么，同样是广告，两者为什么会有如此大的区别呢？前者沦为垃圾邮件的关键原因是：

- 邮件的发送没有征得受众的授权和许可。
- 对受众群体没有分类，传播没有针对性。

● 没有充分利用各类信息元素，内容制作没有遵循广告创作规律。

● 对潜在市场没有进行分析和挖掘。

● 没有营销网站做后盾。

（四）e-mail 广告应该遵循的规律

一个好的 e-mail 广告应该遵循广告创作的规律，要从目标受众的角度出发，充分利用各种 e-mail 信息元素。例如：

● 充分利用发件人、标题，用最简单、最直接的语言展示主题内容，抓住目标客户。

● 邮件内容要简练，要遵循广告制作的一般规律。

● 要有营销网站做后盾，纳入企业整合网络营销体系。

例如，图 11—5 所示的邮件广告就较好地遵循了上述规律。在图 11—5 中，发件人栏被改成了“中国金融采购网”，主题栏被改成了“某月某日招标采购通知”，这对企业相关人员具有很强的吸引力，绝不会被当成垃圾邮件删掉。在邮件本体中，也很好地遵循了广告简练、直观、明了的原则，很容易抓住客户的眼球。如果客户对其中某项内容感兴趣，就会点击超链接，系统立刻进入网站，进一步展示更详细的内容（如图 11—6 所示）。

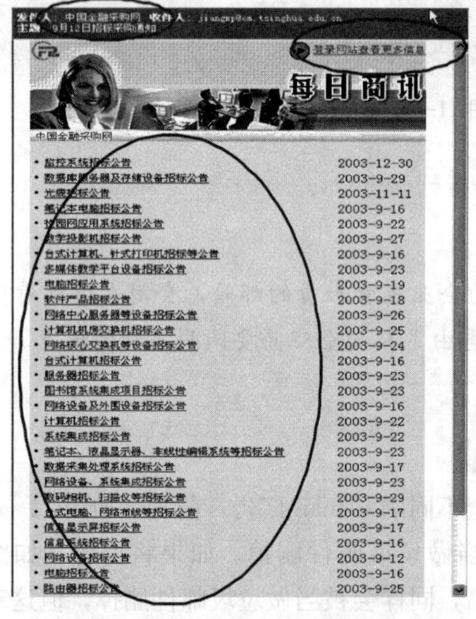

图 11—5 成功的 e-mail 广告举例

图 11—6 后台网站链接

二、垃圾邮件带来的问题

对发放对象不做分类，未经他人的许可，就大量滥发制作粗糙的垃圾邮件，这并不是一种明智的营销方式。垃圾邮件干扰了人们的正常生活，容易引起公众的反感，从而被当成垃圾删掉或被设法拒收。这样不但无法达到促进销售的效果，而且使人心生厌恶，损害企业或产品的品牌形象(客观地讲，我们都深受其害。每天打开电脑的第一件事就是删除垃圾邮件)。

(一) 滥发垃圾邮件可能带来的问题

当代人们的生活节奏越来越快，e-mail 在人们生活中的作用变得越来越重要。根据 2010 年 1 月中国互联网络信息中心发布的第 24 次统计报告：中国网民应用互联网功能最多的就是 e-mail，比例高达 57%。而每天被动接收到的大量垃圾邮件，让公众十分反感，头痛不已。

滥发垃圾邮件可能带来如下几个方面的问题：

- 侵犯了他人的权利，干扰了人们的正常生活，会引起普遍反感和厌恶。
- 易于携带和传播电脑病毒（目前，大量的计算机病毒都是通过垃圾邮件携带并传播的），给系统带来危害。
- 由于 e-mail 的群发过程自由、隐蔽，因此易于滋生各类违法的商业行为。例如，2006 年 7—12 月，仅在笔者本人收到的垃圾邮件中，违法提供发票的 e-mail 广告就占到近 30%；提供其他各类色情和违禁商品的 e-mail 约占 10%。而且对于这种违法/违禁行为，在查处和打击方面有相当的难度。

(二) 与传统广告同样存在的问题

除上述 e-mail 营销特有的问题外，在传统广告中存在的一些问题，在 e-mail 广告中同样存在。这些问题主要有：

- 实际效果并不像广告商（运营商）宣传的那样好（这与制作过程是否专业、规范，广告的质量和细节水平，以及与企业整体营销传播策略的结合度是否紧密等因素密切相关）。
- 拒收、拒看、拒读现象同样存在（只有遵循广告制作一般规律的 e-mail，客户才可能乐于接受）。
- 乱发粗制滥造的广告，不但达不到预期的营销效果，反而会引起普遍反感，损害企业或产品的品牌形象。
- 虚假、夸张等现象大量存在且难以控制。

三、各国反垃圾邮件立法及其效果

鉴于垃圾邮件对人们生活的危害，目前世界许多国家（特别是发达国家）都通过立法来阻止这类干扰人们正常信息交流和日常生活的推销方法。

(一) 世界各国反垃圾邮件的举措

为了杜绝垃圾邮件带来的问题，许多国家已通过立法来阻止这类滥发垃圾邮件的行为。例如：

- 2002年4月，日本经济产业厅通过了《反垃圾邮件法》，同年7月开始实施。
- 2002年11月，韩国通过了《促进信息通信网络使用及保护信息法》修正案。
- 2003年9月，英国正式实施一项针对垃圾邮件与垃圾邮件制造者的法令。
- 2003年10月，欧盟正式实施反数字盗版法，要求企业在网站发送商业邮件、发送短信、移动电话呼叫前必须事先征得当事人同意，否则将面临重罚。
- 2004年1月，美国《反垃圾邮件法》（CAN-SPAM）正式生效，规定严禁发放虚假信息，商业信函必须包括“不再发送”的选择，违者罚金高达500万美元。
- 2004年4月，澳大利亚通过《反垃圾邮件法》，滥发邮件的企业日罚款金额高达81.1万美元，等等。

（二）立法限制的结果是：垃圾邮件不减反增

各国立法的初衷是限制垃圾邮件的发送，但实际结果是：不但屡禁不止，反而泛滥成灾。

以美国为例，《反垃圾邮件法》公布一年以来，收效甚微，垃圾邮件仍然肆虐。IDG 2004年12月28日发布的消息称，自从2004年1月1日《反垃圾邮件法》颁布实施以来，没有丝毫证据显示美国居民收到的商业促销（垃圾）邮件数量有所减少。尽管CAN-SPAM对违反者有严厉的处罚（规定对于垃圾邮件肇事者的最高刑期达5年，对每封垃圾邮件的罚金最高达250美元，罚金最高限额可达500万美元），但由于技术等原因，并未有效制止垃圾邮件的泛滥。一年来，垃圾邮件数量不但没有减少，反而增加了不少。

（三）e-mail营销及反垃圾邮件法在中国的发展

2000年后，随着中国经济的发展，e-mail营销在小型企业中迅速发展。

2004年8月，中国互联网协会反垃圾邮件协调小组的调查显示：在中国邮件用户中，人均每周收到电子邮件42.3封，其中正常邮件仅有14.5封，垃圾邮件（即未经许可发送的商业信函）多达27.8封，占65.7%，比2004年3月上升5个百分点，上升势头十分明显。

2003年秋，中国反垃圾邮件联盟成立（anti-spam.org.cn），并采用技术手段（公布发放垃圾邮件服务器名单）限制垃圾邮件服务器发展。但由于垃圾邮件的发放者经常采用变换网络服务器的方式，致使这一措施效果并不明显。

2006年3月，一年一度的“两会”期间，代表们热议反垃圾邮件问题。随后施行的《互联网电子邮件服务管理办法》规定：商业电子邮件必须在标题栏前面加注中文“广告”或英文“AD”字样，否则将被处以重罚。

但是，由于管理办法措施不实、方法不具体，实施起来有相当的难度。管理办法颁布后，并未收到实际效果，人们仍收到大量的垃圾邮件，立法效果很不理想。

管理办法实施前后收到的垃圾邮件的区别仅在于：约 30%按规定在标题前加注了“AD”字样（但从未发现在标题前加中文“广告”的商业邮件），而且为了防止网络服务器对垃圾邮件的拒收，“AD”两字母加注的形式也五花八门，如“A/D”、“A-D”、“a-d”、“A _ D”、“a * d”等，目的是使机器（网络邮件服务器）无法识别和拒收。

（四）问题的解决方案

要想解决上述问题，最理想的方案是：

- 严格立法和监督机制。
- 细化技术监督手段。
- 教育企业采用正确的 e-mail 营销方法，增强 e-mail 营销的实际效果。

第 4 节 企业 e-mail 营销策略

目前 e-mail 营销发展很快，但整体水平不尽如人意。许可式 e-mail 营销总体应用状况不够理想，其主要原因是：社会整体对 e-mail 营销的理解不够深入，企业不知道该如何正确制定 e-mail 营销策略。

e-mail 营销要与企业网络营销策略一致，成为企业整体营销策略的一部分。

一、细节和专业化水平决定 e-mail 营销成败

e-mail 营销是企业整体营销传播策略的一部分，是商业广告的一种形式。自 2002 年以来，e-mail 营销开始受到企业重视。一些管理咨询机构陆续发表了关于 e-mail 营销效果的研究结果，研究结果表明：e-mail 广告制作的细节和专业化水平是决定 e-mail 营销成败的关键要素。

（一）许可式 e-mail 营销与 banner 广告的比较

我们将近几年各大管理咨询机构对许可式 e-mail 营销与 banner 广告的效果比较汇总在表 11—2 中。表 11—2 显示：许可式 e-mail 营销的广告效果要明显好于 banner 广告。

表 11—2 许可式 e-mail 营销与 banner 广告的比较

研究报告发布公司	许可式 e-mail 营销	banner 广告
Jupiter Research	15%	0.6%
Forrester Research	10%	0.5%
24/7 Media	7%	2.0%
eMarketer	3.2%	0.3%

（二）细节决定成败

2004 年，美国许可式 e-mail 营销服务商 Silverpop 公司开展了一项有关 e-mail营销效果的研究，结果发现，只有在那些注重细节的公司，e-mail 营销的效果才能真正表现出来。由此可知：细节将决定 e-mail 营销的成败。

目前，许可式 e-mail 营销应用相当普遍，各大零售巨头（如：内曼·马库斯(Neiman Marcus）公司、J. C. 潘尼（J. C. Penney）公司等）都在采用 e-mail 接触消费者。在 Silverpop 公司评测的 175 家知名零售企业中，虽然都在实施 e-mail 营销，但许多企业对如何应用好 e-mail 来增强营销效果还所知甚少。

Silverpop 公司的首席执行官说：实际上，我们的调查发现令人吃惊，许多企业只需要在原有 e-mail 营销的细节上做一些小小的改进，就可以取得超越竞争对手的效果。37%的零售商提供订阅邮件时要求消费者提供 e-mail 地址；39%的零售商要求用户提供 e-mail 地址、简短介绍和邮政地址；25%的公司要求填写电话号码。在消费者完成注册后，43%的公司发送一个确认邮件，但仅有 25%的确认邮件带有注册者的名字。

（三）实例分析

图 11—7 是笔者在 2007 年“五一”长假前夕收到的一封邮件，请读者分析并回答如下几个问题。如果你能够很好地回答这些问题，则说明你已经注意到了 e-mail 广告制作中的一些细节，今后能制作出一个很好的 e-mail 营销广告。

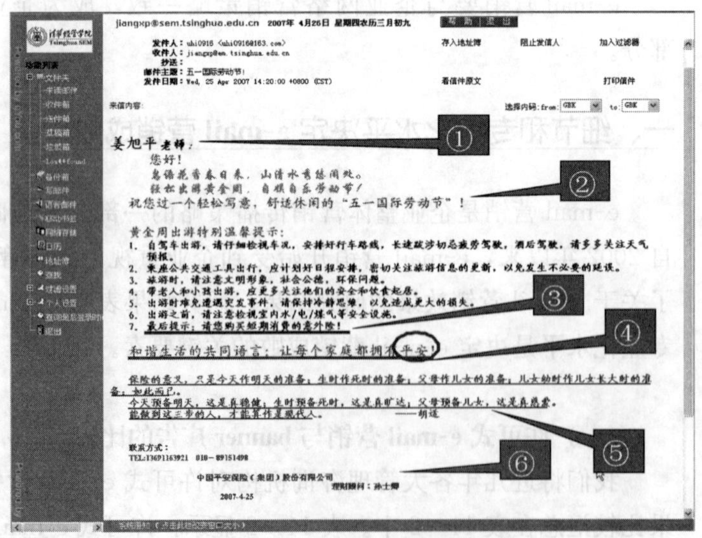
jiangxp@sem.tsinghua.edu.cn 2007年 4月26日 星期四农历三月初九

发件人：uhi0916 <uhi0916@163.com>
收件人：jiangxp@em.tsinghua.edu.cn
抄送：
邮件主题：五一国际劳动节!
发件日期：Wed, 25 Apr 2007 14:20:00 +0800 (CST)

来信内容：

姜旭平老师：
　　您好!
　　鸟语花香春日来，山清水秀悠闲处。
　　轻松出游黄金周，自娱自乐劳动节!
祝您过一个轻松写意，舒适休闲的“五一国际劳动节”!

黄金周出游特别温馨提示：
1. 自驾车出游，请仔细检视车况，安排好行车路线，长途跋涉切忌疲劳驾驶，酒后驾驶，请多多关注天气预报。
2. 乘座公共交通工具出行，应计划好日程安排，密切关注旅游信息的更新，以免发生不必要的延误。
3. 旅游时，请注意文明形象，社会公德，环保问题。
4. 带老人和小孩出游，应更多关注他们的安全和饮食起居。
5. 出游时难免遭遇突发事件，请保持冷静思维，以免造成更大的损失。
6. 出游之前，请注意检视室内水/电/煤气等安全设施。
7. 最后提示：请您购买短期消费的意外险!

和谐生活的共同语言：让每个家庭都拥有平安!

保险的意义，只是今天作明天的准备；生时作死时的准备；父母作儿女的准备；儿女幼时作儿女长大时的准备；如此而已。
今天预备明天，这是真稳健；生时预备死时，这是真旷达；父母预备儿女，这是真慈爱。
能做到这三步的人，才能算作是现代人。——胡适

联系方式：
TEL:13691163921 010－89151498

中国平安保险（集团）股份有限公司
理财顾问：孙士卿
2007-4-25

图 11—7 e-mail 细节分析页面

讨 论

1. 这封邮件是普通的节日问候吗？
2. 群发 e-mail 的目的是什么？
3. 这封邮件想要传达什么信息？
4. 各部分所表达的内容与前面各章中所讨论的营销理论有什么联系？

提示：5～8 人一组，先分组讨论，再由 1 人向全班简要阐明本组的观点。

点评：

在图 11—7 所示的 e-mail 中，邮件主题是“五一国际劳动节”，邮件本体：

- 给出受众姓名，目的是给人以个性化而并非群发的感觉。
- 以温馨和关怀抓住消费者，满足消费者心理上的需要。
- 这是发此广告邮件的真实目的——动员消费者买保险。
- 提醒消费者如要投保去找谁。
- 借用名人语录对消费者进行攻心和洗脑。
- 给出具体的联系方式。

二、企业制定 e-mail 营销策略的八项准则

（一）e-mail 营销准则

如果企业想要制定一个好的 e-mail 营销策略，就应该遵循如下八项准则：

- 在满足需求的前提下，展开 e-mail 营销。
- 利用展会、售后服务、俱乐部、会员制、生活/技术服务、礼品、抽奖等获取用户对邮箱资源的授权许可。
- 保存并分析客户信息（如联系方式、产量、需求规律、使用频率、特点、习惯、忌讳、民族、宗教等）。
- 系统地对受众群体或市场进行分类（如智能分类、数据挖掘、客户细分），有针对性、有目的地开展个性化网络营销服务（如沟通和群发商务信息）。
- 形式上，可根据客户特点选择 SMS、e-mail、信使、QQ、即时信息通信等多种形式。
- 在制作形式上要实用，遵循制作广告规律，充分调用一切视觉或信息要素（如发件人、主题等），抓住目标客户。
- 要有营销网站和相应的配套服务做后盾，一旦有进一步的信息需求（如点击），则应精确链接到相关内容。
- 要注重细节（如客服电话、公司邮箱、联系方式、营销网站、客户兴趣/爱好/特点分类、精确链接等），细节决定 e-mail 营销的成败。

（二）保留客户兴趣和地址做法举例

例如，当浏览完阿里巴巴网站并退出时，系统会弹出一个对话框（如图

11—8 所示)。如选择“确认”,则客户兴趣、e-mail 地址等都被保留在数据库中,作为未来营销和客户数据挖掘的资源。同时,系统还会自动将阿里巴巴网站的相关内容设置为客户浏览器的默认首页。

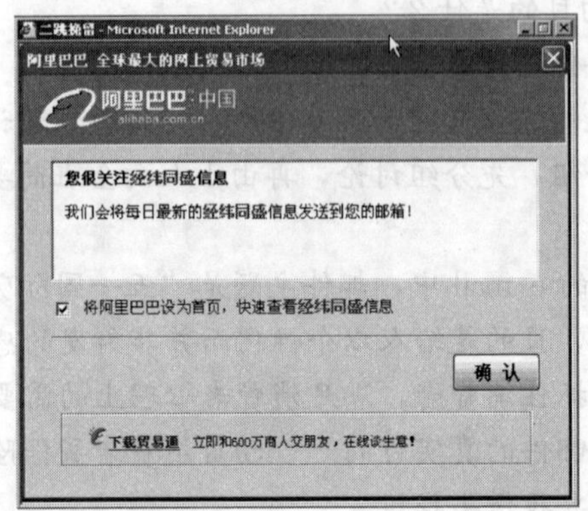

图 11—8 关闭阿里巴巴网站时弹出的对话框

又如,2005 年 11 月在北京国际展览中心举办的中国国际珠宝展门票为 10 元,如参观者愿意填写客户调查表(主要信息包括姓名、住址、爱好类型、e-mail 地址、收入和职业分类等),则可免费领取门票,目的同样是要留做未来网络营销的资源。一旦参观者填写了此表,今后针对其兴趣爱好的各类珠宝、首饰信息就会源源不断地送到其 e-mail 邮箱。

讨 论

请根据前面所列的 e-mail 营销的八项准则,分析下列邮件广告(如图 11—9 所示)在制作上的长处和不足。

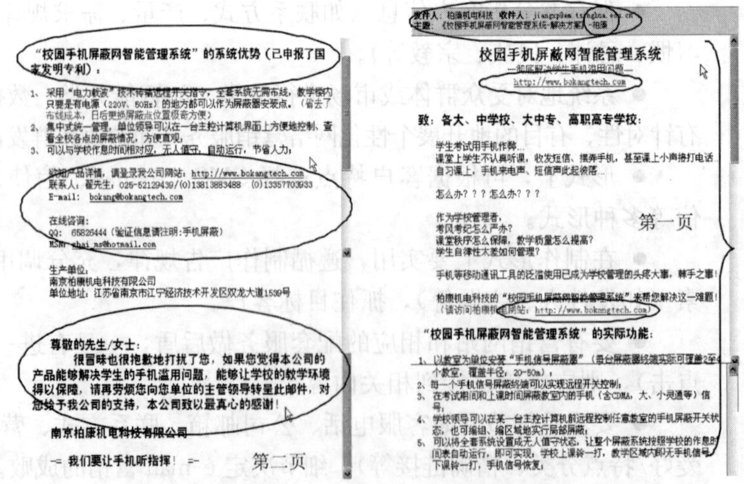

图 11—9 邮件广告分析页面

三、数据库是定向发送与客户分类的基础

e-mail 营销的最高境界是根据客户的兴趣、爱好进行有针对性的发送。要做到这一点，就必须有一个客户关系管理数据库作为网站后台的支撑。因此，数据库是定向发送与客户分类的基础。

（一）亚马逊网站的个性化邮件营销

亚马逊网站是最早采用此做法的典型代表。它将人们购书时的各类信息记录下来并存入数据库，然后在每次有新书时，借助关键词匹配、智能分类、数据挖掘、邮件群发等方式，针对客户个体兴趣、偏好群发推销邮件。

虽然这类邮件是由系统群发的，但对客户来说，似乎是针对自己的兴趣或爱好“一对一”发送的，一般不但不会引起反感，反而会打开细看。

例如，1998 年底笔者在香港做访问学者时，就通过亚马逊网站买过两本书。此后，笔者经常会收到亚马逊网站发来新书介绍的电子邮件，感兴趣时，直接点击进入新书介绍页面。有趣的是，从 1998 年底到 1999 年 5 月，在笔者离开香港前，亚马逊网站从没有将一本笔者不关心的书向笔者做过推荐。这种个性化的 e-mail 营销服务，不但没有引起笔者的反感，反而起到了很好的营销和宣传作用。

（二）精准和个性化发送需要各类技术的支撑

e-mail 的精准和个性化发送需要各类技术的支撑，一套完整的 e-mail 营销系统应该如图 11—10 所示。首先需要建立的数据库有客户分析数据库、产品分析数据库、关键词分类数据库列表和匹配等。在此基础上，常用的数据分析和商务智能技术有：市场分类和智能分析技术；数据挖掘技术，根据对客户特点和兴趣的分析有针对性地群发信息；个性化服务（包括链接、网页、邮件、短信、咨询等）；流量分析、市场分析和客户访问行为跟踪等。

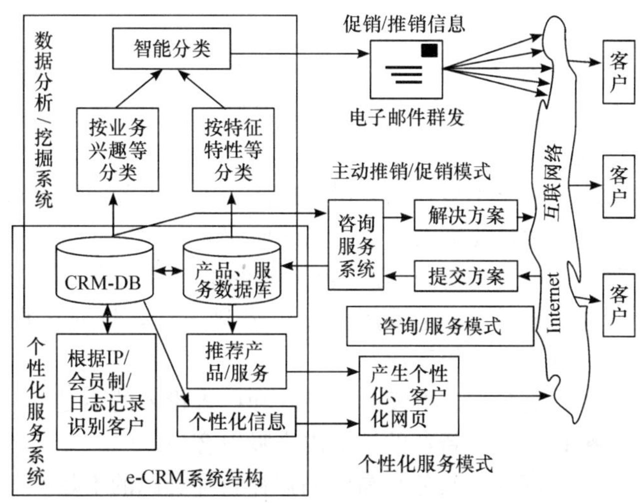

图 11—10　完整的 e-mail 营销系统

第 5 节 典型应用及案例分析

下面列出几个不同类型企业的实际案例，以便更好地理解 e-mail 营销在企业实践中的应用。

一、案例一：推销车用多功能充电器

中国的私家汽车越来越普及，驾车外出度假已成为时尚。现在人们在汽车上待的时间越来越长，而且对各类电器（如手机、冰箱、电饭煲、CD 随身听、MP3、电动剃须刀等）的依赖性越来越强，但在车上充电成了问题。

某中小企业受国外同类型产品的启发，研制出多功能汽车充电器。该产品利用汽车点烟器，对各种电器进行充电。在产品生产出来后，如何宣传和营销该产品却成了企业头疼的问题：若大规模地做广告，就该企业的实力而言，根本不可能；靠推销员向经销商逐个推销，则太慢、太费劲、成本太高、效率太低。在这个过程中，一旦有大的电器生产商进入市场，该企业将难以立足。

经反复思考，该企业最终选择在向经销商推销的同时，利用 e-mail/SMS 展开产品推销，即先通过保险公司数据库获得驾驶员信息，然后有针对性地群发广告信息，结果大获成功。

事实证明：该企业的做法要比雇人满大街发小广告和盲目推销的效果好得多，成本也低得多。

二、案例二：管理培训宣传

职业经理人和企业高管培训是一个巨大的市场，而占领该市场的关键在于招生、教学内容和质量宣传。营销成本（主要是报纸和网络广告）通常占到办班收入的 60%左右。

清华大学、北京大学、复旦大学等一批高校，以及中欧商学院和一些大型的企业管理咨询机构，依托自身品牌、知识、资金优势，迅速进入并占领了这一市场。

南方一家小型咨询公司也想挤入这一市场，但是该公司既无品牌优势，又无师资资源，要进入这一市场谈何容易。如果按常规思维和做法，招生宣传靠广告，一个班需要 20 万～40 万元的铺底广告资金，该公司根本承受不起。该公司思前想后，决定采用 e-mail 营销方法，针对客户和市场大量群发培训信息。其具体做法如下：

- 以海量信息群发弥补品牌和广告投入的不足。
- 以时尚、新颖的培训内容吸引客户。
- 以高规格服务和高课酬弥补教师资源的不足。
- 以会员制和 e-mail、SMS 等与已有客户展开互动。

结果是：很好地实现了低成本、高效率的营销，培训业务迅速发展，并带动了企业自身咨询业务的开展。该企业群发的 e-mail 之一如图 11—11 所示。

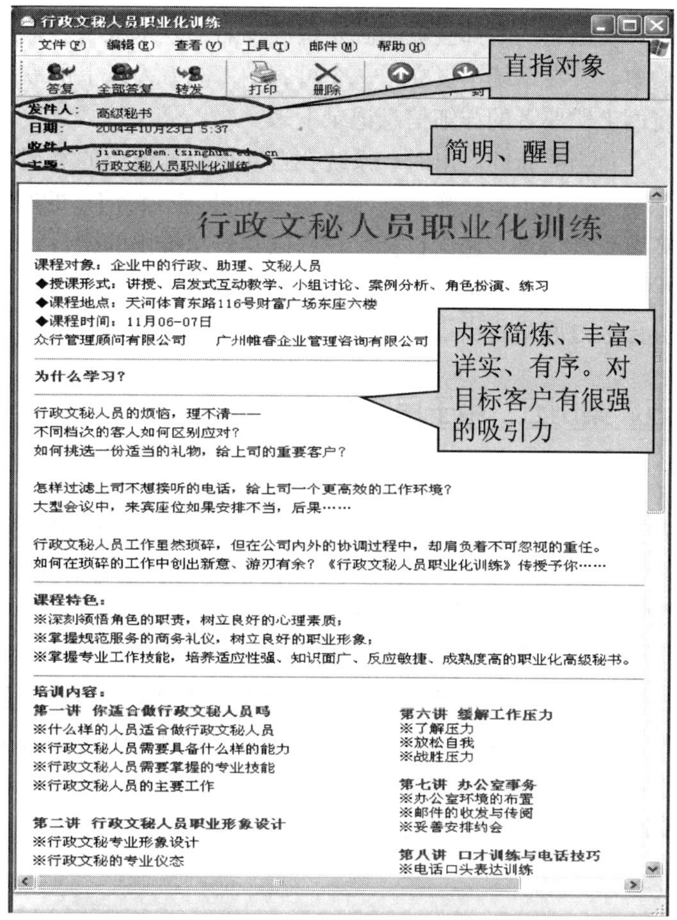

图 11—11　培训 e-mail 广告信息

三、案例三：群发 e-mail 和传真

上海某公司在销售渠道建设中，开始采用电话和人员上门方式，但效果不理想，主要是工作量太大（电话平均每人每天最多联系 30 家，上门每天只能联系 2～3 家）、成本高且效率太低（三个人忙了一周，才联系了不到 200 家企业）。更重要的是，重要信息很难完整地表达给决策者，甚至根本接触不到决策者，邀请 15～30 家企业总经理的目标很难完成。

最终，该公司改用通过搜索目标客户群体信息，群发 e-mail 和传真（用上海电信商务领航的传真使者，20 元包月）的方式，效果很好，针对 600 多家企业的邮件不到一上午就全部发完了。最终，有 32 家企业的高管报名来上海参加活动。

四、案例四：根据客户爱好发送

美国纽约大都会歌剧院是世界知名的艺术殿堂。该剧院鼓励客户使用网络购票，并在系统中设立了一个可容纳 150 万人以上的歌迷资料数据库，每次都将网上购票者的详细信息记录下来。

每当有新的演出时，系统会自动地根据演出的类型分析各类消费者的特点和偏好，找出潜在顾客，然后用 e-mail 直接将演出的剧目、时间、内容、表演者背景等信息发送给目标客户，以宣传拟推出的剧目。

这样做获得了很好的效果——多数演出在正式售票之前，70%以上的入场券已通过网络售出了。

五、案例五：用于民航沟通

美国航空公司（American Airline，AA）鼓励公众使用网络购票，以便在数据库中保留顾客资料。现在该公司旅行者数据库内存有 80 万份 VIP 客户资料。这些 VIP 客户平均每人每年搭乘美国航空公司的航班达 13 次之多，贡献的旅行费用占该公司总营业额的 65%。

公司经常会以他们为主要对象，采用 e-mail 沟通，举办促销宣传活动，极力改进服务，满足其需求，使之成为公司稳定的客户。公司为 VIP 客户提供的服务包括出行计划、咨询、累积积分、互动沟通等。甚至部分 VIP 客户在用积分换取小礼品时，会惊喜地发现自己的名字清楚地出现在小礼品上，一种莫名的兴奋感和品牌忠诚度油然而生。

本章小结

信息群发和 e-mail 营销是一种低成本、技术处理简单但高传播效率的营销传播方式。可以通过技术，以信息群发的方式向市场大量（通常都是数百万、上千万封甚至上亿封邮件）发送产品、营销或商务信息。

本章系统地分析了信息群发和 e-mail 营销的要点、企业制定信息群发和 e-mail营销的规则等。e-mail 营销要有数据库、数据挖掘和智能分析技术的支撑，要根据客户的兴趣、爱好进行有针对性的发送，否则会给客户的日常生活带来干扰，引发反感，给企业（或品牌）带来负面效应。

重点概念和知识点

- 信息群发传播

- 信息群发的工具及分类
- 垃圾邮件
- e-mail 营销
- 数据库营销
- 客户分析及个性化邮件营销
- 智能分类和客户挖掘
- 数据挖掘和商务智能

练习题

1. 同样是商业邮件，为什么有的邮件遭人反感，而有的邮件却能引起目标客户的兴趣？请分析其中的原因。

2. 请针对前面几章的分组作业题，制定一套基于信息群发和 e-mail 的产品信息传播及营销方案。

3. 为什么说垃圾邮件所带来的问题在传统媒体广告中同样存在？

章末案例

1. 种田法则的小故事

美国石油大王保罗·盖蒂发现产量总不见起色，于是请教管理专家。专家说："那是你自己的油田。"保罗恍然大悟，于是宣布："从今日起，油井交给你们（指员工）负责经营，收益的 25%由各位自行分配。"从此产量大增。管理学家称此为"种田法则"。

2. 包产到户的小故事

中国地大物博，人民勤劳，但 1980 年前人民生活较为贫困。1979 年，中国政府接受了小岗村民包产到户的建议后，极大地调动了农民的积极性，农业生产欣欣向荣，并由此开启了中国改革开放和民族复兴的先河。

因此，让员工"种自己的田"，"为自己干"，才能化解冲突，发掘潜力，最大限度地创造价值。

有观点认为：中国式管理在宏观上（管理哲学）是存在的，在微观上（个人权谋）也是存在的，但在中观上（治理结构）是不存在的。

蒙牛老板牛根生不同意此种看法，他认为：三个层次都存在，因为管理上的"中国倾向"已经是一个客观存在的现象。

从管理哲学上讲，从邓小平开始，中国式管理的核心就是一句话：让每个人"为自己干"，即不是"为别人干"，不是"为集体干"，也不是"为主义干"，就是"为自己干”。中国农民是这样，工人也是这样；体力劳动者是这样，脑力劳动者也是这样。

从治理结构上看，就是要尽量划小单元、划清范围，做到“包产到户”。美国式管理倾向于标准化，用制度与流程把人变成公司精密的“机器”；日本式管理倾向于团队化，用使命与归属把人变成公司忠诚的“零件”；中国式管理倾向于单元化，用公理与正义把人变成公司能动的“棋子”。

在治理结构方面，中国式管理还有一大特色，就是企业领袖的地位特别突出，讲德治，或者说德治与法治并举。在中国，引爆员工热情第一位的通常不是规则，而是企业家的人格魅力与文化哲学。没有正义的企业家，往往就没有正义的企业；没有强势的领导，往往就没有强势的企业。这是中国传统政治治理结构在企业治理结构上的折射。

从个人权谋上看，时间管理等科学层面的东西应该说中西方是一致的，但在职业道德等软性层面上的东西可能就不一样了。

美国人讲法理情，视法为最大；中国人讲情理法，视情为最大。所以美国人讲职业忠诚，中国人讲知恩图报。

思考题

1. 你赞同上述观点吗？请结合实际谈谈看法。

2. “为自己干”与“为企业干”、“为老板干”、“为 KPI 指标干”有什么不同？

3. 在营销策划和理念传播中，如何才能将客户花钱“买产品”演变成花钱“为自己”？

第12章 客户参与、互动、口碑和体验及整合营销

Chapter 12

学习要点

客户参与及互动营销
网上口碑与博客营销
病毒式营销传播
体验营销
客户行为及营销分析
网络整合营销传播

第1节 客户参与及互动营销

客户参与及互动营销是网络营销有别于传统营销的最大特色之一。

只有网上的内容能引起客户兴趣，客户才会积极参与在线互动，网站才会有黏着性，才能黏住客户，传播经营理念，在实现客户利益的基础上实现营销价值。

一、互动营销的基础

互动营销强调通过知识传播、信息服务、沟通、娱乐等手段，激发公众兴趣，促进共同参与，在参与、互动的过程中达到营销传播的目的。

互动营销要抓住公众关心的话题，寻找适当的时机和方法，将公众的兴趣和利益紧密结合。

（一）话题选择

在适当的环境下，选择适当的话题（或主题）非常重要。话题的选择要注意以下几点：

- 抓住客户关心的内容和感兴趣的话题。

- 利用一些轰动性的新闻、事件或经典性的话题。
- 留有充分的余地和想象、发挥、参与的空间。
- 有时故意露出一些“破绽”和“问题”，可能会引发更多的关注。

（二）利益相关

利益是关乎营销永恒的主题。如果营销策划能使公众（消费者或客户）认为自己是受益者或利益相关者，则一定会被给予更多的关注和积极的参与。这里所讲的利益是广义的，它包括：

- 一些可使客户或消费者受益的信息、知识或服务；
- 一些关乎客户或消费者利益的话题；
- 使公众有机会对新闻、事件或感兴趣的话题表达想法；
- 提供一个沟通、娱乐、展示和表现的平台，等等。

（三）共鸣

话题和利益是打动消费者与产生共鸣的基础。有了共鸣，就会产生无穷无尽的共同语言，就有了参与和互动的渴望。当今社会上一些优秀的营销案例都紧紧把握了这一点，最终获得了很大的成功。

 案例 12—1

湖南卫视推出的“超级女声”选秀节目，抓住了对当代青年心理特点的三个基本判断，从而获得了极大共鸣和成功。

- 当代年轻人个个都想成名，但又不愿付出艰苦的努力，于是只能奢望一夜成名，而演艺、博彩、传销等被误认为是实现此目的的“最佳捷径”。
- 想“秀”(show)、展示自我、张扬个性是人类的天性。年轻人希望表现自我、张扬个性，展现自我存在的价值，获得他人的尊重（极度膨胀的自我表现欲）。
- 在现实社会中，人一辈子都笼罩在专家、权威、师长、上司的“淫威”之下，所接受的教育都是服从、服从、再服从。所以，现在的年轻人逆反心理极强，希望能通过努力，改变自己的命运和决定事物的走向。

于是，根据上述特点，湖南卫视设计了如下主题和游戏规则，让公众掌握选手的命运，极大地调动了公众参与的积极性，获得了巨大成功。

- 海选，无门槛，18 岁以上者均可参加。
- 全程直播（歌唱、才艺展示＋生活秀），让公众从选手身上捕捉到自己的影子，寄托自己的希望和梦想。
- 设置“专家评判＋复活赛”环节。由 e-mail 或短信平台的公众投票决定选手是否能复活。让公众方便参与、充分表现，并通过自己的努力（投票复活）改变选手的命运（挑战专家、评委、权威的决定）。

二、媒体、工具和形式

客户参与话题讨论和在线沟通互动的媒体、工具及形式多种多样，其中最常见的有：

- 网络社区、聊天室、博客、Twitter、即时通信、QQ、MSN、ICQ、飞信等；
- 俱乐部、会员制、专题讨论区等；
- Web 网站或 WAP 网站等；
- 互动的工具、载体可以是帖子、文章、评论、DV 短片、手机短信等。

三、互动营销的优势

互动可以聚集人气和观众的注意力，增加网络的黏着度，提高网络营销传播的效率。互动营销的优势可归纳如下：

- 提高观众的兴趣和参与程度，聚集人气，加大营销信息传播的力度。
- 了解公众兴趣，并据此选择主题，策划进一步的活动。
- 在参与和娱乐中，抓住消费者，传播经营理念，建立品牌形象和品牌忠诚度，促进产品销售。
- 针对客户的兴趣、爱好，使广告更精准、传播更有效。
- 能够促进相互学习、相互启发、彼此改进，带来观察问题的全新视角。

第 2 节　网上口碑营销与博客营销

一、口碑在网络营销中的作用

口碑是指消费者对某个产品使用后产生好感，并自发奔走相告的一类传播行为。口碑营销在英文中有多种表达方式，如：WOM（word-of-mouth），buzz marketing，buzz-word 等。由于口碑大多源自传播者自身的体验，人们更容易相信，因此具有很好的营销效果。

但是，在传统媒体环境下，这种面对面的口碑传播速度缓慢且范围有限。而且在当代网络环境下，人们一旦有了需求，往往都会上网去查找相关的信息。于是，就有人想到了利用网络来传播口碑。

网上口碑营销是指消费者在使用某个产品后产生好感，并在网上自发地传播该产品优点的行为。网上口碑营销具有很好的营销效果。

网上口碑营销通过各种网络社区、论坛、聊天室、博客、QQ、评论等来传播一些对企业、产品或促销有益的信息。

二、博客营销

(一) 博客的基本概念

博客即网络日志，是“Weblog”的缩写。博客一词最初由“web”和“blog”两个单词合并组成。博客通常遵照英文习惯，由一系列按时间倒序排列的文档组成，两侧通常还可以有补充资料和相关链接等。

博客是一种“零进入壁垒”的网上个人出版和观点发布方式。任何人都可以在网上建立博客并随意发表自己的观点（只要不违法），交换信息和共享知识，进行深度交流和思想沟通。故有学者将其称为“没有经过编辑和过滤的个人声音”(David Winer，2004)。

目前，网上的博客一般可分为日记型博客（journal blog)、知识型博客(knowledge blog)、新闻类博客（news blog)、专家博客（pundit blog)、个人心路历程博客（personal blog)、技术型博客（tech blog)、群体博客（group blog）和移动博客（mob blog）等。

(二) 博客的特点

1. 个人性

博客发文不受什么约束，即没有内容或主题要求，也没有文体限制，纯粹是一个自由状态的人的自发行为。个人行为，个性角度，独到的思想，不同的爱好和兴趣，正是博客文体能够吸引读者的力量源泉。你的家人、朋友、读者，以及所有关心、关注你的人，只要来到你的博客，就可进入你的内心，对你的生活、工作和思想进行最真切、最全面的了解，这是所有其他通信手段无法比拟的。

2. 即时性

博客就像人们写日记一样，随时、随地、信手写作，想到哪儿写到哪儿，经常更新，不断积累，可以及时记录个人的行为、信息和思想。因为独特、即时、个性化，所以才新鲜、另类、吸引人。这是博客文体有别于其他个人文章、著作的关键。

3. 开放性、分享性和链接

博客的优势在于：不断地搜索、提炼、学习和分享知识，是一个信息和知识共享的园地。博客文体最重要的特点就是链接，即链接众多观点、各类知识、海量信息。在博客的世界里，度量知识渊博的标准，就是奉献观点，以及“修”出的知识和视角的受欢迎程度。人们希望把自己最独到、最有价值的观点全部奉献（“晒”出来）给观众，以博得社群的尊重。这是当代人们追求的最高境界（Abraham Maslow，1943）。这种开放、张扬个性、自我展示的心态，是博客广受欢迎的重要原因。

4. 交互性

由于博客是一个完全开放的信息平台，因此人人都可以就某个话题自由交流。博客就像一个公众休闲、聊天的大茶楼，人人都可以随意选择自己感兴趣的话题，自由地参与并发表观点。参与性和交互性是博客广受欢迎的另一个原因。

5. 群聚性

博客的参与者通常都是因博主在某个方面的个人特质而聚集到一起的，久而久之就形成了一定的忠诚度和固定的网络族群（拥趸或粉丝）。于是，一些演艺界人士利用个人特质，建立粉丝博客群；一些政客利用博客平台来发表自己的观点，博取公众的注意力和支持；一些企业利用博客来影响人们对某些事物、产品的看法，等等。

（三）博客营销的概念与优势

博客营销是指企业通过某些有影响人物的博客来发布对自己产品有利的信息，是在线口碑营销的一种重要形式。相对于其他营销手段而言，博客营销具备如下优势：

- 读者群体细分程度高，黏度大，定向准确，针对性强，具有较好的口碑传播效果。
- 互动性强，信任程度高。由于许多人认为博文中的内容不是广告，而是博主本人实际体验的感受，因此博客营销口碑效应好。
- 舆论影响力大，引导潮流。在一些影响力大的博客上，一篇热门文章、一个热门观点，往往会有数以十万计（甚至百万计）的人在阅读、转载和再传播。
- 博客与搜索引擎营销、营销网站无缝对接，消费者可以随时随地根据自己的兴趣爱好搜索到博客中的观点、文章，所以传播效果很好。
- 博客营销的成本低，且容易培养顾客的忠诚度。

（四）博客营销的价值

1. 直接推介产品，带来潜在用户

一些有影响的博客拥有大量的拥趸群体，一些有价值的信息会被广泛传播，从而达到向潜在用户传递营销信息的目的。这是博客营销最直接的价值表现形式。

2. 降低网站推广费用

网站推广是网络营销的重要内容，大量的企业网站建成之后都缺乏有效的推广措施，因而网站访问量过低，降低了网站的实际价值。在博客内容中适当加入企业营销网站的信息链接（如某项热门产品的在线优惠券下载网址等），以达到网站推广的目的，这样的“博客推广”可降低推广费用，提升访问量。

3. 增加用户通过搜索引擎获取信息的机会

多渠道信息传递是网络营销取得成效的保证，如通过博客增加用户发现企业或产品的机会。一般来说，用户可以根据自己的需要，通过搜索引擎发现博客上的信息内容，增加信息被传播的几率。

4. 低成本的客户行为研究

博客网站是具有共同兴趣人群交流的场所，有问题可以自由提出、发表评论。企业可以通过人们对博客文章内容的看法了解消费者兴趣，或在博客文章中设置在线调查表链接，便于有兴趣的读者参与调查。

5. 增加网站黏度

如果企业或个人建立自己的博客，坚持不懈地抓住公众感兴趣或关注的话题，所营造的氛围将为营销带来可观的资源。只要坚持对某个领域的深度研究，并加强与用户的多层面交流，就可获得用户对品牌的认可和忠诚度。

6. 减少对传统媒体的依赖度

在传统营销模式下，企业往往需要依赖大众媒体来发布企业信息，不仅受到较大局限，而且费用相对较高。当营销人员拥有自己的博客园地之后，可随时发布所有希望发布的信息。只要这些信息没有违反国家法律，并且信息对用户是有价值的，就一定会受到消费者欢迎。博客的出现给营销从业人员的观念和传播方式带来了重大转变。博客赋予每个企业、个人自由发布信息的权利，如何有效地利用这一权利为企业营销战略服务，则取决于从业人员的知识背景、对博客营销的理解和实际应用的能力等。

第 3 节　病毒式营销传播

传统营销传播的基础是企业告诉消费者，即企业花钱购买话语权（广告）来教育消费者。但现在这种模式面临的问题是：消费者不愿相信企业的营销宣传，而更愿意相信消费者彼此之间的口碑。

病毒式营销传播正是充分利用了消费者这种逆反心理，假借消费者的名义，利用人们的心理制造口碑，从而传播企业的营销信息。

病毒式营销传播标志性的口号是：

- 把广告变成口碑。
- 让大家告诉大家。

但一定要注意：这并不是真正意义上的“让大家告诉大家”，实际上是企业营销和受控传播的结果。

一、病毒式营销传播的工具

随着网络技术的发展，病毒式营销在企业实践中的应用越来越广泛。这并不是一种理想的营销手段，但现在很多企业都在使用，有些企业使用的效果还不错。

（一）病毒式营销传播的手段和形式

在网络空间，病毒式营销传播的手段和形式五花八门、多种多样。这些信息抓住了网民的兴趣，在网上自发地传播。现阶段使用最多的形式有：

- 制作恶搞短片放在网上，供网民自由下载和传播。
- 利用博客、聊天室、俱乐部和名人效应做“托儿”，制造口碑。
- 利用电子邮件、短信、彩信、彩铃等群发功能，海量地发送广告。
- 利用转发换积分或抽奖，引诱网民一发十、十发百地转发企业营销信息。
- 利用“植入/嵌入式”软件（俗称“流氓软件”）强行推广营销信息。
- 利用弹出式群发信息（如信使、广告等）等。

其中，幽默（或恶搞）的 DV 短片和手机短信段子等形式使用最广，传播效果最好。

（二）国内应用实例

搜索引擎两大巨头——百度和谷歌在中国市场上的明争暗斗从未停止过。2005 年 9 月初，百度以传统文化为基础，制作了《唐伯虎篇》、《刀客篇》、《孟姜女篇》、《名捕篇》等一系列搞笑 DV 短片（广告）并放在网上自由传播，以此恶搞谷歌。

其中，以《唐伯虎篇》最为成功。该 DV 短片的大致内容是：秋香广告征婚，一名老外在一群美女的簇拥下趾高气扬地前来应征。老外大喝一声：“我知道。”正待上前揭榜，这时唐伯虎突然出现，从中阻拦道：“你不知道，我知道……”两人展开了争执。争执的结果是：美女都跑到唐伯虎身边，甚至连老外带来的金发女郎也跑了。老外气得口吐鲜血，气绝而亡。

这里的“老外”隐喻谷歌，“断文”、“诗词释义”、“揭榜”和“知道、不知道……”隐喻在中文搜索中的解词和释义。明眼人一看便知是百度授意传播的结果，并非像《一个馒头引发的血案》那样是真正意义上的自发传播。百度的用意昭然若揭。

据《互联网周刊》2006 年 6 月 26 日报道，此短片在几个月内共有超过数万个网络站点提供下载或在线观看，在线观看者超过 2 000 万人次。病毒式营销传播的特点显露无遗，它所产生的性价比和效果惊人。

二、病毒式营销传播的案例

2004 年以后，随着技术的发展，各类自己动手做（do it yourself，DIY）的 DV 短片开始在网上广为传播。以国内为例，这些 DV 短片主要有两类：一类是企业出于商业目的推出的 DV 短片，如百度推出的《唐伯虎篇》、《刀客篇》、《孟姜女篇》、《名捕篇》，联想公司推出的《轻薄篇》、《跆拳道篇》等；另一类是出于网民搞笑、发泄私愤或有感而发制作的 DV 短片，如《一个馒头引发的血案》、《一堆肉馒头引发的血案》等。

2005 年以前，这些 DV 给人以“业余”、“粗糙”、“不专业”、“搞笑”、“恶搞”、“个体行为”、“不规范”、“小企业/不知名产品行为”等感觉，通常认为大企业、著名品牌不会这么干，有损品牌形象。但到了 2006 年再看时，给人的感觉就完全不同了。许多出自著名广告公司、著名品牌的广告 DV 也开始在网上广为流传。

2006 年夏，在戛纳广告节上，一些大企业、著名品牌、专业机构制作精良的展播 DV 传播短片令人震惊，部分作品几个月内的下载/观看量都达到数千万次。

下面简单介绍 2006 年 10 月在昆明举行的第四届中国互动广告论坛上，由戛纳广告节评委、盛世长城（Saatchi & Saatchi）国际广告公司创意总监汤姆·埃斯林格（Tom Eslinger）带来的部分获奖作品。这些作品均在网上广为流传，收到了极好的广告效果。

(一)《空姐篇》

澳大利亚某化妆品品牌推出的 DV 画面：航空公司，客舱环境，漂亮的空姐，略带挑逗的动作……

一时间，该 DV 的点击率和下载量激增，甚至有人真的以为该化妆品品牌开始涉及民航服务领域，要求预订机票……

(二)《涂鸦篇》

美国某著名服装（牛仔裤）品牌的“涂鸦”DV 画面：严肃的保安部队，美国前总统布什在大批保镖的簇拥下出现并走向空军 1 号总统专机……突然一道黑影窜入镜头，掏出喷射涂料，对准空军 1 号专机开始胡乱涂鸦……该品牌的标志逐渐显现。

对此，美国主流电视媒体美国有线电视新闻网（CNN）、美国广播公司（ABC）、哥伦比亚广播公司（CBS）等都误以为真，并给予大量报道。新闻报道的结果是引发了大量好奇性点击、下载、传播，并引起社会舆论对政府的指责。最终白宫不得不出面澄清，这种澄清更加刺激了公众的点击，导致下载传播率进一步上升。

据事后评估：不到 300 万美元的投入（主要是租用波音 747 飞机和三次涂

色的成本)，产生的广告效应超过 3 亿美元。

(三)《时空篇》

美国某著名企业电子游戏产品的 DV 广告画面：医院产科病床，医护人员一片忙碌……突然，孕妇用力发出一声撕心裂肺的尖叫，婴儿像子弹一样弹出。随着刺耳的呼啸声，婴儿挣脱脐带，穿透产房玻璃，飞出城市摩天大楼丛林……在时空隧道的穿梭中，他从新生儿变到婴儿、儿童、青年人、中年人、老年人，最终在一片墓地上空坠落，“嘭”的一声砸破棺材板，掉入棺材中，然后，弹起一缕尘埃，在尘埃中出现：“生命如此短暂，多玩一点吧!”(Life is short，play more) 的口号 (企业营销传播理念) 和“X-Box”的标志。

(四)《亲吻篇》

南美圣地亚哥的城市街头出现美国前总统布什和委内瑞拉总统查韦斯热烈拥吻的大幅广告。这是智利著名制药企业雷卡尔西内公司为推广一种新研制的增甜剂而设计的广告，广告语是：“我们做到了不可能的事情！我们找到了新的甜蜜!”

众所周知，布什和查韦斯是一对不共戴天的冤家。此广告激怒了美国和委内瑞拉两国政府，引发了外交风波。但该广告在网上广为流传，结果传播范围更广 (从智利走向了全世界)。据分析：效果堪比赞助一项国际大型著名体育赛事，但成本不足它的千分之一。

三、存在的问题和引发的思考

上述做法会成为未来一种主流的营销传播模式吗？笔者对此心存疑虑。这类做法存在的问题是：

- 大多营销方式都在打“擦边球”，挑战道德、常理和法律底线。
- 视频广告制作和播出费用之比大约为 1∶20～1∶10，此举省去了大部分费用，必将遭到视频媒体的强烈反对。
- 如何强调企业可控性传播 (因为只有可控，才有广告效果，才是病毒式营销传播)，避免失控性传播 (恶搞)。

第 4 节　体验营销

一、一款好的产品是体验营销的前提

客户体验式营销的前提是：企业要有一款真正过硬 (好) 的产品。

常言道：事实胜于雄辩。有时候，一款好的产品，企业投入巨资，苦口婆

心地宣传，没有人愿意去听，也没有人愿意相信。若企业能创造环境，让客户参与、体验产品的特点并置身其中，使客户在乐趣、生活、使用过程中体会产品的价值，则会形成口碑，这对营销来说至关重要。

案例 12—2

2006 年，在 MBA 的课堂上有学生反映：他们曾为参加户外活动去买头灯。商店员工向他们推介德国进口的节能头灯，说该头灯很好，既亮又省电，但价格比国产头灯高出许多。许多人认为不值：不就是个头灯吗？又不照远（照远处用手电筒），要那么亮没用。至于节电，多带几节电池既不费事，也没多少钱。结果，多数人都买了价格便宜的国产头灯。

一旦真正到了野外，晚上大家围坐在一起玩“杀人”游戏时，德国头灯的强光和节电性能就显示出了很大的优越性（而且佩戴者感觉很有面子）。结果，这帮学生回去后又纷纷购买了德国产的头灯。

从案例 12—2 得到的启示是：产品的优点在企业多次介绍后无人认可，但出门一试（体验后变成了口碑），立刻被人接受。这充分说明了客户体验和口碑营销的重要性。

让客户参与、体验、互动所产生的影响、口碑和营销价值要远远优于广告。

二、产品不完善就不要奢谈体验营销

体验营销一定要建立在一款好的产品（或服务）的基础之上。没有好的产品（或服务），就千万不要去奢谈体验营销，否则只会适得其反。

案例 12—3

2008 年北京奥运会后，为了宣传手机 3G 方案（TD-SCDMA），中国移动在产品自身并不完善的情况下，急于推出一批 3G 手机，并以“体验 3G”的名义，送给部分有影响的用户试用（美其名曰“客户体验”）。

当时，中国移动的 3G 方案 TD-SCDMA 上还没有太多的应用程序，且使用的范围有限，结果换来了一片“唱衰”声。一些接受了手机的人反映：这个 3G 手机与以往的手机没什么区别，就是打个电话，而且还需要多带一个手机（不能与原有的手机共号），非常不方便。于是，许多人弃之不用了。

这批手机赠送的对象均是中国移动的 VIP 客户和有影响的社会人物，产生的营销效果和社会反响极差。

没有完善的产品，却让人家体验，纯粹是花钱找骂、出钱砸牌子。

案例 12—3 说明：没有好的产品，就千万不要去奢谈体验营销。

第 5 节　客户行为及营销分析

市场和公众兴趣（反应）调查在营销分析中占有重要的地位。以往的问卷调查方法初衷是好的，但是苦于没有适当的方法，最终绝大部分市场调查和营销研究都仅限于形式，效果并不理想。

现在我们介绍的方法，则是根据客户访问网站的点击率、访问量分布和流量分析，以及客户的浏览行为，来了解客户访问的动机、消费者感兴趣的内容和市场关注热点问题等。这种方法反映的内容远比让人填调查问卷更真实、可靠。因为，如果顾客没有兴趣，根本就不会访问网站；即使误打误撞地进入网站，也不会在此过多地逗留。

一、传统市场调查模式存在的问题

为了展示传统市场调查模式存在的问题，请看下面几个失败的市场调查案例。通过这几个失败的案例，我们不难看到：传统的市场调查方法只针对社会关注的热点问题做些简单回答还是可以的，但如果想针对消费者的具体感受和行为展开深度分析，就会存在许多问题。

（一）电话随机访问调查存在的问题

某外国航空公司为了调查顾客对中美航班服务的满意度情况和消费者关注的要点，高价聘请电话调查咨询公司展开问卷调查，结果洋洋洒洒出了一大本报告并陆续发表了数篇“学术”论文。看后让人哭笑不得。

如此细致的电话调查问卷，没有半小时以上的工夫是无论如何也搞不出来的。试设想：收到调查公司随机打过来的电话，能握着电话听筒持续半小时以上耐心倾听问题，并回答一大堆“是”与“不是”、“满意”与“不满意”的人，基本上都是多年退休在家的老人。他们可能常年连飞机都不坐，更别说飞中美航班了。这样的研究结果是：数据、公式罗列了一大堆，但都没有用，只能是自欺欺人。

（二）问卷调查和深度访谈存在的问题

某中高档汽车生产企业希望了解公众对该车产品的品牌印象、功能、感兴趣的内容等，展开问卷调查。为使调查更深入、反映的问题更细致，调查问卷设计得很细、很全面（共有 28 个问题，密密麻麻地打印了三页）。但实际操作结果发现：根本没有人愿意花 1～2 个小时去仔细阅读问题并回答问卷。无奈之下，只得随机请一些人来做深度访谈并填写问卷调查表，并承诺半天每人支付报酬60元。结果发现：目标客户没有一个人愿意来（对中高档车的客户来说，即使将报酬增加10倍，估计也不会有人来）。被调查者绝大多数是冲着这60元报酬来的，他们敷衍了事、极不认真，不到5分钟就胡乱填完了问卷，因此调查得到的数据基本上没有太多实用价值。

如果调查得到的并不是目标客户真实反映的数据，那么这样的调查数据反而会误导（有害于）企业。这种形式对普通大众消费品或社会热点问题的简单调查是可以的，但对中高档汽车产品的深入分析显然不合适。

(三) 网上问卷调查存在的问题

某公司听说利用网络做问卷调查效果不错，于是委托某知名网站展开市场调查，结果发现：要让网民对他所感兴趣的事物简单地表个态，回答“是”或“不是”、“满意”或“不满意”还可以（这就是为什么简单的社会热点问题网上调查效果还可以的原因），但如果要让他们花上几十分钟去阅读问卷、回答问题，绝大多数网民根本没有这个耐心。

所以，一张很大的问卷调查表绝大多数都只是简单地回答了1～2个问题，后面几乎都是空白的，结果根本无法使用。而且流量分析显示，网民在此页面停留的平均时间只有1～2分钟。笔者试过，1～2分钟最多只能阅读1/10的问题，更不要说去认真思考和回答问题了。

这说明，网上问卷调查针对一些简单社会问题是可以的，但如要用于复杂、深入、定量的市场调查，则很难奏效。

二、几种常见的流量分析方法

由于调查问卷模式（包括传统问卷调查和网上问卷调查）遇到了许多问题，所以访问流量分析作为一种重要的营销分析方法开始受到企业关注。

(一) 以计数器作为市场分析的工具

以设置网络计数器方式分析顾客访问行为，是一种最简单、实用的市场调查和顾客行为分析方法。这种方法只需企业在营销网站创建时，根据营销分析的需要，在网站的不同页面设置多个网络访问计数器，然后通过各计数器统计数据的对比，反映市场关注的热点问题和消费者的访问行为。

1. 通过不同计数器对比反映顾客感兴趣的内容

在企业的营销网站设计中，有的在不同页面设置多个网络访问计数器，分析顾客感兴趣的内容以及营销网站设计的问题（例如，哪些板块没有抓住顾客兴趣，无人问津）等。

2. 通过关键词点击统计和计数器分析网站内容与访问动机的相关性

通过搜索引擎关键词被查询的频率、链接内容被点击的频率，以及顾客进入网站后访问和浏览的内容，分析顾客搜索动机与关键词选择、广告/短语措辞、网站内容之间的相关性。

其中，关键词被查询的频率可以在各搜索引擎公布的关键词热度统计表中得到，本企业链接内容被点击的频率可以在关键词链接收费报告中得到，顾客进入网站后浏览的路径和内容可以通过网页计数器统计得到。

3. 确认市场知晓和进入网站的途径

企业营销传播会涉及多种媒体（如传统广告、网络营销、搜索引擎链接、e-mail 营销、网络实名、手机域名、手机搜索、二维码、电子码等）。只要我们在各种营销传播媒体的设置和链接上稍做区别，同时在不同的网页入口分别设置计算器，就可以分辨出各种营销传播媒体的实际效果，确认客户知晓品牌或网站的渠道和进入网站的途径。

这种做法虽然只限于进入网站的顾客，但它类似 2007 年初民进党在台湾地区做的“排蓝民调”（即排除无关对象，仅针对目标对象群展开的精准调查），非常有效。

（二）访问流量分析

目前，网络访问流量分析的工具和方法很多，通常包括流量分析指标、流量分析模式、流量分析内容等。

1. 常用的流量分析指标

一般情况下，各种流量分析软件都会给出多项监控指标，供顾客自行选择。常用的流量分析指标有：

- 最受欢迎栏目和频道内容关注度分析。
- 任意一个文件、路径的被访问情况。
- 访问流量按访问时间、逗留时间、客户所在地区、IP 地址等的分布。
- 日、周、月、年等多项访问量指标的统计。
- 重点 IP 地址的访问状况（此功能在中国用户中不一定适用，因为中国用户大多采用的是动态 IP 地址）。
- 每小时、每日、每周、每月、每年进出流量统计、分析报表。
- 站点某指定页面或所有页面访问次数统计。
- 在用户设定的任意时间范围内，网络访问总流量、平均流量、最大流量值以及访问流量分布等。
- 顾客进入网站的途径。
- 访客行为、访客人口特征和访客重合覆盖分析。
- 分析统计的内容可以是手机号码（如果要分析 WAP 网站的手机访问情况，可借助手机机身号），通过手机号码可以分析出顾客的来源和地域分布等信息。

2. 流量分析模式

现阶段常用的流量分析模式有如下几种：

- 企业自购软件并展开流量分析。此种模式一般只在特大型企业或网络企业中才会采用，其缺点是技术要求高、软件更新快导致运营成本高等。

● 委托第三方企业展开流量分析。绝大多数企业都会采用此种模式，其优点是：无技术门槛，只要明确要求（待监控的指标），就可得到统计分析报告；价格相对便宜；形式上方便、灵活，不受任何限制。

● 利用 Cookie 等软件展开访问行为跟踪分析和顾客特征回溯分析（由于绝大多数中国用户使用的是动态分配的 IP 地址，因此，这一用途在中国的应用会受到很大限制）。

● 利用免费软件（如谷歌统计（Google Analysis）、百度统计等），嵌入网站源代码中，展开流量分析。这种免费软件的问题是可供分析的指标相对较少。

三、流量分析举例

由于流量分析报告可能涉及企业的商业秘密，因此，在此只能给出几个不涉及商业秘密的典型应用案例，以供参考。

1. 我国商务部网站的流量分析

前面已经讨论过商务部网站的访问流量分析情况，这些流量分析数据和统计报表均出自对商务部网站所展开的流量分析（如图 12—1 所示）。

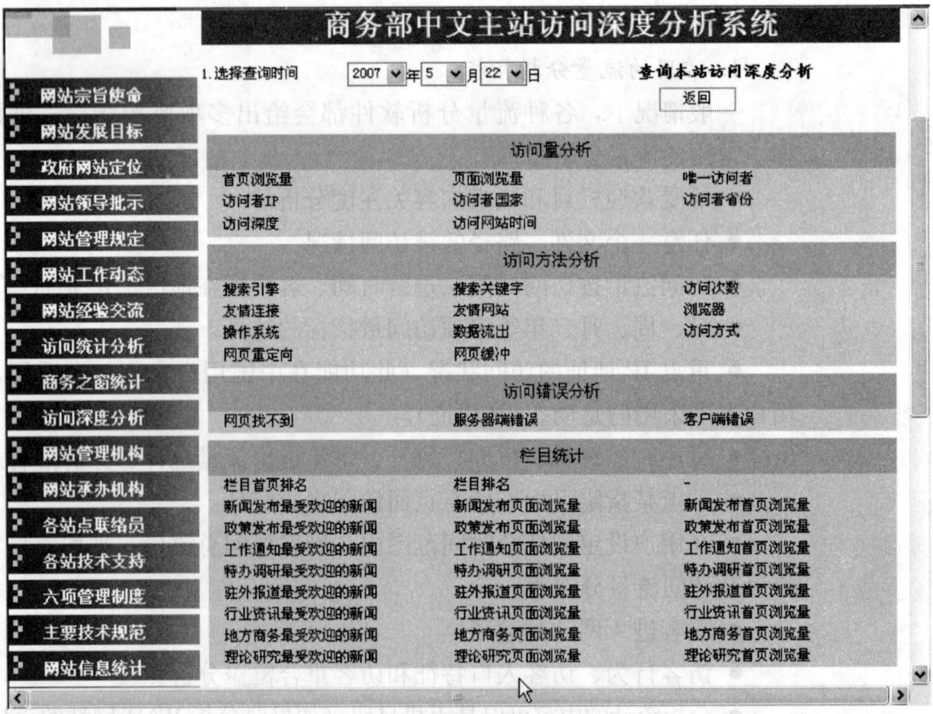

图 12—1 商务部网站流量分析系统

资料来源：商务部网站。

商务部网站是目前电子政务类网站中做得最好、分析最深入的网站。具体的分析内容请上网自行锁定流量分析的内容和统计的时间段，调出相应的流量分析报告。

2. 手机上网与平面媒体互动后台流量分析

某企业在传统平面广告中加入短信网址和手机互动的链接，然后通过后台的访问流量统计，分析消费者通过手机上网和互动的情况，以辅助市场分析（如图 12—2、图 12—3 所示）。这样得到的数据要比调查表所得到的数据更准确。这些数据将存入数据库中，用于日后展开互动营销、精准传播、客户挖掘、增值服务等。

通讯簿
立即群发
定时群发
批量群发
周期群发
遥控群发
彩信管理
发送记录
访问统计
文件下载
网址转发
单一属性
抽奖
修改密码
注册信息修改
短信发送统计
空间使用统计
定向移动营销管理
安全退出

共 4683 条 469 页

序号	手机号码	最后访问时间	省份	城市	类型	访问次数
1	13837085865	2006-02-22 05:47:58	河南	商丘	河南移动全球通卡	6
2	13912788526	2006-02-22 05:08:38	江苏	苏州	江苏移动全球通卡	2
3	13386054978	2006-02-22 04:38:29	上海	上海	上海联通CDMA卡	1
4	13023124160	2006-02-22 04:38:29	上海	上海	上海联通如意通卡	2
5	13857334677	2006-02-22 03:48:17	浙江	嘉兴	浙江移动全卡神州行卡	2
6	13986887692	2006-02-22 03:28:05	湖北	十堰	湖北移动全球通卡	2
7	13685173630	2006-02-22 03:07:58	江苏	徐州	江苏移动神州行卡	2
8	13691411144	2006-02-22 02:17:49	北京	北京	北京移动神州行卡	2
9	13729999042	2006-02-22 02:17:48	广东	东莞	广东移动全球通卡	3
10	13308491733	2006-02-22 [illegible]	湖南	长沙	湖南联通CDMA卡	2

图 12—2　某企业消费者手机上网后台流量分析之一

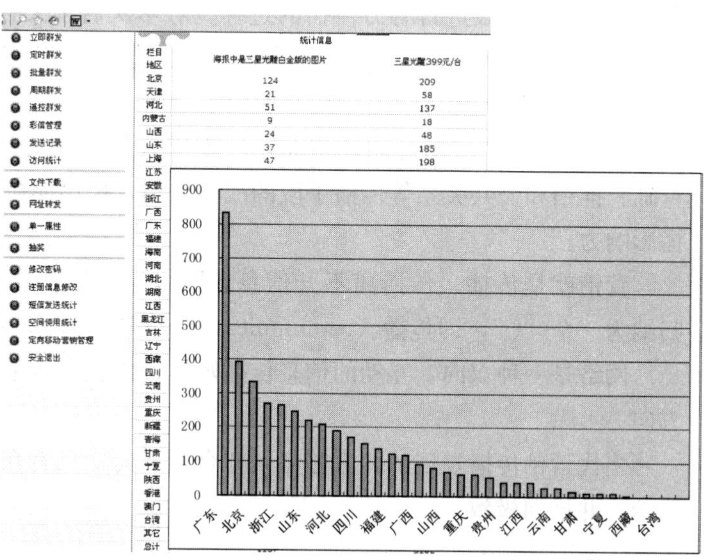

图 12—3　某企业消费者手机上网后台流量分析之二

第 6 节 网络整合营销传播

营销是一项涉及企业经营方方面面的系统工程，需要多种媒体、多个环节的有机配合，即整合营销传播。在当今网络环境下，这种营销传播的媒体和工具除传统的视频、音频、平面广告外，还包括电话/呼叫中心、动态沟通、SEM、e-mail、网站、手机和移动通信设备等多种形式。这种网络整合营销过程存在着"木桶效应"。

一、网络整合营销传播

整合营销传播（IMC）的概念是网络整合营销理论的基础，网络整合营销理论是 IMC 在新的技术环境下延伸和发展的必然产物。利用网络来整合企业营销传播的过程，是时代发展的必然趋势。

（一）整合营销传播

人们的信息获取方式是立体的、全方位的，企业营销信息的传播也应该遵循这种规律，利用多种媒体、多个渠道来传递商务信息。这就是整合营销传播。

1. 什么是 IMC

IMC 的最初定义（美国西北大学 IMC 小组）是：IMC 是把品牌等与企业的所有触点作为信息传播渠道，以影响消费者购买行为为目标，从消费者出发，运用所有手段进行有力传播的过程。舒尔茨后来又补充："IMC 不是由一种表情、一种声音，而是由更多的要素构成的。"

20 世纪 90 年代初，在一次关于 IMC 的研讨会上，与会者给出的定义是："IMC 是一个营销传播计划的概念，注重综合计划的增加值。通过评价广告、直邮、推销和公共关系等传播手段的战略应用，提供明确、一致和最有效的传播影响力。"

营销就是传播，传播离不开信息、网络、媒体、模式。有人甚至将 4C[①] 归纳为一个"C"，即传播（communication）（Don E. Schultz et al.，1993）。

网络是一种双向、互动的信息传播媒体，代表着未来整合营销传播发展的方向。

当代营销传播发展的两大趋势是整合和定向。只有在网络环境下，两者才能统一并推向极致。

---

① 4C，即消费者（consumer）、成本（cost）、便利（convenience）和沟通（communication）。

2. IMC 的特点

在 1996 年召开的第三届 IMC 年会上，与会学者总结了 IMC 的五个主要特点。

- IMC 是一个对现有顾客和潜在顾客实施各种形式的说服性沟通计划的长期过程。
- IMC 应由顾客决定沟通方式。
- 所有与顾客的接触点必须能引人注目并具有吸引力。
- 技术使企业与顾客之间的相互作用越来越成为可能。
- 需要测试营销沟通结果的新办法。

3. IMC 面临的五个关键性问题

在 IMC 实施过程中，面临着五个待解决的关键性问题，它们是 IMC 实施的核心。这些问题分别是：

- 传播什么。主要解决的问题是营销定位、策划、诉求问题。
- 向谁传播。主要解决的问题是对准目标市场、客户群体以及如何精准、定向传播等问题。
- 如何传播。主要解决的问题是传播的方法、模式、创意与诉求结合的问题。
- 用什么传播。主要解决的问题是使用什么媒体、工具、手段等才能达到上述目的。
- 如何整合。主要解决的问题是多种媒体、工具、诉求、方法、手段等传播的一致性和整合规律问题。

4. 实施 IMC 的必要性

目前，消费者获取信息的手段越来越多样化，企业必须针对这些变化制定多媒体整合营销传播策略。单靠传统的平面或视频大众传媒广告，投入越来越大，效果越来越差，远远不能满足市场的需求。

整合媒体营销传播要求精确对准目标客户，选择媒体不一定要“贪大”，而要“求准”、“求多”、“求一致性”。“求准”就是要寻找到能直接面对目标客户的媒体，要让信息传播渠道越来越准确、方法越来越有效。“求多”就是要多种媒体组合，要使顾客不论接触到哪种媒体、通过哪种方式，都可以很容易地了解并找到企业。

有研究表明，同一则广告用两种媒体展示给消费者一次的效果，要比用同一种媒体展示两次的效果高 30%。因此，广告应从不同时间、不同空间、不同渠道全方位地互补。国外资料显示：如果 1 000 万元的广告费分开使用，要比整合使用效果低 20%；同样，1 000 万元的组合广告投放，综合效果要比单独投放电视广告效果高 30%左右。

所以，企业必须针对不同需求、目标一致地整合多种媒体展开营销传播，这样相对效果会更好。

(二) 网络的纽带和整合作用

由于时代和技术的局限，传统的IMC研究并不包括网络整合部分。但是，今天营销传播面临的环境发生了很大的变化，在消费者日常的信息获取模式中，网络扮演的角色和作用越来越重要。于是，企业开始利用网络作为纽带来整合营销传播过程。

1. 传统大众传播面临的问题

“我知道广告费至少有一半被浪费掉了，但问题是我不知道究竟是哪一半。”这句名言道出了当代企业的无奈，很多企业因此不堪重负。

菲利普·科特勒也指出：现在企业“促销费用的大部分都打了水漂，仅有1/10的促销活动能得到高于5%的相应率，而且这个可怜的数字还在逐年递减”。

目前，企业在营销中面临的窘境是：一方面，企业细分目标受众并不难，难就难在当目标受众细分后，却发现传统媒体无法区分目标受众和普通大众，更无法有效地将信息传达给目标受众；另一方面，潜在客户和市场在有实际需求时，往往找不到最适合的产品或服务提供商。所以，目前企业亟须解决的问题是如何让有需求的客户能很方便地找到企业。

2. 网络的参与是定向、精准和互动的需要

上述问题只有在网络环境下才能得到较好的解决，企业只有依赖网络才能支撑和整合所有媒体的营销传播过程。

目前企业需要的是精准营销（precision marketing），而精准、互动、需求导向和随时、随地、随意正是网络媒体区别于传统媒体的最大特色。

3. 以关键词为枢纽的整合模式

我们在前面各章中都反复强调过，网络营销离不开传统营销手段的支撑。在此给出以关键词为枢纽的企业营销传播整合模式（如图12—4所示）。

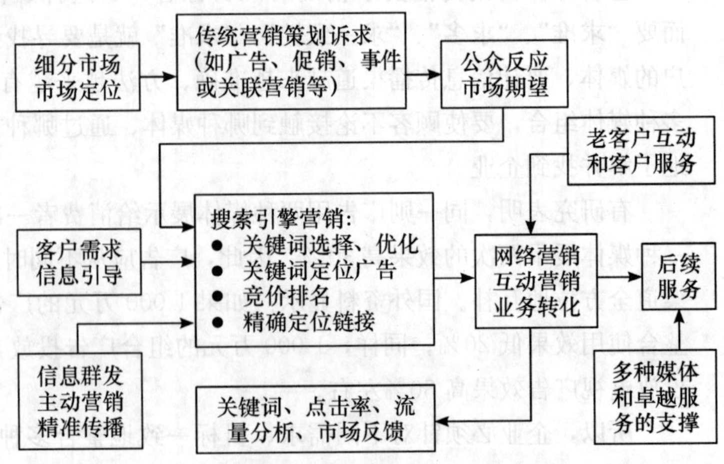

图12—4 以关键词为核心的企业营销传播整合模式

4. 网络传播的工具

我们在第Ⅰ篇中就强调过：当代网络营销依托的技术平台是以移动通信、互联网等多种电子媒体为基础的综合网络环境。这种综合网络环境面向顾客和消费者的前台终端设备（如：台式电脑、便携式电脑、掌上电脑、PDA、智能手机、网络电话、IPTV 或数字电视终端、网络游戏终端、电子书或新媒体终端等）。

总之，千万不要一味地死盯着互联网和电脑，否则会极大地影响网络营销传播的效率。

二、整合规律和方法研究

在多种传播媒体营销整合过程中，整合规律和方法研究非常重要。

如果多种媒体整合的规律和方法使用得当，则营销效果倍增；反之，则事倍功半，很难达到预期的效果。

有关多种媒体整合规律和方法研究主要是指两个方面：一是多种媒体营销传播通道的完整性；二是多种媒体营销传播诉求的一致性。

（一）多种媒体营销传播通道的完整性

在网络整合营销传播过程中，有两个关键因素：一是客户；二是网络的支撑和整合。企业的营销传播通道应根据这两个关键因素来确定。

1. 对客户特点及行为的分析

在营销信息传播中，对目标客户特点及信息获取行为的分析非常重要。企业对客户的营销传播过程要精准，传播内容要有针对性，要实实在在地搞清楚：

● 谁是企业的目标客户（或 VIP 客户）？

● 目标客户具备哪些特点？主要的信息获取模式和渠道有哪些？

● 如何将最适当的产品或服务信息，用最恰当的方式送达这些客户？

● 如何更紧密地联系（抓住）客户，而不是空喊“客户是上帝”、“服务至上”和“客户至上”等口号？

2. 根据客户需求确定营销传播渠道

要根据目标客户的特点与信息获取方式来确定营销信息传播模式和渠道，目的是在最适合的时间，将最恰当的产品或服务信息用最有效的方式送达这些客户。

在传播过程中，特别要留意“木桶效应”，力求保持营销传播过程的完整性。

3. 完整的网络整合营销传播过程

在当代技术环境下，企业的营销模式可用如下公式形象地表示：

整合营销传播过程 = 传统广告 + 搜索引擎营销 + e-mail营销 + 互动营销 + 营销网站（知识、信息、服务和引导） + 后续服务（电话、跟单、客户关系管理、售前/中/后服务）

这是一个完整的网络整合营销传播（electronic integrated marketing communications，e-IMC）过程，其中的各因素相辅相成，缺一不可。以往的营销研究表明：如果企业只关注前半部分，而后续服务做得不好，就会造成大多数客户离去。

（二）多种媒体营销传播诉求的一致性

营销传播是一个整体，需要多种形式、媒体和工具的整合。整合的结果和诉求的一致性对传播效果至关重要。如果一致性好，整合营销传播效果将会更好；反之，如果多种媒体、模式相互影响，则得不到应有的效果。

1. 关于一致性的研究

早在20世纪90年代初，舒尔茨等人就指出：营销是一个完整的整体，多种媒体要用"同一个声音说话"（Schultz，1993；Tannenbaum，Lauterborn，1992）。随后，又有学者从认知规律层次提出了IMC的整合层级模式等（Duncan，Everett，1993；Duncan，Moriarity，1998）。在单一媒体和多种媒体组合传播的效率方面，有研究证明：在营销诉求一致的情况下，多种媒体作用于人的一次传播效果，要好于一种媒体作用于人的多次传播效果。反之，如果诉求不一致，则效果将会不增反减（Wolters，1993；Nowak et al.，1994；Hutton，1996）。由此，IMC的一致性（consistency）问题和整合规律开始成为国内外企业实践和学术研究关注的热点（卫军英、卢小雁，2004；申光龙、柳映珍、何克敏，2006），甚至有学者用乐队合奏来形容在多种媒体营销传播中"一致性"的重要性（王方华，2005）。

2. e-IMC的一致性问题

企业在制定e-IMC策略的过程中，要保持广告、营销策划、网络营销诉求（网站宣传、知识、信息、服务、互动和引导）与网络整合过程的一致性，应按照如下几个步骤进行：

- 企业在广告或策划推出之前要明确营销主要诉求。
- 通过模拟投放了解市场或公众反应。
- 针对广告诉求、可能的市场反应以及有需求客户主动查询模式，具体选择关键词，制定搜索引擎营销和网络整合营销方案。
- 根据诉求、关键词来确定网络整合营销的框架和内容。
- 从客户选择和抓住客户的角度创建营销网站内容。

上述五点在目标、思路上的一致性至关重要。如果整合过程和诉求一致，则效果倍增；如果不一致，则可能事与愿违。

3. 一致性模型

通常企业在营销中会用到多种信息传播工具，如视频、音频、平面广告、营销网站、各类网络传播和沟通手段等。在这些传播工具的使用和营销策划上，如果能从受众的角度考虑到相互之间的关联性、传播目标之间的一致性，则模型之间的夹角 a_i 就会较小（如图 12—5 所示），各种媒体、方案就会产生 1+1>2 的合力，共同推动销售的增长。

一致性（差异的角度）决定了多媒体网络整合营销的成败。

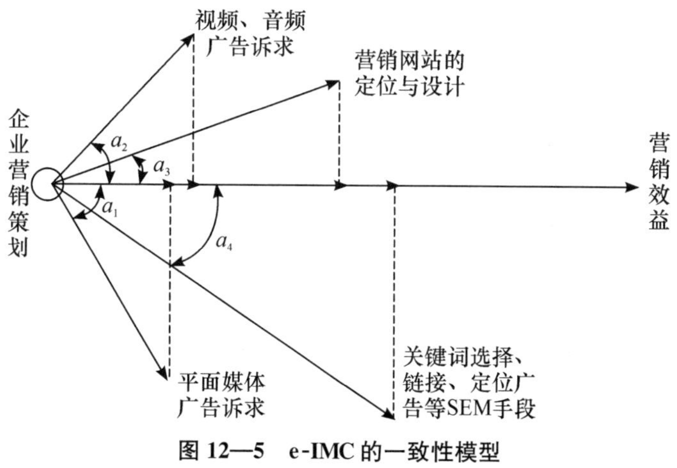

图 12—5　e-IMC 的一致性模型

三、网络整合营销传播案例分析

利用网络整合多种媒体展开营销传播的实际应用案例，在我们身边比比皆是，在此选择几个进行说明。

（一）舒肤佳的多媒体整合传播策略

舒肤佳是宝洁公司 10 年前在中国市场推出的一款香皂产品。2006 年春节期间，舒肤佳抓住了中国人重礼数和近来流行短信拜年的特点，综合利用“广告＋短信”、“彩铃＋电子贺卡＋病毒式营销＋SEM”等多种手段，展开网络整合营销传播，收到了很好的效果。

1. 背景介绍

春节是十几亿中国人最重要的节日，加之现在人口流动性大，通过网络问候联络感情已成为时尚。仅 2005 年春节 7 天假期，中国人就发送了祝福短信 100 多亿条，e-mail 贺卡数亿封，而且内容很少有自己写的，只要是内容新颖、幽默、温馨的祝福，百姓就会乐此不疲地反复转发。

2. 视频广告诉求

在春节前夕，宝洁公司针对舒肤佳产品投放了大量的视频广告，在几大全国性电视台播放，广告内容都是红红火火的过年场面：“新年到、新年好，叔叔阿姨到、姑姑舅舅到、表哥表姐到……人多细菌到。”电视广告提醒人们：全家人都用舒肤佳清洗、杀菌和护肤。

3. 短信

同时，宝洁公司配合电视广告，并迎合中国人近来喜欢用短信拜年的习惯，设计、制作了许多短信放在网上，供大众选用。这些短信不但诉求与视频广告一致，而且“伪装”巧妙、不留痕迹，深受公众欢迎。

(1) 温馨类短信。例如，“我愿变成新年里的一块舒肤佳让你洗，满身泡泡，五颜六色地护着你。你要相信，相信健康生活真的属于你，幸福和快乐是结局”（第二句套用当时流行歌曲《童话》中的歌词，深受年轻人欢迎）。“春节到，我的祝福先送到，送上一份‘舒—肤—佳’：一祝‘舒’舒服服过大年；二祝‘肤’色美美永健康；三祝‘佳’人携手爱美满！”

(2) 幽默类短信。例如：甲说：“我丈母娘过年买了一块舒肤佳和一头猪，你说是先洗手还是先杀猪?”乙说：“先洗手。”甲说：“恭喜你，猪也是这么想的。”（甲说的最后一句套用某年电视春节晚会赵本山小品中的台词，深受大众欢迎。）

4. Flash 贺卡

同时，宝洁公司还制作了部分 Flash 贺卡放在了 163、卡秀、碧海银沙等知名贺卡网站上，供网民们拜年时选用。这些 Flash 贺卡的内容和主题有：

● 春节举家团聚，红红火火。喜气洋洋、甜蜜温馨，体现“有舒肤佳就有舒服家”的意境。

● 春节大团聚，人多细菌也多。舒肤佳标志幻化成爆竹，赶跑细菌，体现“有舒肤佳就能健康过好年”的诉求。

5. 网络广告

选择一些女性常用的知名网站，将广告集中投放于这些门户和社区网站的“女性”、“娱乐”、“星座”、“时尚”、“健康”频道。

6. 搜索引擎营销

关键词选择了所有与营销诉求相关的词，形式上采用了关键词链接、定位广告等。

可惜的是，舒肤佳的中文域名早在 2000 年就被上海某企业抢注，至今还在司法争议过程中。舒肤佳的英文（Safe Guard）国际域名早已被美国某知名保安设备企业合法使用，无法整合营销网站做文章。

7. 营销效果分析

宝洁公司舒肤佳多种媒体营销的实际传播效果分析如下：

● 手机短信在全国前三名的网站点击发送排在前 3 位。

● 电子贺卡在全国前三名的网站点击发送排在前 3 位。

● 手机铃声在春节两周内共有 4 万多人试听或下载。

● 关键词点击率增加 60%。

● 网站访问量增加 70%。

● 覆盖目标人群扩大 30%以上，相比普通硬广告费节省 70%的资金，影响效果长达半年以上。

iResearch 市场咨询公司 2006 年初公布的舒肤佳品牌市场调查（http://www.ibrandchoice.com/info.asp?sid=331）显示：形象温馨、实用的舒肤佳香皂在中国香皂市场的占有率居然超过了拥有众多世界级明星代言的力士（虽然力士在背景、出身、实力、进入中国的时间等方面都优于舒肤佳）。“舒肤佳”已成为中国香皂市场的第一品牌，市场占有率达 41.95%，比亚军“力士”高出 14 个百分点。36.8%的消费者把“舒肤佳”作为香皂产品的首选品牌。

（二）多屏幕扩展器营销传播策划方案

2007 年初，笔者应某小企业之邀，为其策划了多屏幕扩展器营销传播策划方案。

1. 企业及背景简介

该企业 2004 年注册成立，仅有十几个员工。主要产品有电脑无线遥控鼠标和讲演遥控翻页器，2007 年初开始代理电脑多屏幕扩展器。

策划背景：为了打开电脑多屏幕扩展器产品销路，该企业拟参加 2007 年 5 月 26 日在哈尔滨召开的全国教育用品展和 6 月初在台湾地区召开的国际教育用品展。

该产品的质量、功能、实用性都不错，但设计彩页、展板、名片、e-mail、网站等都不行，因此委托笔者进行网络整合营销传播策划。

2. 策划方案

（1）产品特点及用途。通过调研、搜索，了解现有产品信息及其相关用途。

（2）市场细分。分析目标客户的类型、特征、网络依赖性等。营销定位包括细分、找位、定位、实施计划。

（3）方案措施。会展宣传包括目的、诉求、预期效果、名称（品牌）、展板、宣传彩页、卡片、名片制作、模拟投放地点、规模、效果评测指标等。

SEM 包括定位点选择（从 IMC 角度、纯需求角度、名片/彩页/卡片角度等分别选择，便于统计和分析）、定位广告（定位点；短语措辞；精确链接、网站修改建议；网站访问记数器的设置）。

e-mail 营销包括结合会展宣传、SEM 制作 e-mail 广告，收集 e-mail 地址，海量群发，统计所带来的访问量。

3. 要求企业提供的材料

（1）现有产品销量、人员/渠道上门推销的成交率等。

（2）现有网站访问量（日均/月均）、KW/SE 点击率、KW 模式（搜并存档）、e-mail 形式、群发规模、效果等（存档）。

（3）实施效果，如：彩页/名片/卡片等的发出数、现场人数、现场购买数、各类 KW（与前面对应）的点击统计（6—9 月）、e-mail 访问统计（4 月 20 日—5 月 20 日）、主动来电话询问数（分段：4 月 20 日—5 月 20 日；5 月 26 日—9 月 26 日）、相应时段销售量的变化等。

（4）营销策划明细成本支出表。

4. 市场分析与实施方案

（1）产品特点及用途。产品特点是多屏幕扩展、质量可靠、简单实用。主要可用于研究、教学、文化创意工作、炒股、金融或市场分析等，也可用作学校、公司的奖品、礼品、附赠品等。

（2）目标客户和市场分析。

1）目标客户：大学教师、经常报告讲演人员、研究人员、软件设计者、工程设计者、网游/动漫设计者、编辑、股民、金融分析或从业人员。

2）客户特征：常在电脑前工作，网络依赖性强，经常抱怨屏幕不够大。

（3）实施方案。

1）会展宣传：确定营销传播的目的、诉求、预期效果、名称（品牌）；展板、宣传彩页、卡片、名片的设计，要突出主要目的和诉求，从色调/风格上保持一致。

2）捆绑液晶显示器（LCD）和投影仪：与相关企业合作，将该产品与 LCD 和投影仪产品的销售捆绑。

3）e-mail 营销方案：发件人、主题、邮件形式的设计；收集 e-mail 地址；个性化、许可式设置；海量群发；统计所带来的访问量。

4）搜索引擎营销方案：从 IMC 角度、纯需求角度、名片/彩页/卡片角度进行 KW 选择；定位广告，包括定位点、短语措辞；精确链接路径；网站修改建议；网站访问记数器的设置。

5）病毒式信息传播方案。编故事：结合炒股者心理，编造一个“几秒钟就丧失了一个赚取几十万元机会”的故事，利用网络传播出去（这种情况在炒股中经常出现，只是将问题的焦点转移了，从把握时机转移到借助多屏幕扩展器获取信息上。但切记不可将命题反过来，即如果变成“几秒钟就赚了几十万元”，就成了不折不扣的欺诈和造假）。制作相应的 Flash 短片，放在网上传播。

（4）竞争环境与风险分析。

1）存在的问题。

- 部分高档笔记本电脑上已具有此项功能（仅能扩接一台电脑），只是信息不对称，99.9%的用户并不知晓。
- 该产品为日本专利，在我国台湾地区生产，导致价格太高，且在产品本身的外观、功能等方面不能有任何个性化改变。
- 其他经销商进入的门槛很低。

● 未来液晶显示器、投影仪等都可能会自带此功能。

2）经销商的解决方案。作为既定事实，突击宣传、短线营销；待时机成熟后，转让经销权，退出该产品市场。产品表面丝刻、印刷要精美（能满足礼品制作和印刷标志的要求）。

3）理想化的下一步发展方案。掌握核心技术，自行研发模块化器件，拓展低端笔记本电脑、掌上电脑、PDA、手机、MP4、液晶显示器、投影仪等市场。

本章小结

客户参与、在线互动、口碑传播、博客、病毒式传播、客户访问行为分析、网络整合营销等都是网络营销的重要内容。

本章简要地介绍了客户参与、在线互动、口碑传播、博客、病毒式传播、客户访问行为分析、网络整合营销的基本概念、传播特点、运作方式和策划规律，并针对不同的内容，分别给出了部分典型的应用案例分析。

重点概念和知识点

- 客户参与
- 互动营销
- 网上口碑营销
- 博客营销
- 病毒式营销传播
- 共鸣
- 客户访问行为分析
- 流量分析
- 整合营销传播
- 网络整合营销
- 多种媒体营销传播诉求的一致性

练习题

1. 在网上口碑和博客营销中，如何才能避免做“托儿”之嫌？
2. 病毒式营销传播更适合哪类企业？
3. 为什么说网络整合营销的一致性非常重要？请举例说明。

章末案例

为了实现品牌与营销传播，历届奥运会可口可乐公司都不惜投入重金赞助。2008年奥运会在北京召开，可口可乐公司在往年做法的基础上，策划了奥运火炬的在线传递活动。活动于2008年2月24日启动，历经半年多的运作，先后有6 000多万网民积极参与（如图12—6所示）。在宣传北京奥运会的同时，也产生了很好的品牌营销效应。

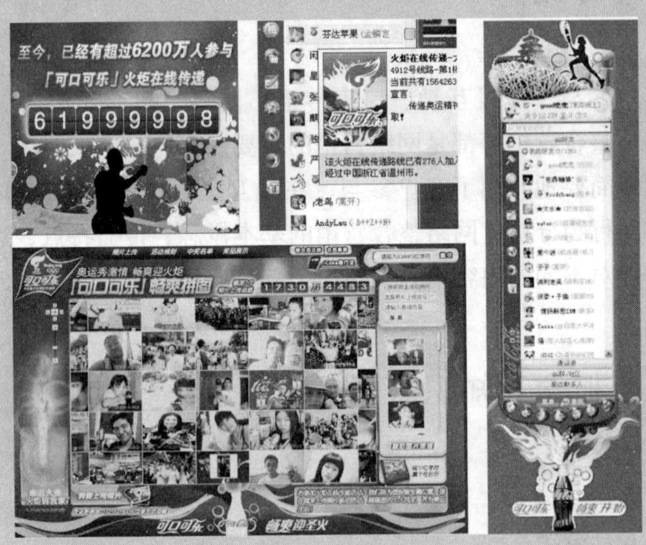

图12—6 北京奥运圣火在线传递的部分网站页面

资料来源：增光：《6 000万网民在线传递奥运火炬》，见http：//www.chinaz.com/Webbiz/Promot/0Q5353F2008.html，2008。

随着第29届奥运会的开幕，曾经风靡整个互联网的可口可乐奥运火炬在线传递也圆满结束。回顾130天的奥运火炬传递过程，可口可乐公司与腾讯公司共同推出的奥运火炬在线传递共动员了62 094 896名网民的参与，占中国网民总数的近1/4；网络报道多达1 970 000篇；可口可乐公司以“秀我激情，畅爽奥运”为主题的奥运网络拼图活动汇集网友照片多达2 825万张，有望破吉尼斯世界纪录；QQ火炬在线传递论坛人数高达218万人，访问量高达7 256万次。

仅从这些耀眼的数字就不难看出，这次奥运火炬的在线传递绝对算得上一次成功的网络营销活动。那么，在这次史无前例的在线火炬传递中，可口可乐公司是如何动员6 000多万名网民共同参与呢？在此过程中，有哪些细节值得关注？有哪些经验值得借鉴？

一、与奥运圣火传递同步，借势、造势恰到好处

成为奥运火炬传递手，几乎是每个中国人的梦想。然而，真正能实现这一夙愿的只是极少数人。可口可乐公司借圣火传递之势，适时推出这一在线传递活动，在实现

普通人传递奥运火炬梦想的同时，拉近了可口可乐品牌与普通消费者之间的心理距离。

1. 分层选拔，彰显品牌忠实用户

奥运火炬的在线传递活动于2008年2月24日正式启动，首先是经过一个奥运火炬大使选拔阶段，也是奥运火炬传递的媒体预热阶段，在这一阶段共选出8 888名第一棒火炬在线传递大使。

其中最值得关注的是第一棒火炬手的选拔方式。可口可乐公司将在线火炬大使的选拔分为两个阶段，对那些曾经参与过可口可乐公司线上活动的老用户给予了充分关注。凡是在2007年7—10月参加过“可口可乐奥运（搜吧）火炬手选拔及投票”的用户将优先被抽取为火炬大使，这也是选拔的第一阶段，从可口可乐公司的老用户中率先抽取了2 008名第一棒火炬大使。第二阶段，从可口可乐公司的icoke.cn网站的新注册用户中抽取6 880名入围火炬大使，共计抽取8 888名奥运火炬在线传递的第一棒选手。这一分层次选拔规则，不仅巩固了可口可乐公司老用户的品牌忠诚度，对icoke.cn网站的新注册用户也有明显的示范作用，为可口可乐公司随后的活动埋下伏笔。

2. 两个阶段、两种荣誉接力传递

奥运火炬在线传递其实是一个接力活动，传递线路分成8 888条，各条线路由“第一棒火炬在线传递大使”开始，往下进行一对一的接力传递。QQ用户接到火炬后，在QQ头像旁边会多出一个未点亮图标；只要用户在15分钟内将火炬传递给另一位QQ好友，头像旁边的火炬图标就会立刻被点亮，也就是用户正式成为奥运火炬在线传递的火炬手。即使火炬在线传递活动结束了，QQ上的火炬图标也不会消失，所有参与活动的用户都将通过QQ头像中的奥运火炬展示出对2008年奥运会的支持。

奥运火炬的在线传递分为两个阶段，在不同的阶段，火炬手被授予两个荣誉称号。2008年3月24日—5月3日为第一阶段，这是奥运圣火在海外和港澳地区的传递阶段。这一阶段参与火炬传递的用户将获得“火炬在线传递大使”的荣誉称号。随后则是正式火炬传递阶段，伴随着奥运火炬在中国传递的开始，可口可乐公司的在线火炬传递也进入了高潮——2008年5月4日—2008年8月7日，全国上下掀起了一股QQ的红色火炬风暴，3个月的时间带动了全国1/4网民的参与。

3. 聚焦国内传递，厚积薄发，燃起奥运激情

奥运火炬在线传递是一次成功的病毒式传播应用。前面提到的对奥运火炬在线传递两个阶段的划分，不仅与奥运圣火传递同步，而且符合病毒式传播的规律。

病毒式传播是借助人际传播的力量扩散，在传播效果上呈现S形的趋势。传播开始需要经过一个相对缓慢的导入期，当用户积累到一定规模时，才会实现大规模爆发，形成庞大的传播量。在奥运火炬在线传递过程中，可口可乐公司将网民关注的焦点集中在国内火炬传递的第二阶段，线上线下遥相呼应，再配合主流媒体的报道和传递现场气氛的烘托，最大限度地达到了网络传播效果。

二、虚拟奖品、限量奖章——低成本病毒式传播

在此次活动中，奖品的设置同样值得关注。与以往的有奖参与活动不同，这次火炬在线传递并没有通过高额的大奖来刺激网民参与，而是通过大量免费的虚拟奖品发放，极大地调动了网民的参与积极性，达到了惊人的传播效果。

1. 虚拟奖品烘托奥运激情，营造奥运氛围

当你看到越来越多的QQ好友燃起一把奥运火炬，越来越多的好友为QQ秀穿上一件奥运外衣，越来越多的QQ空间变成奥运风格，甚至连QQ的登录页面也变成了奥运的中国红时，是否曾经为之激动和振奋？无论在现实还是在网络中，奥运火炬的传递早已牵动了所有中国人的心，但作为普通人，能够为奥运做些什么呢？每位关心奥运的中国人肯定想过这一问题，但又找不到可行的方式。可口可乐和QQ推出的奥运火炬在线传递恰恰为中国人提供了一种表达心愿、支持奥运的简单方式。网民的每次参与都会影响身边的朋友来关注、支持奥运，都会为奥运氛围的营造添上精彩的一笔，而这种参与感和归属感正是这次活动为所有参与者准备的最好奖品。这些奥运虚拟形象的价值不需要用金钱来衡量，也难以用言语表达；不是让参与者因为得到了什么奖品而感到高兴，关键是让参与者因为自己能为奥运做些事情而感到自豪。

2. 无限资源有限使用，稀缺推动关注，热点带动参与

通过稀缺奖品的设置来吸引用户，是有奖参与类活动中最常用的方式，而这次火炬在线传递活动几乎将这一方式用到了极致。回想一下，奥运前大家最关注的话题无非是“火炬传递”、“场馆建设”、“运动明星”和“奥运门票”，而这次火炬在线传递为数不多的实物奖品都和这些话题扯上了关系。第一棒火炬大使的奖品是由鸟巢钢制成的“可口可乐”火炬在线传递徽章，共8 888枚；幸运奖则是参加由可口可乐公司组织的奥运明星见面会，并获得奥运明星签名的奖品；“迎火炬去北京看奥运”活动的奖品则是奥运会开幕式和比赛的门票。巧妙的奖项设计，再配合适度的媒体宣传，让人们在谈论这些话题时自然就想起了可口可乐公司的活动。

三、整合奥运资源，全媒体覆盖，立体化传播

从1928年阿姆斯特丹奥运会上首次赞助奥运会算起，可口可乐公司是赞助奥运会历史最长的合作伙伴之一。它对奥运资源的驾驭能力，对奥运营销活动的策划水平，从此次奥运火炬在线传递便可见一斑。

1. 2 000万张奥运拼图，共创吉尼斯纪录

如果告诉你可口可乐公司的icoke. cn网站的“畅爽拼图”活动在短短的3个月时间内会聚了由28 258 749张网友照片组成的奥运史上最大规模的拼图，你会相信吗？笔者在第一次看到这个数字时颇感惊讶，并质疑：真有那么多网民会将照片传到icoke. cn网站上吗？一句“秀出你的奥运激情，共创新的吉尼斯世界纪录”真有那么大的号召力吗？

玄机就藏在 icoke.cn 网站与国内四家人气最旺的青年社区结成的照片共享联盟之中。只要你曾在校内教育网、51.com、qq.com 空间、sohu 社区这四家网站上传过照片，就可以直接将照片共享到奥运拼图中，不需要再单独上传，而且 icoke 还开通了手机彩信上传功能，网友通过手机也可以即拍即传。这种照片联盟的形式不仅充分保证了 icoke.cn 在最短的时间内吸引尽可能多的网民关注和参与，而且将网民对奥运会、吉尼斯纪录以及合作网站的三方信任成功地转移到 icoke.cn 品牌上，网民对可口可乐公司 icoke 品牌的认知也随之提高。相比百事推出的"百事我创，全民上罐，爱我中国"的活动，同样是拿用户照片做文章，可口可乐公司推出的奥运拼图活动显然更有号召力，其中，与网站联盟、共享用户资源的借力使力的技巧至关重要。

2. 奥运花车紧随奥运圣火，锁定本地影响力

网络造势只是奥运火炬传递的一个方面，电视、报纸等传统媒体对奥运圣火传递的关注更多的是从本地化、市民化的视角出发，突出火炬传递在当地的影响，重在烘托现场气氛和本地化活动。为此，可口可乐公司专门打造了跟随奥运火炬全球传递的"欢欢号"花车，与奥运圣火同步，全程参加了奥运圣火在全球的传递。通过精心巧妙的花车设计和节目安排，再配合火炬传递现场演出气氛的烘托，"欢欢号"花车无论走到哪里，都是当地媒体的焦点。

那么，如何将可口可乐公司在火炬传递现场的活动与线上的传递活动相联系呢？可口可乐公司与搜狐视频合作的"搜狐在奥运畅爽地带"栏目，通过对火炬传递现场的视频报道，实现了奥运火炬线上和线下传递的有效嫁接。搜狐网作为奥运的网络媒体赞助商，在奥运圣火传递过程中享有最全面的报道资格、掌握第一手资料和第一时间报道的便利。借助搜狐的独家渠道，不仅通过视频直观形象地展现了火炬传递的本地化气氛和可口可乐公司的现场活动，而且通过搜狐的"欢欢号"花车博客，实现了一定程度的网民互动。多种媒体、多种渠道，共同实现了"点燃激情，传递梦想"的推广目标。

可口可乐公司在中国经营几十年的渠道优势在奥运期间发力。在奥运圣火全国传递期间，当地的超市卖场都立起了可口可乐公司支持奥运火炬传递的巨幅广告和产品堆头，气势逼人。2008 年 8 月 3 日，位于北京朝阳公园的可口可乐奥运畅爽地带正式对公众开放，成为奥林匹克官方纪念章的交换中心，吸引了众多媒体的关注。

总之，可口可乐和腾讯公司的此次合作，已经将"点燃激情，传递梦想"的心愿植入每个中国人的心中，通过在线火炬传递出的友谊、和平、和谐带动了亿万网民对奥运盛典的关注和参与，在此过程中，也让人们将这两个品牌与奥运紧密相连。

思考题

1. 为什么网民会如此踊跃地参加可口可乐公司推出的活动？

2. 可口可乐公司此举成功的关键是什么？有哪些规律可以举一反三，为我们今后所借鉴？

参考文献

[1] 姜旭平．电子商贸与网络营销．北京：清华大学出版社，1998

[2] 姜旭平．网络商务处理系统．北京：人民邮电出版社，1999

[3] 中国标准化与信息分类编码研究所和对外经济贸易部计算中心联合编译．贸易数据元手册．北京：中国计量出版社，1991

[4] 中国物品编码中心编译．流通领域电子数据交换规范：EANCOM. 北京：中国物价出版社，1995

[5] 海关总署货管司编．海关 EDI 使用手册．北京：中国物资出版社，1994

[6] 夏国平，张铁山编著．电子数据交换——EDI 现代商贸必备．北京：北京航空航天大学出版社，1994

[7] 徐景林编著．国际贸易实务（第四版）．大连：东北财经大学出版社，1994

[8] 田景熙．全球 27 家知名企业网站营销策略分析．北京：电子工业出版社，2000

[9] 陈明主编．网络营销．广州：广东高等教育出版社，2004

[10] 曾蒙．盛田昭夫——创造 SONY 神话的企业巨人．上海：上海远东出版社，2005

[11] 王茁，顾洁．营销：美国故事＋中国启示．北京：清华大学出版社，2006

[12] 陈沛．搜商：人类的第三种能力．北京：清华大学出版社，2006

[13] 张远昌．搜主义：Google 持续成长的秘密．北京：清华大学出版社，2005

[14] 申光龙．试论 IMC 战略的执行者——营销传播管理者．北京：中国物资出版社，2001

[15] 冯英健．E-mail 营销．北京：机械工业出版社，2003

[16] 余虹，邓正强编著．中国当代广告史．长沙：湖南科技出版社，1999

[17] 姜旭平执行副主编．中国电子商务年鉴（2002 卷）．北京：中国年鉴出版社，2002

[18] 中国人民银行支付与科技司编著．中国现代化支付系统．北京：中国金融出版社，1995

[19] [美] 玛丽莲·格林斯坦等．电子商务：安全、风险管理与控制（英文版）．北

京：机械工业出版社，2001

[20] [美] 彼得·G·W·基恩等编．自由经济：无线世界移动商务优势．北京：机械工业出版社，2002

[21] [美] 路易斯·E·布恩，大卫·L·库尔茨．当代市场营销学．北京：机械工业出版社，2005

[22] [美] 加里·阿姆斯特朗，菲利普·科特勒．科特勒市场营销教程．北京：华夏出版社，2004

[23] [美] 彼得·德鲁克．卓有成效的管理者的实践．上海：上海译文出版社，2006

[24] [美] 威廉姆·G·齐克芒德，迈克尔·达米科．有效的市场营销：创造竞争优势．北京：机械工业出版社，2003

[25] [美] 拉菲·穆罕默德等．网络营销（第二版）．北京：中国财政经济出版社，2004

[26] [英] 戴夫·查菲等．网络营销：战略、实施与实践．北京：机械工业出版社，2008

[27] [美] 斯坦利·巴兰、丹尼斯·戴维斯．大众传播理论：基础、争鸣与未来．北京：清华大学出版社，2004

[28] [美] 特里·K·甘布尔，迈克尔·甘布尔．有效传播（第 7 版）．北京：清华大学出版社，2005

[29] [美] 雷蒙德·P·菲斯克等．互动服务营销．北京：机械工业出版社，2001

[30] [英] 戴夫·查菲等著．网络营销：战略、实施与实践．北京：机械工业出版社，2004

[31] [美] 汤姆·邓肯．品牌至尊——利用整合营销创造终极价值．北京：华夏出版社，2000

[32] [美] 约翰·肯尼斯·加尔布雷思．加尔布雷思文集．上海：上海财经大学出版社，2006

[33] [美] 史蒂文·李维特，史蒂芬·杜伯纳．超爆苹果橘子经济学．台北：时报文化出版企业股份有限公司，2010

[34] [韩] W·钱·金，[美] 勒妮·莫博涅．蓝海战略——超越产业竞争，开创全新市场．北京：商务印书馆，2006

[35] [美] 特伦斯·A·辛普．整合营销传播：广告、促销与拓展．北京：北京大学出版社，2005

[36] [美] 乔治·贝尔奇等．广告与促销（第 6 版）．北京：中国人民大学出版社，2006

[37] [美] 凯瑟琳·赛达．搜索引擎广告：网络营销的成功之路．北京：电子工业出版社，2005

[38] [美] 唐·E·舒尔兹．整合行销传播．北京：中国物价出版社，2002

[39] [英] 玫·笛德，约翰·本珊特，凯思·帕维特．创新管理：技术变革、市场变

革和组织变革的整合．北京：清华大学出版社，2008

[40] [美] 唐·舒尔茨，海蒂·舒尔茨．整合营销传播：创造企业价值的五大关键步骤．北京：中国财政经济出版社，2005

[41] [美] 特伯恩等．电子商务——管理视角（第3版 影印版）．北京：高等教育出版社，2006

[42] [美] 朱迪·斯特劳斯等．网络营销（第5版）．北京：中国人民大学出版社，2010

[43] [美] 埃弗雷姆·特班，戴维·金，丹尼斯·维兰，杰·李．电子商务：管理视角（第4版）．北京：机械工业出版社，2007

[44] [美] 加里·P·施奈德．电子商务（第4版）．北京：机械工业出版社，2004

[45] 现代广告杂志社编．2006中国互联网广告年鉴．北京：现代广告杂志社，2006

[46] 张晓亮，陈格雷．纳斯达克市场的刀客．销售与市场：战略版，2006（3）

[47] 明叔亮，董晓常．Google还有机会吗？．互联网周刊，2007（2）

[48] 姜旭平．现代广告和网络营销传播的发展趋势．现代广告，2007（7）

[49] 姜旭平．利用长尾——传统是市场的机会．财经界/管理学家，2007（5）

[50] 蒋馥，吴家春，王洪伟．基于本体模型的信息检索机制研究．情报学报，2004（1）

[51] 蔡小虎，钱世德．谁能保证信用卡安全？——SSL和SET对比分析．微电脑世界，1999（34）

[52] 吴世忠．我国PKI/CA的发展：现状，问题及前景展望．信息安全与通讯保密，2001（3）

[53] 黄想亮．PKI及SET技术在电子商务安全的应用．计算机安全，2001（3）

[54] 卫军英，卢小雁．论广告观念演变中的一致性追求．浙江大学学报（人文社科版），2004（5）

[55] [韩] 申光龙，[韩] 柳映珍，何克敏．整合营销传播战略评估指标体系研究．管理科学，2006（1）

[56] 美国IAB互联网广告收入报告（摘要）．现代广告，2005（1）

[57] 商雪枫，周玉山．桑坡农民“网”上行．解放军报，2000-06-19

[58] 覃中华．都安竹藤草芒编织造就电脑村．河池日报，2005-10-11

[59] 杨勇．中国移动短信回执盈利模式研究．清华大学EMBA毕业论文，2007

[60] Kevin L. and Keller，*Strategic Brand Management*，Harlow，England；New York：Prentice Hall Financial Times，2008

[61] Tom Duncan & Sandra E. Moriaty，A Communication-based Marketing Model for Managing Relationships. *Journal of Marketing*，Vol. 62，No. 2，April 1998，1-13

[62] Alan Chute，*The Mythical Value of EDI Standards*，October 10，1996

[63] Schultz，Don E.（1991）Integrated Marketing Communications. *Journal of Promotion Management*，1：99-104

[64] Duncan, Thomas R.; Everett, Stephen E. (1993), Client Perceptions of Integrated Marketing Communications. *Journal of Advertising Research*. Vol. 33 Issue 3, pp. 30-39

[65] Schultz, Don E. Kitchen, Philip J. (1997), Integrated marketing Communications in U. S. Advertising Agencies: An Exploratory Study. *Journal of Advertising Research*. Vol. 37 Issue 5, pp. 7-18

[66] Duncan, Tom, Sandra E. Moriarty (1998). A Communication-Based Marketing Model for Managing Relationships. *Journal of Marketing*, Vol. 62, No. 2 (Apr., 1998), pp. 1-13

[67] Schultz, Don E., Cole, Bill, Bailey, Scott (2004). Implementing the 'connect the dots' approach to marketing communication. *International Journal of Advertising*. Vol. 23 Issue 4, pp. 455-477

[68] James G. Hutton (1996), Integrated relationship-marketing communications: a key opportunity for IMC. *Journal of Marketing Communications*. Vol. 2, Number 3, pp. 191-199

[69] Gronstedt, Anders, Thorson, Esther (1996). Five Approaches to Organize an Integrated Marketing Communications Agency. *Journal of Advertising Research*. Vol. 36 Issue 2, pp. 48-57

[70] I Kim, D Han, Don E. Schultz (2004). Understanding the Diffusion of Integrated Marketing Communications. *Journal of Advertising Research*, 44 (1): 31-45

[71] Peltier, James W., Schibrowsky, John A., Schultz, Don E. (2003). Interactive integrated marketing communication: combining the power of IMC, the new media and database marketing. *International Journal of Advertising*, Vol. 22 Issue 1, pp. 93-115

[72] Theodore H Clark and Ho Geun lee, EDI-Enabled Channel Transformation: Extending Business Process Redesign Beyond the Firm, *International Journal of Electronic Commerce*, Vol. 2, No. 1, Fall 1997, 7-22

[73] Thomas J. Housel and Eric Wm. Skopec, GLOBAL TELECOMMUNICATIONS REVOLUTION. *The Business Perspective*, McGraw Hill Irwin, 2001

[74] Raisch, Warren D. *THE e-MARKETPLACE: Strategies for Success in B2B e-Commerce*. New York: McGraw-Hill, 2001

[75] Paul Richardson, *INTERNET MARTETING: Readings and Online Resources*, McGraw-Hill Irwin, 2001

[76] Brad Alan Kleindl, *STRATEGIC ELECTRONIC MARKETING: Managing E-Business*, South-Western College Publishing, 2001

[77] Kenneth C. Laudon, Carol Guercio Traver, *E-Commerce: Business, Technology, Society*. Addison & Wesley, 2002

[78] Efraim Turban et al., *ELECTRONIC COMMERCE: A Managerial Perspec-*

tive（*2nd ed*）. Pearson Education，2002

［79］Rafi A. Mohammed，Robert J. Fisher，Bernard J. Jaworski，Gordon J. Paddison，*INTENET MARKETING*：*Building Advantage in the Networked Economy*，McGraw-Hill/Irwin Market Space，2004

［80］Peter G. W. Keen & Ron Mackintosh，*THE FREEDOM ECONOMY*：*Gaining the m-Commerce edge in the Era of the Wireless Internet*. McGraw-Hill Companies，2002

［81］Arthur M. Hughes，*STRATEGIC DATABASE MARKETING*：*The Master plan for Starting and Managing a Profitable*，Customer-Based Marketing Program，McGraw-Hill Education，（2nd edition），2000

［82］广州时代财富科技公司．大型企业网络营销状况研究报告（2004），http：//www. FortuneAge. com/

［83］艾瑞市场咨询．2006 年中国网络广告市场份额报告，2006/2/28，http：//www. iresearch. com. cn/html/online _ advertising/detail _ free _ id _ 41286. html

［84］赛迪评测．中国网络营销服务市场状况调研报告，2005. 4，http：//61. 172. 146. 41/wlyx/pdf/dybg/9 - 10. pdf

［85］新竞争力网络营销顾问公司．美国工业企业寻找供货商的渠道，2005. 6，http：//www. jingzhengli. cn/report/C2005/0602. htm

［86］赛迪顾问．2006—2007 年中国搜索引擎市场研究年度报，2006. 12，http：//www. ccidconsulting. com/products/channel/report _ detail. asp? Content _ id=12149

［87］iResearch 市场咨询公司．2006 年中国搜索引擎市场份额报告，2007/3/22，http：//iresearch. com. cn/html/search _ engine/detail _ free _ id _ 42085. html

［88］iResearch 市场咨询公司．2006 年中国 WAP 广告研究报告，2007 年 3 月 8 日，http：//www. iresearch. com. cn/online _ advertising/detail _ free. asp? id=41514

［89］iResearch 市场咨询公司．2006 年互动通富媒体广告年度报告，2007 年 5 月 26 日，http：//www. iresearch. com. cn/html/online _ advertising/detail _ free _ id _ 44296. html

［90］iResearch 市场咨询公司．2006 年中国即时通讯简版报告．2007/03/10，http：//www. iresearch. com. cn/html/instant _ messenger/detail _ free _ id _ 41675. html

［91］Elliott Ettenberg：4R MARKETING，McGraw-Hill Education，2002

［92］Robert L. Sullivan，Electronic Commerce with EDI，http：//www. poet. com/products/cms/white _ papers/edi/history. html

［93］Getting Started With EDI，Get2Connect. net，http：//www. harbinger. net/resource/getting _ started. html

［94］Alan Chute，The Mythical Value of EDI Standard，October 10，1996，http：//www. filex. com/filex/edimyth. htm

［95］Paul Soltoff，"The Future of E-Mail：E-Mail Marketing". March 24，2003，http：//www. clickz. com/em _ mkt/em _ mkt/article. php/2168761

［96］Al DiGuido，"Goals，Benchmarks，and E-Mail Marketing Success：E-Mail

Marketing Optimization", March 13, 2003, http://www.clickz.com/em_mkt/opt/article.php/2108861

[97] Laura Cowen, Linden J Ball and Judy Delin (2003), "An Eye-Movement Analysis of Web-Page Usability, http://www.psych.lancs.ac.uk/people/uploads/LindenBall20031001T094007.pdf

[98] Gord Hotchkiss, "Eye Tracking Study", SearchEngineWatch.com, Enquiro, 2005.6, http://searchenginewatch.com/showPage.html? page=3502796

图书在版编目（CIP）数据

网络营销/姜旭平著.—北京：中国人民大学出版社，2010.5
21世纪电子商务系列教材
ISBN 978-7-300-15710-8

Ⅰ.①网… Ⅱ.①姜… Ⅲ.①网络营销-高等学校-教材 Ⅳ.①F713.36

中国版本图书馆CIP数据核字（2012）第090794号

21世纪电子商务系列教材
网络营销
姜旭平 著
Wangluo Yingxiao

出版发行	中国人民大学出版社		
社　　址	北京中关村大街31号	**邮政编码**	100080
电　　话	010－62511242（总编室）		010－62511398（质管部）
	010－82501766（邮购部）		010－62514148（门市部）
	010－62515195（发行公司）		010－62515275（盗版举报）
网　　址	http：//www.crup.com.cn		
	http：//www.ttrnet.com（人大教研网）		
经　　销	新华书店		
印　　刷	北京玺诚印务有限公司		
规　　格	185 mm×260 mm　16开本	**版　　次**	2012年6月第1版
印　　张	18.5 插页1	**印　　次**	2017年4月第5次印刷
字　　数	363 000	**定　　价**	33.00元

教师教学服务说明

中国人民大学出版社工商管理分社以出版经典、高品质的工商管理、财务会计、统计、市场营销、人力资源管理、运营管理、物流管理、旅游管理等领域的各层次教材为宗旨。

为了更好地为一线教师服务，近年来工商管理分社着力建设了一批数字化、立体化的网络教学资源。教师可以通过以下方式获得免费下载教学资源的权限：

在“人大经管图书在线”（www. rdjg. com. cn）注册，下载“教师服务登记表”，或直接填写下面的“教师服务登记表”，加盖院系公章，然后邮寄或传真给我们。我们收到表格后将在一个工作日内为您开通相关资源的下载权限。

如您需要帮助，请随时与我们联络：

中国人民大学出版社工商管理分社

联系电话：010－62515735，62515749，82501704

传真：010－62515732，62514775　　电子邮箱：rdcbsjg@crup. com. cn

通讯地址：北京市海淀区中关村大街甲 59 号文化大厦 1501 室（100872）

教师服务登记表

姓名		□先生　□女士	职称		
座机/手机			电子邮箱		
通讯地址			邮编		
任教学校			所在院系		
所授课程	课程名称	现用教材名称	出版社	对象（本科生/研究生/MBA/其他）	学生人数
需要哪本教材的配套资源					
人大经管图书在线用户名					
院/系领导（签字）： 院/系办公室盖章					